Mídia, instituições e valores

CB078344

Vera Regina Veiga França
Laura Guimarães Corrêa
(Organizadoras)

Mídia, instituições e valores

autêntica

Copyright © 2012 As organizadoras
Copyright © 2012 Autêntica Editora

CAPA
Diogo Droschi
(Sobre imagem de Laura Guimarães Corrêa)

EDITORAÇÃO ELETRÔNICA
Christiane Costa

REVISÃO
Isadora Rodrigues

EDITORA RESPONSÁVEL
Rejane Dias

Revisado conforme o Acordo Ortográfico da Língua Portuguesa de 1990, em vigor no Brasil desde janeiro de 2009.

Todos os direitos reservados pela Autêntica Editora. Nenhuma parte desta publicação poderá ser reproduzida, seja por meios mecânicos, eletrônicos, seja via cópia xerográfica, sem a autorização prévia da Editora.

AUTÊNTICA EDITORA LTDA.

Belo Horizonte
Rua Aimorés, 981, 8º andar . Funcionários
30140-071 . Belo Horizonte . MG
Tel: (55 31) 3214 57 00

Televendas: 0800 283 13 22
www.autenticaeditora.com.br

São Paulo
Av. Paulista, 2073, Conjunto Nacional,
Horsa I, 11º andar, Conj. 1101
Cerqueira César . São Paulo . SP
01311-940
Tel.: (55 11) 3034-4468

Apoio:

Dados Internacionais de Catalogação na Publicação (CIP)
(Câmara Brasileira do Livro, SP, Brasil)

Mídia, instituições e valores / Vera Regina Veiga França, Laura Guimarães Corrêa (organizadoras) . – Belo Horizonte : Autêntica Editora, 2012.

Vários autores
Bibliografia
ISBN 978-85-65381-27-7

1. Comunicação 2. Comunicação de massa 3. Comunicação social 4. Instituições midiáticas 5. Meios de comunicação 6. Mídia e valores I. França, Vera Regina Veiga. II. Corrêa, Laura Guimarães.

12-04096 CDD-302.23

Índices para catálogo sistemático:
1. Mídia, instituições e valores : comunicação social : Sociologia 302.23

Sumário

Apresentação

Vera Regina Veiga França
Laura Guimarães Corrêa

Os textos deste livro, apresentados inicialmente sob a forma de comunicação no I Colóquio sobre Imagem e Sociabilidade[1] – I CIS –, resultaram de um momento de reflexão e investimento do GRIS[2] sobre a temática Mídia, Instituições e Valores. A articulação entre tais conceitos, bem como a importância do tema escolhido, estão diretamente relacionados com a discussão em torno daquilo que já se alcançou nos estudos sobre comunicação e sociedade e das questões que hoje se colocam como desafio.

No terreno da ciência, e das ciências humanas e sociais em particular, as últimas décadas do século XX foram marcadas por dúvidas, questionamentos, previsões do imprevisível. Falou-se das incertezas, de fragmentações, de liquidez; também se apontou o fim de várias questões – das grandes teorias, da história, das instituições, do simbólico. Tal cenário de incertezas se justifica pelas próprias características do período: o século das revoluções, de vertiginosas invenções, de mudanças de toda ordem não poderia deixar intacto o sistema de pensamento desenvolvido pelo mundo ocidental.

O século XXI, no entanto, parece se iniciar com mais serenidade; as etiquetas e anúncios se tornaram menos prementes, e torna-se possível formular perguntas sem muita ânsia de respostas definitivas. Este contexto – em que se busca mais perguntar que fazer sínteses – nos permite olhar ao nosso redor e indagar sobre o ponto onde nos situamos.

No que tange aos estudos comunicacionais, 100 anos após o início das primeiras pesquisas sobre os efeitos dos meios de comunicação de massa, várias

---

[1] O Colóquio foi realizado em Belo Horizonte, no Campus da UFMG, nos dias 12, 13 e 14 de novembro de 2008.

[2] GRIS – Grupos de Pesquisa em Imagem e Sociabilidade da Universidade Federal de Minas Gerais. O GRIS recebe apoio do CNPq e da FAPEMIG no desenvolvimento de seus projetos, através de bolsas de auxílio à pesquisa. O I Colóquio contou também com recursos da CAPES.

questões já se tornaram ociosas. Sabemos da presença e alcance da mídia nos vários recônditos da sociedade contemporânea; entendemos que os diferentes meios atuam na reconfiguração das práticas, comportamentos e processos de percepção dos indivíduos e grupos sociais; conhecemos os efeitos da globalização, mas também as complexas articulações entre o global e o local. Várias críticas foram deslocadas: a crítica ao poder absoluto de manipulação da mídia; a uma concepção de recepção passiva e à fragilidade dos receptores; à existência de um elemento capaz de sobredeterminar isoladamente o processo comunicativo. Outras, como a mercantilização dos produtos culturais, permanecem incontornáveis.

Novos pressupostos se afirmam: a mídia não é externa a uma dada sociedade e cultura, mas, justamente, é um dos seus eixos articuladores. Da mesma forma, mídia e sociedade não se encontram em uma relação de causalidade (em uma ou outra direção), e sim numa dinâmica de reflexividade: os meios de comunicação "falam" de (refletem) uma sociedade, assim como sua contínua produção discursiva, e a circulação e renovação de representações proporcionadas pela mídia repercutem e atuam na conformação da vida social. A comunicação, ou interações comunicativas, acontece(m) numa dinâmica processual na qual os diferentes elementos – interlocutores, discursos, contexto – atuam numa relação de codependência.

É frente a tais pressupostos que se colocam nossas indagações sobre as instituições midiáticas, a relação entre a mídia e as instituições sociais, a mídia e os valores, e os valores da mídia. O debate sobre as instituições (Castoriadis, 1982; Descombes, 1996) e sua relação com comunicação e mídia justifica-se inicialmente pela constatação da mobilidade e das novas temporalidades que marcam o contemporâneo. O anúncio do declínio das instituições, feito por alguns autores,[3] é absolutamente insustentável quando resgatamos o caráter fundador do fenômeno da instituição. Entendendo, com Mauss e Durkheim, que "instituições", em sentido largo, dizem respeito a formas de pensamento e de ação partilhadas por uma sociedade, sabemos também que não existe sociedade sem instituição. Ao mesmo tempo que sustentam e estruturam a vida social, as instituições são construídas, modificam-se historicamente, e tanto moldam as situações como se adaptam aos novos momentos vividos por uma sociedade. É por isso que o debate é tão atual; não porque as instituições tendam a desaparecer, mas porque se faz urgente compreender as transformações por que vêm passando. E neste aspecto a mídia se apresenta não apenas como fator acelerador de mudança, mas como espaço de visibilidade e exposição, em que *as mudanças se dão a ver*. A força, a legitimidade e os arranhões sofridos por instituições clássicas, como a justiça ou a família, por exemplo, encontram na mídia uma vitrine privilegiada – o que constitui uma razão a mais para considerá-la um objeto privilegiado de pesquisa.

Além disso, a mídia não apenas dá a ver ou é local de atuação (ou desconstrução) das diferentes instituições sociais, mas também por sua presença, sua força instituinte,

[3] Um quadro dessa discussão é desenvolvido por Dubet em *Le déclin de l'institution*.

ela mesma se evidencia como nova instituição. Que tipos de instituições constituem as diferentes mídias? Como se inserem na organização da vida cotidiana e como são vividas / atualizadas pelos indivíduos?

Associada a tais questões, coloca-se uma outra – a questão dos valores. Instituição e valores são irmãos siameses, na medida em que o valor normativo da instituição atua apenas se fundado em valores, e as transformações que vêm sofrendo as instituições refletem mudanças e transformações no quadro dos valores vigentes em nossas culturas. O filosofo francês P. Livet[4] fala das emoções como "sonda (ou termômetro) de valores" e as diferentes mídias, marcadas fortemente pelo viés do "entretenimento", trabalham em larga medida com as emoções. Mas seriam emoções índices de valores, ou atuam sobre eles? Elas reforçam ou enfraquecem valores? Os meios de comunicação atuam em consonância com os valores dominantes de uma sociedade, ou seriam uma cornucópia de valores não apenas diferentes, mas mesmo divergentes? Em face de valores discrepantes, como fica o papel normativo das instituições? E que características se impõem como marcas da institucionalização das várias mídias?

Tais questões compõem nossa pauta de pesquisa e orientaram as reflexões desenvolvidas nos textos e debates empreendidos em pesquisas do GRIS/UFMG em parceria com outras universidades – Universidade Lusófona de Humanidades e Tecnologias e do Porto, UFRJ, UFF e Unisinos. A organização do livro acompanhou a estrutura do Colóquio, que, por sua vez, teve como base os núcleos de pesquisa do GRIS – o Grupo de Estudos sobre Interações Midiáticas e Práticas Culturais Contemporâneas (GrisPop),[5] o Grupo de Pesquisa sobre Interações Telemáticas (PontoGris)[6] e o Grupo de Estudos sobre Cultura do Impresso (GrisPress).[7] O livro apresenta, assim, três partes, e o tema geral que atravessa o conjunto das reflexões – mídia, instituições, valores – é nucleado, em cada uma, pelo viés de um meio específico: o televisivo, o telemático e o impresso, respectivamente.

Como discussão inicial, precedendo as três partes, apresentamos o texto da conferência de abertura proferida pela profª. Isabel Babo-Lança,[8] "Reprodutibilidade do acontecimento na ordem institucional", que explora uma tese instigante e provocativa em torno do surgimento dos "acontecimentos réplica". Os acontecimentos, ela nos lembra, ao mesmo tempo em que operam uma ruptura da normalidade social, atropelando normas e convenções institucionais, são construídos e divulgados com base em conceitos e categorizações que impregnam a vida institucional e pública. Eles

---

[4] Livet, P. *Emotions et rationalité morale.*

[5] Coordenado pela profª. Drª. Vera França. Participam também a profª. Drª. Mirian Chrystus Silva e a profª. Drª. Laura Guimarães Corrêa.

[6] Coordenado pela profª. Drª. Maria Beatriz Bretas. Participa também o prof. Dr. Delfim Afonso Jr.

[7] Coordenado pelo prof. Dr. Paulo Bernardo Vaz. Participa também o prof. Dr. Elton Antunes.

[8] Professora da Universidade Lusófona do Porto e da Universidade Lusófona de Humanidades e Tecnologias, em Lisboa.

são configurados e dotados de sentido por membros de uma comunidade a partir da utilização de quadros de experiência ou de uma operação de enquadramento que tem forte e evidente inserção cultural. Ora, nos diz Babo-Lança, assistimos contemporaneamente a uma nova forma de reprodução e proliferação dos acontecimentos, que prescinde e escapa da aplicação da *doxa* social. Um determinado acontecimento repercute e se vê replicado em diferentes meios, sem controle e escapando aos enquadramentos iniciais (ao quadro de sentido dentro do qual surgiu e foi apropriado), de forma quase virótica, produzindo um efeito de destemporalização e desinstitucionalização do social, de des-simbolização da ordem institucional.

Na Parte 1, apresentando os trabalhos nucleados pelo meio televisão, Mirian Chrystus de Mello e Silva (GRIS/UFMG) chama a atenção para uma abordagem comprometida com o movimento e a complexidade de um objeto atravessado pela dinâmica da vida social. A TV, lugar privilegiado de representação das tensões e jogos de força na sociedade, deve ser estudada com olhar crítico que não negligencie a questão do poder nem subsuma os sujeitos envolvidos no processo comunicativo; não ignore a força configuradora do suporte, nem a interposição dos quadros de sentido inscritos no cenário social mais amplo. Estudos desenvolvidos sobre o *Big Brother Brasil* e sobre comerciais televisivos vão empreender uma busca por valores que convocam e alicerçam a interação estabelecida entre a TV e os telespectadores, valores cristalizados, valores em transformação, numa dinâmica permeada de contradições, ruídos, interstícios.

Já a Parte 2 congrega reflexões em torno dos dispositivos de comunicação, redes e controle social no campo telemático, conforme apresentado por Delfim Afonso Jr. (GRIS/UFMG). O universo das comunicações mediadas por computador inaugura, através de novas formas interativas, potencialidades impensáveis de contato. Não o faz, entretanto, de maneira imune ao quadro institucional e aos valores da sociedade, particularmente às dinâmicas do capitalismo e interesses do capital. Apesar das tendências de consolidação dos velhos interesses, formas novas – como *blogs* jornalísticos ou *sites* pessoais – remodelam o modelo empresarial jornalístico e abrem a indivíduos comuns recursos e espaços para alcançar grande visibilidade e projeção no espaço público, configurando novos perfis de sujeito e novas subjetividades.

Na Parte 3, finalmente, Elton Antunes (GRIS/UFMG) apresenta as discussões desenvolvidas em torno dos novos valores do impresso. Ali, a instituição jornalismo é revisitada em seu momento de impasse e mudança: a lógica transmissiva que sempre pautou a função informativa dos jornais começa aos poucos a ser revista à luz de uma visada relacional e de maior acolhimento da alteridade; os valores dominantes no sistema jornalístico – que sempre privilegiaram alguns enfoques à custa do silenciamento de outros – são contrapostos a valores comprometidos com a diversidade e alternância de vozes. Também a página – face e identidade do impresso – é repensada sob o viés das legibilidades e inteligibilidades postas em movimento por diferentes tipos de leitura; a capa da revista é realçada como lugar da partilha de significados que alimentam o fundo comum da memória e constituem / refletem o imaginário social. O impresso está intrinsecamente articulado à escrita e ao sistema visual, e as transformações tecnológicas no universo midiático contemporâneo, bem como as mudanças nos próprios valores que orientam sua prática, acionam um processo não de liquidação, mas de reinstitucionalização do jornalismo.

Percorrendo assim diferentes meios e por meio de recortes diversos, os textos que se seguem não respondem a todas as indagações que os motivaram, mas avançam em aspectos e questões que se colocam hoje em nossa pauta de reflexões – o lugar e o papel da mídia no cenário de uma sociedade em mudanças –, rejeitando determinismos, percebendo os próprios meios como estímulo e sintoma das transformações. A vida institucional de uma sociedade não se sustenta, não se preserva e não se transforma senão mediada pelas diferentes práticas e processos comunicativos empreendidos por sua coletividade.

Reproductibilidade do acontecimento na ordem institucional

Isabel Babo-Lança

> Mesmo na reprodução mais perfeita falta uma coisa: o aqui e agora da obra de arte – a sua existência única no lugar em que se encontra
>
> Walter Benjamin

Em novembro de 2007, na XVII Cimeira Ibero-americana de Santiago do Chile, dedicada à coesão social, o presidente venezuelano Hugo Chávez qualificou o ex-primeiro ministro de Espanha, José María Aznar, como "fascista". O sucessor e adversário político de Aznar, José Luiz Zapatero, reagiu em defesa do antecessor, e o rei Juan Charles interpelou o presidente venezuelano: "Por que não te calas?". Chávez recusou o repto, o que levou o monarca a abandonar a sala da cimeira por alguns minutos. "Pode ser rei, mas não me manda calar", disse Chávez.

Este ato de fala performativo ("Por que não te calas?") – que instituiu uma situação nova e restaurou uma assimétrica distribuição de papéis e estatutos –, de repercussões políticas e diplomáticas imediatas, percorreu o mundo e tornou-se objeto de discussão pública e de opiniões. Desde as reações críticas contra Chávez, que fala demais e não hesita em pronunciar juízos de valor sobre os outros, até às reações que surgiram dias depois do episódio, analisando-o sob o ponto de vista do opressor (o rei, a Espanha) e do oprimido (a Venezuela, a América Latina). O acontecimento "Por que não te calas?" circulou em arenas públicas e espaços públicos[1] variados, tendo sido objeto de réplicas em construções discursivas diversas (*cartoons*, blogues, etc.), dando ainda origem à produção de artigos de *merchandising*, tais como camisetas, com a frase identificadora do episódio.

[1] As noções de arena, espaço público e cena pública relacionam-se entre si. Podemos, contudo, entender pela noção de "espaço público", no seguimento de Habermas (1986), a comunicação argumentativa baseada no uso público da compreensão intersubjetiva. A noção de "arena pública" refere-se sobretudo aos lugares de publicitação dos acontecimentos ou dos problemas (*media*, tribunas públicas, publicações científicas, etc.), ou aos lugares de exercício público de ações coletivas (associações de cidadãos, partidos políticos, comissões, instituições, etc.). A noção de "cena pública" remete à dimensão de visibilidade do espaço público e às noções de ator e de ação pública.

Dois dias antes do final das aulas do segundo período e das férias da Páscoa (13 de Março de 2008), uma docente de Francês do 9º ano da escola secundária Carolina Michaëlis, do Porto, foi vítima de violência física e verbal por parte de uma aluna, em razão do uso indevido, por parte desta, do celular em tempo de aula. Isto quando a utilização de celulares é proibida nas salas de aula do Carolina Michaëlis, sendo por regra apreendidos e entregues aos pais. Aconteceu que um aluno filmou a cena e colocou-a na internet:

> O episódio que deixou o País chocado e relançou o debate sobre a violência na escola foi tornado público quando um colega de Patrícia colocou as imagens, gravadas por celular, no You Tube (*site* de partilha de vídeos *on-line*), onde se via a aluna agarrada à professora de Francês a gritar várias vezes "Dá-me o celular, já" e os restantes elementos do 9º C a rir e a fazer comentários (*Diário de Notícias*, 03/07/08).

Uma semana após a divulgação da cena, que desencadeou no país discussões e debates sobre educação, disciplina e violência nas escolas portuguesas, encontravam-se na internet vídeos, músicas e toques de celular replicando o episódio, assim como a venda de camisetas com a referida frase.[2]

Os dois acontecimentos operaram uma ruptura dos quadros de normalidade social, rompendo com as normas, regras e convenções institucionais, constituindo autênticos acontecimentos no sentido de inesperados e imprevisíveis.

Aquilo que me importa analisar diz respeito ao impacto de determinados acontecimentos, como os anteriormente apresentados, na ordem social e institucional, na medida em que, pela dimensão midiática imediatamente adquirida, pelo efeito de surpresa, caráter mais ou menos inédito ou inesperado e choque nos públicos, originaram uma série de respostas e réplicas aos níveis dos discursos jornalísticos, publicitários, de *design* gráfico e outros, sendo reproduzidos em *cartoons*, blogues, *gadgets*, etc.

A questão que coloco é a de saber em que medida a reprodutibilidade dos acontecimentos em réplicas de vários tipos e linguagens, por meio de práticas discursivas e produtivas diversificadas, altera a natureza do próprio acontecimento naquilo que o determina como irrepetível e único. Tentarei compreender se a reprodutibilidade e a banalização do acontecimento pela réplica terão como efeito uma destituição do sentido das ocorrências, acarretando uma relativa desinstitucionalização do social por via de um relativo esvaziamento do valor simbólico das situações, das ações ou dos acontecimentos sociais.

---

[2] No YouTube, o *site* onde o vídeo foi originalmente difundido, surgiram várias referências ao incidente. Uma semana após a sua divulgação, encontravam-se na internet camisetas, vídeos e toques de celular parodiando o episódio. "Não percam a oportunidade desta coleção limitada para impressionarem os vossos amigos!", podia ler-se no *site* "Dá-me o telemóvel, JÁ!", no qual era possível comprar uma camiseta com as frases mais marcantes do vídeo: "A partir de 12 euros, os interessados podem comprar uma peça de vestuário com inscrições como 'Dá-me o telemóvel, JÁ!'".

A página "Blackbox" disponibilizou uma remistura do vídeo que poderia ser utilizada como toque de celular.

Para tal, começarei por definir em que consiste um acontecimento. Em seguida, colocarei a questão das operações de identificação e definição do que acontece, tendo em conta a existência de tipos de eventos que entre si se diferenciam, apelando a operações de configuração e de recepção distintas. Posteriormente, tentarei refletir se o acontecimento "na era da sua reprodutibilidade técnica" (cf. Benjamin, 1992) é afetado na sua própria natureza, assim como o será, em consequência disso mesmo, o espaço público eventivo das sociedades contemporâneas. Tais mudanças terão inevitavelmente repercussões na ordem institucional.

O acontecimento

> [...] Num contexto de ação, portanto de interesse, tudo o que ocorre não é acontecimento, mas somente o que surpreende a nossa expectativa, o que é interessante, o que é importante; por isso a ordem das coisas é vista do ponto de vista das nossas preocupações, da nossa inquietação, logo segundo um horizonte de historicidade [...] O acontecimento é a novidade por relação à ordem instituída (Ricœur, 1991, p. 43).

O acontecimento é, pela sua própria natureza, aquilo que não é expectável e que nos apanha de surpresa. É por isso que, no mundo social e nos contextos de ação cotidianos, nem tudo o que acontece constitui acontecimento, sendo considerado acontecimento apenas aquilo que é improvável e inesperado. É uma ocorrência empírica particular, que, sendo imprevisível e não reprodutível, releva do domínio da contingência. Faz parte da própria noção de acontecimento a ideia de que se trata de algo que se produziu e teria podido não se produzir, ou ter acontecido de outro modo dada a sua natureza contingente. Como observa J. Ladrière (1984), é da própria natureza do acontecimento que ele surja no mundo como contingente, imprevisível e irrepetível. A noção de acontecimento remete, portanto, à noção de emergência, sendo o acontecimento ao mesmo tempo irrupção e transição. Isto porque, em termos temporais, o acontecimento não é um simples começo, embora detenha um caráter inaugural, do mesmo modo que também não decorre inteiramente daquilo que o provocou. O acontecimento excede ou fica aquém das suas condições prévias, que, mesmo enquanto condições necessárias, não o determinam completamente. Como observa Koselleck, "cada acontecimento dá lugar ao mesmo tempo a mais e a menos do que está contido nos seus dados prévios: daí a sua novidade que nos surpreende a cada vez" (Koselleck, 1990, p. 138).

Como o acontecimento é da ordem do inesperado ou do inédito, introduz uma descontinuidade e comporta uma parte de indeterminação, sendo por isso mesmo muitas vezes incompreensível e não identificável num primeiro momento. O 11 de Setembro de 2001, por exemplo, introduziu uma descontinuidade, e nada nas condições prévias permitiria prevê-lo, já que as excede, alterando simultaneamente o horizonte de expectativa e o campo dos possíveis.

Ora, contrariamente ao acontecimento singular, a ação é tratada nas ciências sociais como regular, reprodutível e até mesmo esperada e previsível. As ações, segundo

Harold Garfinkel e Harvey Sacks (1986), estão relacionadas às "estruturas formais" das atividades práticas, na medida em que estas apresentam um caráter formal que se estabelece com sua regularidade, padronização, normatividade, tipicidade, suas propriedades de ordem e sua previsibilidade. Esse caráter formal permite que os atores cumpram expectativas recíprocas, utilizando procedimentos e recursos para ordenar suas atividades práticas correntes, no quadro de uma ordem e normalidade social produzidas localmente. Diferentemente do acontecimento, que é contingente e único, as atividades sociais realizadas pelos membros da sociedade são regulares, auto-organizadas e comumente reproduzidas (uma fila de pessoas no guichê, uma audiência num tribunal, uma aula, uma conversa entre duas pessoas, são exemplos de atividades práticas convencionais e processuais que se realizam segundo uma ordem, produzindo-a ao mesmo tempo).

Porém, as ações (e tipos de ações) irrompem muitas vezes como acontecimentos no mundo (insultar, coagir, denunciar, manifestar-se, sequestrar pessoas, fazer greve, votar, etc.), não sendo acontecimentos do tipo de um terremoto ou de um acidente numa central nuclear, por exemplo. A ação humana e o estado de coisas dela resultante como acontecimento[3] constitui uma entidade cuja existência é presumível sem questionamento, ligando-se à pressuposição de que os acontecimentos sociais têm uma existência objetiva, são ocorrências no mundo, podendo nesse caso falar-se na probabilidade ou improbabilidade de um acontecimento.

Será, contudo, sobretudo ao nível de uma recepção *elaborante* (na recepção há uma interpretação e uma apropriação ativas) que a probabilidade ou improbabilidade do acontecimento se fará notar, por um valor de normalidade que lhe poderá ser atribuído. Ou seja, os atores sociais, de modo a evitarem a ruptura da normalidade social, inscrevem habitualmente aquilo que ocorreu, e que teria podido não ocorrer e não era previsível, numa textura causal, tornando o acontecimento, se não previsível, pelo menos provável. O acontecimento contingente é associado a outros acontecimentos, a causas, a razões e a motivos no caso das "ações feitas", é comparado a outros acontecimentos do mesmo tipo, ou é colocado em relação a uma ordem social, sendo a sua contingência reduzida pela sua inscrição num contexto causal e social, com a abertura de condições ou possibilidades de ocorrência. Isto constitui uma operação de normalização ou um processo de naturalização do acontecimento, em que um "valor de normalidade" lhe é atribuído pela redução da sua contingência.[4] Essa operação de normalização inscreve o acontecimento social numa textura causal ou teleológica a qual, mais do que as coordenadas espaciotemporais, permite identificá-lo (o esquema causal serve não só para descrever o acontecimento mas também para identificá-lo,

[3] Toda a ação pode ser considerada um acontecimento no mundo (cf. Ricœur, 1986). A ação realizada ou a *ação feita* existe no mundo e, como observa Descombes (1991, p. 561), "a coisa feita existe: há acontecimentos (passados ou presentes) que são essa ação".

[4] Quéré e Barthélémy (1991, p. 67) registram a redução da contingência do acontecimento pela atribuição de um valor de normalidade.

como defende Davidson[5]). As relações causais individualizam os acontecimentos ao distingui-los de outros.

Mas, para além das diferenças que os acontecimentos sociais apresentam entre si (diferenças de lugar, de tempo, de textura causal na qual se inserem, de tipo de ocorrência: cerimônia, manifestação, atentado, greve, rebelião, etc.), que os distinguem entre si e os individualizam, é importante destacar que participam de convenções, de usos e costumes, ligam-se a um vocabulário, a uma gramática e a uma ordem instituída. O acontecimento social remete a "um fundo histórico de instituições e costumes", para usarmos uma expressão esclarecedora de Descombes (1996, p. 257). Ao contrário das explosões, dos terremotos, das inundações, as guerras, os atentados, os crimes, as rebeliões são provocados por ações que fazem uso de regras, de convenções, de normas sociais e, portanto, de significações. Uma vez ocorridos, esses acontecimentos inscrevem-se num contexto ou numa ordem de sentido que eles próprios ajudam a instaurar. Por conseguinte, o acontecimento social é menos uma entidade independente,[6] do que um acontecimento intencional ou uma relação. Um atentado, uma luta política, um sequestro ou um episódio de indisciplina numa escola, são o resultado de relações intencionais entre atores sociais, não sendo este o caso de catástrofes físicas, que são sobretudo entidades independentes, não relacionais e não intencionais. A significação do acontecimento social deve-se à sua relação com outros acontecimentos, à sua inscrição social e cultural no mundo institucional e às significações sociais instituídas. Daí decorre a suposição de que trato neste texto: a alteração da natureza do acontecimento social pela sua reprodutibilidade tem repercussões ao nível das significações e da relação com a ordem institucional.

Antes, porém, de analisar a recepção e as ações coletivas de resposta *àquilo que aconteceu*, no caso do "Porque não te calas?" do rei de Espanha a Hugo Chávez e no caso da colocação na internet do incidente na escola do Porto, passarei em revisão algumas categorias ou tipos de acontecimentos classificados em estudos da sociologia da comunicação, assim como proporei outras que remetem a estudos existentes. Qualquer uma destas categorias ou tipos pode misturar-se num mesmo acontecimento, não havendo da minha parte qualquer pretensão em constituir uma tipologia, para além de que algumas das classificações aqui presentes se colocam sob perspectivas de análise diferentes.

Tipos de acontecimentos

D. Dayan e E. Katz (1999, p. 24) registram os "acontecimentos noticiosos", tais como acidentes, desordens, tumultos, que remetem à noção habitual de acontecimento

---

5 "Eu pretendo propor a idéia de que a rede causal fornece aos acontecimentos 'um esquema global e sempre disponível', que permite identificar e descrever os acontecimentos e que é a este respeito análogo ao sistema de coordenadas espacio-temporais de que dispomos para os objetos materiais" (Davidson, 1993, p. 242).

6 Isso apesar de, em termos ontológicos, o acontecimento ser uma entidade singular ou um particular e, em termos epistemológicos, um particular em relação a um tipo.

no campo dos *media* e das práticas jornalísticas. Os autores distinguem o assassínio de Kennedy, exemplo de grande acontecimento noticioso, do "acontecimento midiático" ou "cerimonial", de que à frente falaremos, exemplificado pelo funeral de Kennedy (Dayan; Katz, 1999, p. 24).

Os "pseudoacontecimentos" (Boorstin, 1961), embora partilhem com os acontecimentos midiáticos o fato de serem organizados em função dos *media*, dependem da cobertura midiática, sendo planejados para constituírem notícia (manifestações, entrevistas, comícios, etc.). Os "acontecimentos rotina" (Molotch; Lester, [1974] 1995), cujo exemplo de referência é a conferência de imprensa, ainda que a grande maioria das notícias da imprensa cotidiana esteja englobada nesta categoria, são realizações deliberadas e previsíveis promovidas intencionalmente à categoria de acontecimentos, mas cuja frequência os coloca sob a designação de "rotina".

Como uma categoria fazendo parte dos acontecimentos noticiosos, gostaria de falar em "acontecimentos cênicos e dramatúrgicos", em função do valor dramatúrgico e cênico de alguns acontecimentos na agenda midiática (determinados desaparecimentos de crianças, assassínios ou tumultos num estádio de futebol, etc.). Trata-se de acontecimentos com poder de dramatização cênica e de focalização da atenção pública, por via de uma visibilidade que pode jogar-se numa sobre-exposição das vítimas. Dou como exemplo "o caso Madeleine McCann", a criança inglesa desaparecida no dia 3 de maio de 2007 do aldeamento turístico The Ocean Club na praia da Luz, em Lagos, no Algarve, em que a fotografia da criança e o anúncio do seu desaparecimento irrompem na percepção coletiva como sendo um acontecimento central na agenda midiática, a par da constante exposição pública dos pais. O caso Maddie assenta ainda num conjunto de operações dramatúrgicas e cênicas, tais como visitas dos pais com caráter oficial a personalidades da cena pública internacional; rituais de celebração religiosa e preces; entrevistas às cadeias de televisão internacionais; apelos de figuras públicas que fizeram donativos; etc. São acontecimentos que pela sua própria natureza retêm a atenção pública e se impõem em razão do seu valor simbólico. Abalam a moral social ou fazem parte dos problemas de sociedade que interessam aos *media* e cuja tematização[7] está ligada à centralidade do tema e à capacidade de lhe dar o destaque necessário pela maneira de o formular e de o desenvolver, de modo a chamar a atenção e, sobretudo, de modo a prolongá-lo em notícias subsequentes, com atores, papéis e uma trama ou intriga.

Se todos os acontecimentos são mais ou menos sentidos, vividos e apropriados na experiência pública, gostaria, apesar disso, de falar em "acontecimentos experienciados", nos quais é mais intenso o grau de ligação das significações *daquilo que acontece* à provação e à vivência na experiência pública dos atores. São ocorrências que, dentro da categoria dos acontecimentos noticiosos, pela sua própria natureza, têm um valor

[7] Wolf define tematização como "um procedimento informativo que se insere na hipótese do *agenda-setting*, dela representando uma modalidade particular: tematizar um problema significa, de fato, colocá-lo na ordem do dia da atenção do público, dar-lhe relevo adequado, salientar a sua centralidade e o seu significado em relação ao fluxo da informação não-tematizada" (Wolf, 1992, p. 144).

intrinsecamente hermenêutico e pragmático: o 11 de Setembro de 2001 ou o tsunami de 26 de Dezembro de 2004 na Ásia do sul, por exemplo. Estes acontecimentos têm valor de experiência e de afetação. Afetam o viver e o sofrer, e os efeitos e significações que produzem mediante as consequências que lhes advêm elaboram-se na recepção por parte *daqueles a quem o que acontece acontece,* em termos de uma hermenêutica da experiência.[8] Nestes, a classificação decorre de uma mudança de perspectiva: a noção do acontecimento transita do "acontecer" ao "acontecer a" (Quéré, 2005), e do acontecimento notícia, segundo critérios de noticiabilidade, ao acontecimento vivido e sofrido, ao suportar ou padecer. Em lugar de reenviar para a positividade e individualidade do acontecimento no mundo, enquanto ocorrência empírica e enquanto objeto semiotizado (i.e. constituído num discurso, sob uma categoria, um conceito ou uma descrição), as significações se localizam sobretudo no modo como o acontecimento é sentido, vivido, interpretado e apropriado.

Por sua vez, os acontecimentos midiáticos ou cerimoniais (Dayan; Katz, 1999) dizem respeito às grandes cerimônias televisivas características das sociedades contemporâneas. Segundo Dayan e Katz, que se interessaram por estes "acontecimentos programados" e por como a transmissão ao vivo "retextualiza" o acontecimento original, eles dependem da utilização das tecnologias dos *media* eletrônicos, estão comprometidos com a estética da produção televisiva (com a expressão televisiva, com o jornalismo, com a narração), fixam sobre si as maiores audiências e transformam o ato de assistir. São programados e transmitidos à medida que ocorrem, em tempo real, e, por isso, contêm um lado de imprevisibilidade, como é o caso da transmissão ao vivo de acontecimentos televisivos como o mundial de futebol, os jogos olímpicos, um casamento real (Dayan e Katz analisam a cerimônia real do casamento do príncipe Charles com Diana, no Reino Unido), uma viagem do sumo pontífice da Igreja Católica (os autores estudam a viagem - peregrinação - do papa João Paulo II à Polônia). Os acontecimentos midiáticos são interrupções da rotina, operam um fenômeno de integração social obtida pela via da comunicação de massa, podendo criar as próprias comunidades às quais eles se dirigem, havendo uma experiência da cerimônia de natureza comunitária e dependendo o seu sucesso da aprovação por parte do público.[9] Pela persuasão visam a obter a adesão da opinião pública.

No âmbito dos "acontecimentos públicos" (Barthélémy, 1992; Barthélémy; Quéré, 1991; Fornel, 1991), há acontecimentos que entram em desacordo com as práticas instituídas e correntes e com as expectativas morais, além de provocarem rupturas dos quadros da experiência, dando lugar a situações que constituem problema ou ligando-se a problemas já instituídos. São "acontecimentos-problema" ou "acontecimentos problemáticos". O acontecimento que constitui problema efetua uma ruptura da normalidade social ou da "tranquilidade da ordem" (na expressão de

[8] Cf. Quéré, 2005.

[9] Dayan e Katz (1999, p. 75) lembram que a transmissão em direto da atribuição do Prêmio Nobel da Paz a Begin e Sadat não teve sucesso porque a audiência não respondeu.

S. Tomás de Aquino) e desencadeia uma tematização. Assiste-se assim, frequentemente, à subida em generalidade de um acontecimento local que se torna uma questão geral que diz respeito a toda uma comunidade e cujo caráter problemático faz com que se constitua em problema público tratável pela ação coletiva. A transformação de um acontecimento em problema público requer um procedimento de publicitação,[10] o qual reclama e mobiliza a atenção pública e faz uso das arenas públicas (*media*, associações ou comitês de cidadãos, assembleias políticas, comunidades científicas, tribunais, etc.) nas quais os *media* têm um papel importante. O acontecimento problemático pode adquirir o estatuto de problema público à escala local, nacional ou internacional, tornando-se um assunto de discussão, de atenção e de reação por parte do público e dos poderes instituídos, ou pode inscrever-se num campo problemático já constituído ou em constituição.

Além dos tipos mencionados anteriormente, a categoria que aqui pretendo introduzir é a de "acontecimentos réplica" ou acontecimentos reproduzidos, que sofrem um efeito de repetição que atenua o caráter único da ocorrência. No caso do liceu Carolina Michaëlis, um evento contingente e imprevisível, pois nada fazia prever a sua ocorrência, é filmado por um aluno e colocado numa arena pública informal (internet – YouTube). A partir daí, torna-se notícia nos meios tradicionais (imprensa e televisão), sendo ainda repetidamente replicado e glosado segundo a retórica da notícia (imprensa, televisão) e segundo réplicas de entretenimento, humor, paródia.

A questão que coloco é a de saber se, no caso dos acontecimentos que dão origem a uma sequência continuada de réplicas, não haverá uma perda de enquadramento e significação, e a réplica não invalidará a natureza imprevisível e irrepetível do acontecimento?

Os *media* e a reprodutibilidade do acontecimento

Os *media* são operadores de publicitação dos acontecimentos para um público, constituindo por isso autênticos suportes de uma *accountability* (descritibilidade), entendida frequentemente como construção do acontecimento e das notícias. Com isto pretendo dizer que há uma *accountability* pública do acontecimento,[11] sem, entretanto, enveredar pela perspectiva construtivista segundo a qual os *media* constroem a realidade social (Veron, 1981; Champagne, 1990/1991[12]) ou a perspectiva da

[10] Usamos a noção de publicitação no sentido de tornar público, dar a conhecer e a apreciar a uma comunidade. A publicitação de um acontecimento é também a sua *sociação*, no sentido da sua inscrição na cena pública, atribuindo-se-lhe um valor social.

[11] Na linha da perspectiva etnometodológica (Garfinkel, 1986) da *accountability* natural das atividades práticas na vida social, ou seja, da descritibilidade natural dos fenômenos sociais (ações, práticas, maneiras de pensar e agir, acontecimentos, situações).

[12] A par da construção midiática, Champagne defende a ideia de que os *media* informativos são o lugar da publicitação dos acontecimentos, problemas ou males sociais; estes têm necessidade dos *media* para "uma existência publicamente reconhecida" (Champagne, 1990/1991, p. 72). Para Veron, os *media* moldam os acontecimentos e "os *media* informativos são o lugar onde as sociedades industriais produzem o nosso real" (Veron, 1981, p. 8).

newsmaking (Tuchmann, 1978), em que a construção dos acontecimentos nos meios de comunicação é condicionada pelas exigências destes ou pela lógica da produção de *news*. Os acontecimentos públicos não são puras construções narrativas ou jornalísticas, nem realidades marcadamente discursivas. Não há, porém, acontecimento social sem descrição ou sem narrativa. Por isso, também não perfilho a posição realista (contrária ao construtivismo), segundo a qual o acontecimento é uma ocorrência em si que o discurso descreve e ao qual se relaciona como a um referente exterior. A linguagem tem uma dimensão expressiva e constitutiva, a par de uma função representativa, que a torna parte integrante da realidade que descreve. É por isso que os fenômenos sociais (ações, situações, acontecimentos, instituições) estão já, em parte, determinados pela linguagem utilizada, havendo uma operatividade das descrições, das categorizações e das narrativas na construção pública daquilo de que dão conta.[13]

O que pretendo colocar como reflexão é: qual a consequência da reprodutibilidade técnica dos acontecimentos públicos? Dispor de plataformas de acesso ilimitado, como é o caso do YouTube, em que se colocam reproduções de um evento, ou de seus fragmentos, exibidas e visitadas repetidamente, altera necessariamente a atribuição de sentido e os processos de enquadramento. Até que ponto estamos em face de uma "sobrerreprodutibilidade" dos eventos com a internet e que consequências isso traz para nosso modo de apreender o mundo, as significações e as instituições, é a questão que colocamos. A par dessa outra questão sobre a própria natureza do acontecimento reproduzido e replicado em suportes eletrônicos e materiais vários.

W. Benjamin, em "A obra de arte na era da sua reprodutibilidade técnica", colocou a questão do devir da relação do público com a arte, quando as obras são reproduzidas tecnicamente, copiadas e difundidas. Como o autor observa (Benjamin, 1992, p. 75), a obra de arte sempre foi reprodutível (por mestres, discípulos, etc.), sendo nova, entretanto, a sua reprodução técnica. Contudo, "mesmo na reprodução mais perfeita, falta *uma* coisa: o aqui e agora da obra de arte – a sua existência única no lugar em que se encontra" (p. 77). Ao "aqui e agora" do original, ele liga o conceito de autenticidade ou de "aura", que falha na reprodução, pois não é reprodutível, embora a reprodutibilidade técnica não seja do domínio da falsificação, mas da "diferenciação" e "graduação da autenticidade". É assim que a fotografia, ou o filme, amplia, muda o ângulo de visão e leva a obra para lá do aqui e agora a outros públicos, tal como a televisão.

"A técnica de reprodução [...], na medida em que permite à reprodução ir ao encontro de quem a apreende, actualiza o reproduzido em cada uma das suas situações" (Benjamin, 1992, p. 79). A isto se deve a falência do sentido ou, como diz Benjamin, "a actual decadência da aura": "'Aproximar' as coisas espacial e humanamente é actualmente

[13] Esta perspectiva, segundo a qual há um entrelaçamento entre o discurso e a ação, e em que as ações não são entidades susceptíveis de serem descritas pela linguagem como se esta lhes fosse exterior, é devedora de Wittgenstein (1961), Gadamer (1960), Austin (1962), Taylor (1979), Garfinkel e Sacks (1986), Quéré (1991), Fornel (1991) e outros.

um desejo das massas tão apaixonado como a sua tendência para a superação do caráter único de qualquer realidade, através do registo da sua reprodução" (p. 81).

A reprodutibilidade técnica e a repetitividade emancipam a obra do seu valor de culto, ou de estar ao serviço do culto e do ritual, inflacionando o seu valor de exposição. A obra, reproduzida, ou, no caso que aqui nos interessa, o acontecimento réplica, amplia (mas, como veremos, des-experiencia) e prolonga (de modo destemporalizado, como também veremos) o momento da recepção, passando a ser da sua própria natureza o existir para ser recebido. Também o acontecimento nos *media* tradicionais (imprensa, rádio, televisão) partilha esse estatuto de reproduzido para ser recebido, articulando-se a visibilidade e o ato de mostrar, ao nível da produção, com o "ato de olhar" (Dayan, 2002), ao nível da recepção.[14]

De acordo com a perspectiva de Dayan e Katz (1999), os acontecimentos midiáticos são por natureza concebidos para uma recepção e para a sua reprodutibilidade: "a era da televisão pode ser, portanto, não apenas aquela em que a reprodução é tão importante quanto o original, como Benjamin (1968) propôs, mas também a era em que a reprodução é mais importante do que o original" (Dayan; Katz, 1999, p. 30), como será o caso de um acontecimento como o *Live Aid*, a acontecer em simultâneo em locais diferentes e em que os canais de televisão reproduzem o acontecimento recombinando os seus elementos. O público presencial da cerimônia assiste apenas a uma parte do acontecimento, mas "vive essa privação como a 'aura' do evento" (Dayan; Katz, 1999, p. 98); aura que, segundo Benjamin, depende da distância, perdendo-se na intimidade e igualdade de acesso.

É verdade que as diferenças (entre a atividade e recepção presencial e a atividade e recepção espectadora) se confundem: na medida em que a cerimônia é concebida para a mediação televisiva, e tendo a reprodução um valor de exposição e não um valor de culto, existe muitas vezes uma comunhão ritual perante uma cerimônia televisiva (os espectadores reúnem-se e programam-se para assistir à transmissão), quando, precisamente, a igualdade de acesso e a ausência do aqui e agora do original lhe retiraram a aura. Voltemos à réplica que existe para ser recebida e reproduzida.

Os acontecimentos réplica

No caso do "Por que não te calas?", dito pelo rei Juan Charles ao presidente Chávez, o acontecimento toma lugar numa intriga que se enraíza no passado, pela aplicação de um contexto sócio-histórico e político disponível que se prende com a trama histórica de dominação cultural e econômica de países da América Latina.

[14] D. Dayan (2002, p. 185) fala da importância das "atividades espectadoras" (*activités spectatorielles*) perante os *media* visuais e considera que, assim como existem atos de fala, existem também "atos de olhar" (*actes de regard*). Estes consistem, por um lado, em mostrar, enquadrar, designar e, por outro lado, em receber ou recolher a mensagem designada pelo "ato de mostração [*monstration*]" (p. 186). Os atos de olhar recebem a mensagem emitida pelos atos de mostração, uns e outros elaborando um espaço.

A dimensão simbólica do acontecimento advém-lhe da aplicação dessa textura causal e de sentido e, nessa medida, impõem-se interpretações em que o passado e um "campo de experiência" (Koselleck, 1990)[15] fornecem a matriz de sentido ao acontecimento: o rei fez prevalecer uma autoridade enraizada no poder colonial; Chávez rompeu com o passado de dominação.

Nas réplicas do acontecimento, sua textura causal, temporal e de sentido é desmantelada pela repetição constante e pela segmentação em fragmentos-réplicas do ocorrido. É o regime de singularidade que se altera; a multiplicação faz com que o acontecimento perca o seu caráter único. A constante repetição e sobre-exposição do episódio, para além de lhe subtraírem o contexto de ocorrência, retiram-lhe originalidade, autenticidade ("aura") e imprevisibilidade.

Ao analisar o acontecimento jornalístico, Romano (1998) observa que sob a pressão do acontecimento jornalístico o mundo surge fraturado e fragmentado; os acontecimentos "se engrenam uns nos outros em virtude de uma 'lógica' puramente fortuita" (p. 284). Fora do seu contexto de ocorrência, considera Romano, os acontecimentos jornalísticos, desenraizados, "desmundializados" ou sem mundo, sucedem-se sem se articularem entre si, em consequência de uma informação que se faz no dia a dia, na contemporaneidade das ocorrências. A atualidade dá-nos o fato que se apresenta no presente, como realizado e definitivo: *efetivo* (*l'effectif*; Romano, 1998, p. 278). O acontecimento "é irredutível à sua efetivação (*effectuation*) como fato, transcende o presente da sua efetivação pela carga de possibilidades que ele tem em reserva, e pela sua carga de porvir, enquanto pura possibilidade (*possibilisation*), é precisamente o essencialmente inactual (*inactuel*)" (p. 278).

Mais do que o acontecimento jornalístico, ou o acontecimento nos *media* tradicionais, penso que é a reprodução de fragmentos de um evento em réplicas que o descontextualiza, além de ter outras consequências: invalida o horizonte de possíveis que o acontecimento contém e engendra a falência de sentido e de experiência. A frase "Dá-me o celular, já", exaustivamente propagada e tornada objeto de *merchandising*, esgota as dimensões hermenêutica da recepção e pragmática da organização da experiência. O efeito de esvaziamento do sentido que atribuímos à réplica não se aplica, no entanto, à totalidade da recepção do acontecimento no momento da sua ocorrência e a respostas que provocou: o "Por que não te calas?", do rei Juan Charles ao presidente Chávez, foi objeto de interpretações e discussões públicas; o caso de violência física e verbal por parte da aluna na escola do Porto chocou (afetou) a opinião pública ou públicos e originou um debate alargado sobre questões de disciplina nas escolas.[16]

Se, no ponto de vista de Romano (1998), o acontecimento jornalístico substitui a explicação imediata por meio das causas pela compreensão hermenêutica da

[15] O "campo de experiência" e o "horizonte de expectativa" são, segundo Koselleck (1990), as condições antropológicas da experiência temporal. Sem a expectativa que se abre no horizonte do futuro e sem a experiência do passado, não haveria experiência temporal do presente e do tempo da história.

[16] O programa "Prós e Contras", da RTP1, de larga audiência, entre outros, debateu o episódio e o tema.

experiência, nas réplicas, diria eu, perde-se a reconfiguração temporal e narrativa do vivido e da experiência. O passado e o futuro são destituídos de valor narrativo, e o presente, suprimido, verificando-se uma destemporalização do acontecimento réplica, o que tem como efeito invalidar a inscrição histórica, sociocultural e institucional do que aconteceu. Nem inteligibilidade retrospectiva de um futuro que esclarece o passado à luz dos seus efeitos, nem interpretação do presente mediante o passado que o causou. A narrativa (e, particularmente, a narrativa histórica) é substituída por um efeito de modelização do mundo segundo modalidades de fragmentação, redundância e recomposição, tendo a reprodução um valor inflacionado de exposição.

A pulverização e sobre-exposição de fragmentos, cópias e comentários tornam-se também um acontecimento (quase *o* acontecimento). No caso da agressão à professora na escola do Porto, alunos da cidade comentam que a ocorrência teria sido provocada com o fim de ser filmada para exposição no YouTube; nesse caso, *o* acontecimento seria o ato de expor e mostrar na internet uma cena de violência passada numa escola entre uma aluna e uma professora. O regime de visibilidade (e, no limite, de credibilidade) da televisão se desloca para outras interfaces (YouTube), de acesso ilimitado, onde se exerce. Por seu turno, as imagens do YouTube repetidamente visitadas e vistas, bem como os toques de celulares feitos a partir do episódio, esvaziam o sentido do acontecimento e o seu conteúdo. Vigora a forma e a fragmentação.

Enquanto a elaboração da fatualidade do acontecimento na experiência pública convoca o conhecimento comum (Schütz) e se inscreve no mundo vivido (*Lebenswelt*), incorporando os sentidos, as normas e as instituições, as frases replicadas ("Por que não te calas?", "Dá-me o celular, já") criam uma outra realidade – "ocorrência em massa", na expressão de Benjamin – em que são desbaratados os quadros de experiência (Goffman, 1991) da vida coletiva e das instituições. Em certa medida, a sobre-exposição das réplicas cria um efeito de destemporalização e desinstitucionalização do social e das instituições.

Recepção e repercussões ao nível das instituições

Toda a recepção é elaborante – no sentido em que produz aquilo de que se apropria –, na medida em que participa na construção do valor e significação que um acontecimento tem para uma comunidade. O acontecimento social é configurado e dotado de sentido ao nível da sua produção e ao nível da sua recepção, e o seu sentido depende do modo como é recebido e apropriado, ou seja, depende da maneira como o público e os membros de uma comunidade o recebem, dos quadros de experiência (*frames*; Goffman, 1991) de que fazem uso, das suas expectativas, das experiências de que dispõem, do seu modo de o apropriarem, etc.

Ora, os processos de enquadramento detêm uma inscrição cultural. Os atores sociais, os públicos e os *media*, ao aplicarem quadros de percepção e de categorização ou quadros de experiência (*frames*) – que comportam regras, tipificações, "esquemas de interpretação", procedimentos de descrição e de interpretação, de organização da experiência e da ação (cf. Goffman, 1991) –, efetuam um enquadramento dentro de um sistema de referências culturais. Esse sistema, dotado de referenciais morais, éticos, cívicos, políticos e estéticos, organiza a experiência e orienta a ação. Como bem esclarece Neveu (1999), todo o repertório de quadro dispõe de ressonâncias culturais, com elementos de uma *doxa* social. É assim que na recepção há reelaboração do sentido e apropriação, na medida em que os atores sociais, precisamente, aplicam os processos de enquadramento com ressonâncias culturais, atribuindo significações ao que ocorreu, assim como se apropriam e aplicam na sua experiência e nas suas práticas a interpretação e compreensão dos acontecimentos, o modo como os sentem, como lhes reagem e respondem, em função de usos e costumes, capacidades, hábitos, formas de vida, instituições.

Para Marcel Mauss, "as instituições são a característica da nossa vida em comum".[17] Segundo o autor, a noção de instituição remete a maneiras de pensar e de agir legadas historicamente e que funcionam como modelo ou regra. Descombes (1996) acrescenta as significações comuns. As instituições, tal como as regras ou as normas, são da ordem do sentido. Consistem não só num sistema de regras, mas também nas significações normativas que lhes dão sentido.

O mundo institucional, no sentido de um "fundo histórico de instituições e costumes" (na expressão de Descombes, 1996), engloba contextos sociais vários formados de direitos, obrigações, normas, regras, convenções, sistemas de expectativas, saberes comuns, cujas significações são incorporadas pelos atores ao longo de uma história partilhada e de experiências pessoais e coletivas.[18] Essas experiências, nas instituições e em contextos sociais vários, e as significações que lhes estão associadas organizam a recepção pública do que acontece. A construção do acontecimento e do problema público nos discursos correntes e nos *media* encontra na experiência pública uma relação com repertório de discursos, conceitos, categorizações, direitos públicos e privados, princípios ético-jurídicos que impregnam a vida institucional e pública. Na medida em que vivemos os acontecimentos, somos afetados por eles e reagimos-lhes em função dos discursos, conceitos, princípios e formas de vida decorrentes das esferas da vida pública e da ordem institucional. Os discursos dos *media* e os debates públicos são também devedores desses repertórios, que organizam a construção da identidade do acontecimento no campo midiático em geral. Isto acontece apesar de o campo midiático, tender, na atualidade, a pluralizar-se em consonância com a multiplicidade existente de espaços públicos inacabados e de fronteiras permeáveis, como considera Habermas (1992), espaços públicos locais, inter-regionais, literários, científicos, políticos, internos aos partidos ou às associações, midiáticos, subculturais, que institucionalizam os processos de formação das opiniões. Essa tendência se dá muito embora existam diferentes jogos de linguagem e os repertórios culturais se apliquem a arenas públicas que constituem um "universo pluralista" (W. James), no qual coexistem diferentes usos e costumes, opiniões, estilos de vida, gostos, pontos de vista.

---

[17] M. Mauss (1924) *apud* Miranda Santos (1979, p. 185).

[18] Cf. Berger e Luckmann, 1985.

Porém, enquanto o tratamento dos acontecimentos jornalísticos e midiáticos, dos acontecimentos problemáticos, dos acontecimentos rotina e dos acontecimentos cênicos e dramatúrgicos convoca a inscrição destes no(s) espaço(s) público(s) e nas instituições, os acontecimentos réplica desligam-se dessas esferas de sentido, na própria medida em que as réplicas são de uma outra ordem, que não comunga nem da temporalidade nem da historicidade da ordem institucional. Os fragmentos repetidos e reduplicados em toques de celulares, em músicas, em camisetas – caso das frases "Por que não te calas?" e "Dá-me o celular, já" – têm como consequência a alteração do regime de sentido, que, em lugar de ser devedor das significações e dos valores do mundo institucional, detém um valor de exposição, de reprodução e de fruição.

Essas ações de resposta, que se mantêm necessariamente interpretativas e avaliativas, mas desdobram-se em lógicas de fazer humor, parodiar, degradar na imitação e na reprodução, introduzem valores de uso e de troca nos artigos e *gadgets* comercializados, operando uma mercadorização das ocorrências – ou de pedaços de ocorrência com impacto comercial – que já não são nem empíricas nem singulares. Depois da obra de arte como "mercadoria", reduzida a um valor de troca (Adorno), temos a mercadorização do acontecimento, associada à lógica da reprodução e do consumo. Essa transformação, na forma como o acontecimento é recebido e é difundido, abre a novas recepções, criando novos públicos e novos usos.

Ao nível da recepção pelos públicos, o ato de uso e fruição (do toque, da música, da *t-shirt*) desloca-se do "ato de olhar" para o consumo do acontecimento. Aqui residirá uma diferença fundamental em relação aos acontecimentos midiáticos (Dayan; Katz, 1999). Estes, na medida em que se atribui um papel ativo aos telespectadores, incorporando-os na celebração, "invocam uma renovação da lealdade para com a sociedade e com a autoridade legítima" (Dayan; Katz, p. 23) e reforçam as instituições. As cerimônias, que são autodefinidoras – a sua representação consiste na proclamação da sua identidade" (Dayan; Katz, 1999, p. 84-85) –, apresentam-se como representativas de toda a comunidade.[19] A natureza comunitária da experiência conduz à adesão por parte do público aos valores e símbolos que estão a ser celebrados. Isso faz com que seja ativado o "ato de assistir" ou de "estar presente", podendo-se, assim, reativar o valor de culto ou de cerimonial do acontecimento, reintroduzindo parcialmente a aura que, precisamente, existe em maior ou menor grau em toda a ordem institucional (dada a distância e a relação ao sentido, às significações e aos símbolos).

Nas réplicas do acontecimento e na recepção destas, observo, para concluir, que a introdução do valor de uso e de consumo terá um efeito de "des-simbolização" da ordem institucional. A repetição e redundância do fragmento ("Por que não te calas?" e "Dá-me o celular, já") enfraquece o impacto da construção hermenêutica (*a posteriori*) do acontecimento. Na réplica, não há a reelaboração do sentido e a atribuição de significações resultante da aplicação de repertórios com ressonâncias culturais porque a proliferação dos fragmentos em objetos e mercadorias dispensa

[19] Utilizam, para tal, meios de narração de identificação (impõem ao acontecimento uma coerência narrativa; tom e cadência da voz do narrador; etc.).

a aplicação da *doxa* social, convocando outras modalidades de enquadramento ou quadros de experiência.

As réplicas geradas segundo mecanismos de fruição oferecem a redundância, sendo a lógica do gozo e do consumo de uma outra ordem, heterogênea à elaboração narrativo-hermenêutica do acontecimento.

Referências

AUSTIN, J. L. *Quand dire, c'est faire.* Paris: Seuil, 1970.

BABO-LANÇA, I. A constituição do sentido do acontecimento na experiência pública. *Trajectos*, Lisboa: ISCTE, v. 6, p. 85-94, 2005.

BABO-LANÇA, I. *A configuração dos acontecimentos públicos: o caso República e as manifestações nos Açores em 1975.* Coimbra: Edições Minerva, 2006.

BABO-LANÇA, I. Processos de enquadramento do problema público. O caso Madeleine McCann. *Trajectos*, Lisboa: ISCTE, v. 11, p. 47-66, 2007.

BARTHÉLÉMY, M.; QUÉRÉ, L. *La mesure des événements publics.* Paris: CEMS, Éd. de l'EHESS, 1991.

BARTHÉLÉMY, M. Événement et espace public: l'affaire Carpentras. *Quaderni*, v. 18, p. 125-140, 1992.

BENJAMIN, W. A obra de arte na era da sua reprodutibilidade técnica. In: *Sobre arte, técnica, linguagem e política.* Lisboa: Relógio d'Água, 1992.

BERGER, P. L.; LUCKMANN, T. *A construção social da realidade.* Petrópolis: Vozes, 1985.

BOORSTIN, D. *The image: a guide to pseudo-events in America.* New York: Vintage, 1992.

CEFAI, D. La construction des problèmes publics. Définitions de situations dans des arènes publiques. *Réseaux*, v. 14, n. 75, p. 43-66, 1996.

CEFAI, D. Les cadres de l'action collective. Définitions et problèmes. *Raisons Pratiques*, Paris: Éd. EHESS, v. 12, p. 51-97, 2001.

CHAMPAGNE, P. La construction médiatique des 'malaises sociaux'. *Actes de la Recherche en Sciences Sociales*, v. 90, n. 90, 1991.

DAVIDSON, D. *Actions et événements.* Paris: PUF, 1993.

DAYAN, D.; KATZ, E. *A História em direto: os acontecimentos midiáticos na televisão.* Coimbra: Minerva, 1999.

DAYAN, D. Les médias visuels et leurs publics. *Les Cahiers du Collège iconique*, Paris: INA, p. 183-223, 2002.

DESCOMBES, V. Le Pouvoir d'être soi. *Critique*, 529-530, p. 545-576, juin/juil. 1991.

DESCOMBES, V. *Les Institutions du sens.* Paris: Minuit, 1996.

FORNEL, M. Voir un événement. *Raisons Pratiques*, Paris: Éd. de l'EHESS, v. 2, p. 97-122, 1991.

FORNEL, M.; QUÉRÉ, L. (Org.). *La Logique des Situations: nouveaux regards sur l'écologie des activités sociales.* Paris: Éditions de l'EHESS, 1999.

GADAMER, H. *Vérité et Méthode*. Paris: Le Seuil, 1976.

GARFINKEL, H. *Studies in Ethnomethodology*. Cambridge: Polity Presse, 1984.

GARFINKEL, H.; SACKS, H. On Formal Structures of Practical Actions. In: GARFINKEL, H. (Org.). *Ethnomethodological Studies of Work*. London: Routledge, 1986.

GOFFMAN, E. *Les cadres de l'expérience*. Paris: Minuit, 1991.

HABERMAS, J. *L'espace public*, Paris: Payot, 1986.

HABERMAS, J. *L'espace public*, 30 ans après. *Quaderni*, v. 18, p. 161-191, 1992.

HERITAGE, J. C. L'Ethnomethodologie: une approche procédurale de l'action et de la communication. *Réseaux*, v. 9, n. 50, p. 89-130, 1991.

JAUSS, H. R. *Pour une esthétique de la réception*. Paris: Gallimard, 1978.

JAYYUSI, L. *Categorization and the moral order*. London: Routledge & Kegan Paul, 1984.

KOSELLECK, R. *Le Futur Passé*. Paris: Éd. de l'EHESS, 1990.

LADRIÈRE, J. *L'articulation du sens*. Paris: Éd. du Cerf, 1984.

MAUSS, M. *Ensaio sobre a dádiva*. Lisboa: Edições 70, 2001.

MIRANDA SANTOS, A. A interacção e o seu tópico. *Revista Portuguesa de Pedagogia*, v. 9, p.171-194, 1979.

MOLOTCH; LESTER. Informer: une conduite délibérée. De l'usage stratégique des événements. *Réseaux*, Paris, v. 14, n. 75, p. 23-41, 1996.

NEVEU, E. Médias, mouvements sociaux, espaces publics. *Réseaux*, Paris, v. 17, n. 98, p. 17-84, 1999.

QUÉRÉ, L. Evénement et temps de l'histoire. Sémantique et herméneutique chez R. Koselleck. *Raisons Pratiques*, n. 2, p. 263-281, 1991.

QUÉRÉ, L. Individuation des événements dans le cadre de l'expérience publique. In: OSTROWESTSKY, S. (Org.). *Processus du sens*. Paris: L'Harmattan, 2000.

QUÉRÉ, L. Entre o fato e sentido: a dualidade do acontecimento. *Trajectos, Revista de Comunicação, Cultura e Educação*, n. 6. Lisboa: ISCTE / Casa das Letras / Editorial Notícias, p. 85-94, 2005.

RICŒUR, P. *Du texte à l'action*. Paris: Le Seuil, 1986.

RICŒUR, P. Evénement et sens. *Raisons Pratiques*, n. 2. Paris: Ed. de l'EHESS, p. 41-56, 1991.

ROMANO, C. *L'événement et le monde*. Paris: PUF, 1998.

SCHÜTZ, A. *Le Chercheur et le Quotidien*. Paris: Méridiens Klincksieck, 1987.

TUCHMANN, G. *Making News: A study in the construction of reality*. New York: The Free Press, 1978.

VERON, E. *Construire l'evénement*. Paris: Minuit, 1981.

WITTGENSTEIN, L. *Investigations philosophiques*. Paris: Gallimard, 1961.

WOLF, M. *Teorias da comunicação*. Lisboa: Presença, 1992.

Parte 1

Em torno da televisão

Por uma desnaturalização do olhar: um pensamento em processo

Mirian Chrystus

A famosa seta que apontava tão certeiramente a relação entre emissor e receptor partiu-se, fragmentou-se. Para compreender o que acontecia ali, naquele intervalo entre dois pontos, era preciso situar o receptor numa rede de relações com vizinhos, familiares, amigos, igreja frequentada, hábitos, as variáveis se multiplicando ao infinito. Depois, foi a perda da inocência – a percepção de que o poder permeava essas relações conferia materialidade histórica ao ato comunicativo, inviabilizando projetos de autonomia frente aos meios de comunicação –, até porque, numa fase adiantada do capitalismo, o próprio indivíduo passava a desejar a própria sujeição.

Finalmente, retomando pensadores que ocuparam um nicho do pensamento norte-americano, do início do século XX a meados do mesmo, numa soma não complementar nem progressiva de ideias, a constatação de que o sujeito, em meio às palavras e coisas, interpretava os significados que o mundo lhe emitia e, mais uma volta no parafuso, retornava ao mundo das significações, participando de sua própria transformação.

Na contemporaneidade, numa certa linha de pensamento, coloca-se o desafio de estudar o processo comunicativo, principalmente no que diz respeito às mídias e, mais ainda, à televisão, lugar privilegiado de representação de tensões na sociedade, com um olhar crítico que não ignore a força do capital, mas também não subsuma o sujeito envolvido na operação: nem degradação, nem ufanismo.

Mais uma vez estamos diante das mesmas perguntas que assombraram pesquisadores do século passado: o que acontece entre emissor e receptor? Receptor que, como relata Gomes (2006), não comparece sozinho ao ato de comunicação, e sim, ao contrário, sempre acompanhado de seus fantasmas, ideias e valores ideológicos – e emissor não tão poderoso como imaginavam os primeiros estudiosos. O conceito de "contexto", tão importante a um certo pensamento crítico, ajuda a situar, mas não responde satisfatoriamente por sua ideia de determinação, também mecanicista e com uma clara inserção na lógica da seta. Os fatores apenas de ordem subjetiva também não promovem uma leitura de mundo satisfatória. Se o sujeito interpreta, de que maneira constrói sua interpretação, constrangido por quais fatores? Afinal, a simples constatação de que o sujeito é um interpretante do mundo muda tudo, transfigura o objeto de estudo, que não pode mais ser apreendido pela fixidez dos conceitos, mas por uma leitura que se pretenda também produtora de sentidos, efêmera.

Os sentidos são construídos ininterruptamente – não há essência alguma esperando por uma interpretação definitiva guiada por um comportamento intelectual adequado. O que há são percepções e construções de sentidos elaboradas em situações localizadas. Ian McEwan, no romance *Sábado*, mostra uma dessas situações em andamento. Henry Perowne, neurocirurgião de renome, espera, num dia de folga, sábado, 15 de fevereiro de 2003, a chegada da filha que foi estudar em Paris. Londres, naquele dia, está tomada por uma gigantesca manifestação contra a participação iminente da Inglaterra na invasão do Iraque (Perowne está convencido de que é justa a intervenção, pois se trata de ir contra as forças tirânicas de Saddam Hussein). "'Então, deixe-me olhar para você', diz ele, quando a filha deposita a bagagem na porta de entrada."

Ele olha e ainda percebe na filha vestígios da menina, agora uma linda mulher independente; percebe as transformações pelas roupas, gestos, tom de voz. Oferece uma taça de vinho e nota, aliviado, que ela "não bebe demais". Da conversa sobre banalidades, é mencionado o Hyde Park, onde a manifestação está tendo lugar, e irrompe o tema da guerra. Enquanto ela fala da morte dos iraquianos, dos horrores da guerra, ele reconhece informações mil vezes lidas e escutadas. Então ele manifesta a sua opinião "e se prepara para o combate". Aos poucos, os movimentos de rejeição aparecem, Perowne os lê, apreensivo: ela se afasta, recusa o vinho, a cor some do rosto, em alguns momentos a voz torna-se aguda. Ele argumenta, ironiza, mas percebendo o rumo belicoso da conversa, recua, relativiza; ela torna a se aproximar, outro assunto emerge e novamente retorna à sala um sentimento de bem-estar.

Nessas páginas, McEwan mostra-nos como a paternidade ou o sentimento filial não estão acabados, prontos, depois de tantos anos de convivência. Pai e filha estão ali, dançando um *pas de deux*, exercitando uma coreografia em que cada um desempenha seu papel, estratificado, definido pela cultura, mas também aberto a variações.

O ensaio de Vera V. França parte da metáfora da dança para falar do atual estágio de discussão do GrisPop. No ensaio "A TV e a 'dança' dos valores, ou: na interface televisiva, valores e sujeitos em movimento" ela mostra uma perspectiva em construção e faz do texto um convite, "um terreno de diálogo e troca" com outros pesquisadores engajados numa certa leitura do processo comunicativo – uma perspectiva crítica sem a rigidez que marcou o pensamento de toda uma geração de esquerda, mas também sem o ufanismo ou ingenuidade dos que eliminam a questão do poder ou da concentração de capital.

O passo inicial do texto é dado explicitando o lugar teórico do grupo em que é fundamental a concepção relacional de comunicação, em que sujeitos encontram-se em interação, na acepção clássica de Simmel, como "uma ação mutuamente determinada". Sujeitos afetam e são afetados por outrem numa localização espacial e histórica, econômica – essas interações se dando *em situação*, o que nos afasta do determinismo do "contexto". Trata-se então, segundo a autora, de estudar as interações comunicativas, principalmente as televisivas, em sua materialidade discursiva, detendo-se sobre a interface televisiva. Isso significa deter-se sobre os gêneros, os pactos de sentido propostos, a senha de entradas nos textos. Afinal, pergunta-se inicialmente o telespectador, é para rir ou para chorar?

Mas também a busca de significados não deve ser abandonada, ela evidencia os valores em circulação em uma sociedade – embora esses significados devam ser tomados como algo sempre da ordem do inacabado, sempre em construção. Não há como apreender para sempre um momento em sua fixidez; um sentido não é apreendido em uma essência, assim como as águas de um rio não podem ser apreendidas em seu movimento. A apreensão do objeto em movimento poderia se dar – é a proposta do GRIS neste momento – pela utilização da noção de "enquadramento". Com Bateson, Vera França situa o conceito que parte da denotação, da descrição pura e simples de uma situação, para comunicar algo sobre a própria situação, algo da ordem da metacomunicação. E, seguindo com Goffman, discorre acerca da utilidade de se pensar uma situação como algo que fornece a compreensão do que se passa, nos valores implicados na relação comunicativa, "o quadro dos quadros". Ou o valor dos valores. Segundo a autora, "os quadros de sentido (sobretudo os primários) são naturais e invisíveis na nossa convivência cotidiana – porque assentados no instituído. E são recobertos não apenas de sentido, mas de valores. Invisíveis, se dão a ver apenas quando ocorrem falhas e deslocamentos".

O ensaio de João Freire Filho, "*Big Brother Brasil* e o valor da autenticidade" dialoga com a perspectiva do GRIS ao procurar evidenciar, num produto como o *Big Brother*, já naturalizado pela percepção intelectual como vulgar, um aspecto que ultrapasse as análises mais banalizadas. Há uma espécie de consenso na compreensão de que o que atrai o público desse tipo de produto é a exposição sexual, o apelo à grosseria, um voyeurismo exacerbado, tipo de "conceito-fetiche" atrelado imediatamente a um apelo moralizante dos críticos que apontam para os malefícios de uma "sordidez midiática". Tal postura intelectual, segundo o autor, apresenta parâmetros que "inviabilizam a compreensão mais ampla das motivações e dos prazeres do público".

Em sua proposta, o autor surpreende o leitor ao detectar no interesse da audiência, talvez um inusitado desejo por algo da esfera da autenticidade. Fazendo uma retrospectiva filológica dos sentidos do termo "discrição" (que, segundo alguns críticos, estaria vivendo seu ocaso na sociedade contemporânea), João Freire Filho termina por detectar sinais de que programas como o *Big Brother Brasil* podem funcionar como uma oportunidade, para o público, de "esquadrinhar, avaliar e debater a sinceridade e a autenticidade dos competidores. Os olhares se concentram, acima de tudo, nos sinais de incoerência entre pensamentos e sentimentos e aquilo que é comunicado publicamente a respeito da própria personalidade, gostos e princípios."

Assim, como aponta o autor, "menos que a exposição despudorada de corpos", o que parece atrair o olhar dos telespectadores parece ser a tentativa de discernimento da "verdadeira natureza" dos participantes – em sua paradoxal construção sob holofotes, câmeras e encenações para um público de milhões de observadores. Em vez da óbvia busca de corpos desnudos e manifestações de sexualidade explícita, a atração por uma "mística da autenticidade". A mesma mística que poderia explicar a vitória do rude, grosseiro, homofóbico Marcelo Dourado na décima edição do *Big Brother Brasil*.

O ensaio de Roberto Almeida, "Normas, valores e experiência pública: a performance dos públicos na institucionalização da cultura", aponta a conhecida preocupação das ciências sociais em compreender o papel das mídias para a constituição das referências culturais, éticas e morais vigentes em diferentes sociedades, mas inverte a questão ao se deter no sentido da intervenção dos públicos midiáticos na constituição desses mesmos valores: "Se as mídias reorganizam os sentidos dos dados do mundo, legitimando instituições bem como expectativas morais e normativas, os públicos também tomam parte nesse processo: suas intervenções prático-discursivas se fazem ouvir na cena pública e contribuem para sedimentar, reproduzir e atualizar normas e valores correntes em nossa sociedade."

Para chegar a esta conclusão, Almeida revisita conceitos como o de público ("como um coletivo que discute problemas de interesse comum e forma opiniões pela via do debate público e racional") e audiências, "tratadas como insignificantes, passivas e individualizadas", correlatas das massas apaixonadas e sem discernimento. Mas o percurso se dá com vistas a fugir das dicotomias estreitas, que, segundo o autor, desconsideram "o fato de que os públicos não se fazem sem o privado" e não teriam se construído em função de concepções mais normativas que descritivas.

Assim, apoiado em autores como John Dewey, o autor aponta novas possibilidades de leitura do conceito de público, relacionando-o às diferenças entre vida pública e privada, diferenciando-as pelas consequências provocadas. Na acepção de Dewey, lembra o autor, públicos são sujeitos que são afetados por alguma prática ou acontecimento e, em decorrência disso, adotam posicionamentos, fazem escolhas, selecionam linhas de conduta e atuação. Ou seja, produzem "recepções elaborantes" (Lança *apud* Almeida), novas *formas* que se constituem no contexto de publicização de uma obra ou representação. Para se compreender as performances dos públicos, fundamental no ensaio é também a compreensão do papel das emoções no processo de problematização de valores no curso das trocas interativas.

Citando Livet, para quem as emoções são ressonâncias afetivas, psicológicas e comportamentais que surgem quando ocorre a existência de uma assimetria entre a situação e o universo das expectativas, o autor vai mostrar que a partilha coletiva das emoções pode apontar para a necessidade de transformação do próprio mundo – mundo este que está trazendo, naquela experiência, sofrimento. "As emoções, dessa forma, podem desencadear um processo ativo e racional de reordenamento do mundo e de nossas expectativas: informados pelas emoções vividas, os sujeitos podem transformar-se a si mesmos ou a realidade com a qual se veem confrontados." Trata-se de um pensamento bem diverso daquele que só percebe passividade e acomodação nos públicos midiáticos.

Já Laura Guimarães Corrêa, em "'Quem sempre troca a Maria?': transgressão e permanência dos papéis de gênero na publicidade", investiga, a partir de comerciais para o Dia dos Pais, de que maneira os discursos sobre a maternidade e a paternidade concretizam e atualizam os lugares destinados a pais e mães na contemporaneidade. Baseada em dois comerciais exibidos na televisão, ela mostra a dinâmica da publicidade como sistema cultural legitimador de valores, alertando que, para entender essa dinâmica, é necessário não só um aparato conceitual como também entender a lógica comercial que se utiliza amplamente de representações cristalizadas capazes de garantir uma eficácia. Mas também ela tenta fugir do tom de denúncia predominante nos anos 1960 com relação à publicidade, percebida apenas enquanto transmissora de valores dominantes. Seu propósito é, principalmente, "investigar de que maneira esses discursos concretizam e atualizam valores relativos aos papéis, emoções, atividades e lugares destinados a homens e mulheres na sociedade contemporânea".

Para isso, ela aciona o conceito de "crenças", estudado por Charaudeau (2006), construções solidificadas, frases feitas, provérbios, leis incontestes, costumes que vão engajar emocionalmente o sujeito. A busca é por padrões de valores e comportamentos, pelas "superfícies lisas" nas quais aparentemente não há conflitos, mas também e principalmente, pelas "asperezas, os pontos de contradição, deslocamento, de transgressão".

Essas asperezas, Laura Guimarães Corrêa vai buscar observar em dois comerciais de televisão que constroem, segundo ela, "coreografias comportamentais", construções que definem o que é da ordem do masculino e do feminino no tocante aos cuidados com a família. E que terminam por exibir que nem tudo está tão solidificado e cristalizado assim. Algo escapa e mostra que a sociedade está em constante transformação.

Enquadramentos, valores, quadros de sentido; ruídos, falhas, tropeços nos discursos: operações e formas que permitem desnaturalizar o olhar, tornar inusitado o que era banal e não percebido. Buscar ali, nos interstícios, aquilo que parecia algo da ordem do natural e, no entanto, falha, tropeça. Pois pela falha penetra o erro, mas também a nossa humanidade.

Referências

GOMES, I. M. *Efeito e recepção: a interpretação do processo receptivo em duas tradições de investigação sobre os mídia*. São Paulo: E-papers serviços editoriais, 2004.

McEWAN, Ian. *Sábado*. São Paulo: Companhia das Letras, 2009.

CHARAUDEAU, Patrick. *Discurso das mídias*. São Paulo: Contexto, 2006.

A TV e a dança dos valores: roteiro analítico para tratar da relação entre televisão e sociedade

Vera V. França

"A TV e a dança dos valores" foi o nome-fantasia que escolhemos, em nosso colóquio, para convocar e agregar os trabalhos a serem apresentados em seção específica sobre a televisão. Cabe inicialmente uma justificativa para esse título. Ele foi inspirado no trabalho de C. Taylor (1995), "Suivre une règle", no qual o filósofo faz uso metafórico da imagem de um casal que dança para explicitar o conceito de "atos dialógicos" – ações empreendidas conjuntamente por vários agentes. Do ponto de vista de uma epistemologia calcada na concepção de sujeitos monológicos,[1] todos os nossos atos seriam monológicos, atos de sujeitos individuais, ainda que em coordenação com outros. Já o conceito de atos dialógicos traz uma implicação e um alcance maior, e nos diz de ações que "demandam um sujeito integrado e asseguram sua existência", ou seja, são executados por e produzem sujeitos plurais. Um casal que dança participa de um ritmo comum, toma parte de um ato partilhado, já que, dançando, dois parceiros desenvolvem movimentos conjuntos, conduzidos por uma música. A ação pressupõe o domínio de técnicas e sensibilidade musical, assim como leveza, senso de harmonia e equilíbrio por parte de cada dançarino. Mas, ao lado da destreza individual, os parceiros devem ainda – e sobretudo – proceder a uma adequação mútua dos corpos e movimentos, adequar-se à música e às regras daquele tipo de dança. Fazendo isto, eles estarão atualizando e dando existência àquela dança (que só existe encarnada em casais que dançam), numa experiência que é única, e feita a dois. Executada naquele momento e naquelas condições, ela não é mera repetição, mas uma recriação; e não é nem de um nem do outro, mas do que fazem juntos. Como afirma o autor:

> Uma ação é dialógica, no sentido em que emprego o termo aqui, quando ela é efetuada por um agente integrado, não individual. Isto quer dizer, para aqueles que nela estão implicados, que a identidade dessa ação enquanto ação dialógica depende essencialmente do fato de que *a posição de agente é partilhada*. Essas ações

[1] Ainda conforme Taylor, o sujeito monológico é o sujeito que constrói, no interior de si mesmo, representações de um mundo exterior – sendo este compreendido pelos outros sujeitos, os objetos com os quais têm contato, e inclusive seu próprio corpo. O sujeito é antes de tudo um espaço interior, ou um mecanismo capaz de tratar, a partir de si mesmo, as representações (Taylor, 1995, p. 559).

são constituídas como tal a partir de uma compreensão comum por parte daqueles que compõem o agente coletivo (Taylor, 1995, p. 563 – grifo nosso).

A metáfora e o conceito de atos dialógicos se mostram absolutamente pertinentes para se referir também à comunicação e, por extensão, às práticas televisivas. O exercício da linguagem, assim como a dança, é algo que só se faz conjuntamente. Conforme Bakhtin, "toda palavra comporta duas faces. Ela é determinada tanto pelo fato de que procede de alguém, como pelo fato de que se dirige para alguém. Ela constitui justamente o produto da interação do locutor e do ouvinte" (Bakhtin, 1992, p. 113). Dançamos pautados pela música, da mesma forma como nos comunicamos dentro dos códigos e quadros de sentido de uma cultura. Nós, interlocutores, existimos enquanto sujeitos individuais – marcados por determinadas competências, experiências, *savoir-faire*. Mas nosso desempenho, com maior ou menor competência, se dá "em situação", marcado pela contingência do momento, pela leitura e previsão dos movimentos do outro, por nossa capacidade de inter-agir, agir-com, agir-entre. Em comunicação, a posição de agente é partilhada. Comunicando, atualizamos a linguagem e os sentidos, atuamos no mundo, construímos nossos lugares e nossas identidades, submetemo-nos, insurgimo-nos e, em conjunto, criamos a realidade e transcendemos nossa individualidade.

Esta é a perspectiva que orienta nosso trabalho de pesquisa e se coloca como ponto de partida para a construção do referencial teórico-metodológico de nossos projetos. No âmbito de nosso grupo,[2] uma ênfase especial é conferida ao estudo de produtos televisivos. No presente texto, mais do que resultados de pesquisa, ou uma reflexão específica sobre o meio TV, propusemo-nos a apresentar o quadro conceitual e o percurso analítico que buscamos desenvolver para a apreensão das relações entre televisão e vida social, televisão e quadro de valores. Por isto, o texto apresenta-se estruturado na forma similar à de um roteiro – um roteiro de trabalho que trazemos para submeter à apreciação dos colegas e estabelecer um terreno de diálogo com outros grupos interessados na temática.

Inicialmente, no entanto, cabe explicitar alguns pressupostos de ordem mais geral, e que enquadram o tratamento que conferimos à TV. Primeiramente, e sem abdicar de um posicionamento crítico, queremos marcar nosso distanciamento de um pensamento e uma condenação ortodoxa da televisão como instrumento de alienação a serviço da dominação de classe, lugar de homogeneização, esterilização do sentido e manipulação ideológica – tendência que marcou o estudo da TV em décadas anteriores.[3] Esse posicionamento não significa, porém, ocupar o lado oposto, numa atitude ingênua ou ufanista com relação à situação da produção de televisão no Brasil e no mundo.

Reconhecemos a importância do conceito de ideologia e a pertinência dos estudos sobre a incidência das relações de poder na produção e na configuração dos produtos

[2] Grupo de pesquisa sobre Interações Midiáticas e Práticas Culturais Contemporâneas (GrisPop), integrante do GRIS-UFMG (Grupo de pesquisa em Imagem e Sociabilidade), credenciado e apoiado pelo CNPq.

[3] Cf. Adorno (1978), Bourdieu (1996), entre outros.

midiáticos. No caso da TV, não desconhecemos a concentração da propriedade das emissoras nas mãos de grupos econômicos dominantes, nem a perspectiva hegemônica que perpassa grande parte dos discursos televisivos. Não obstante, entendemos que a propriedade dos meios não garante a homogeneidade desses discursos, o alinhamento das contradições, o expurgo da diferença: a mídia de uma maneira geral, e a televisão de forma particular, encontram-se marcadas por uma *inserção reflexiva na vida social*. A televisão tanto reflete os valores, problemas e tendências de uma sociedade em determinado momento, como exerce sobre ela um papel constituidor, influenciando comportamentos, ditando temáticas e modismos. Essa dinâmica de reflexividade que a atravessa faz dela um laboratório privilegiado de estudo, um "instantâneo" da vida social em seu movimento, cristalizações, mudanças.

A televisão é uma prática comunicativa – uma grande prática. Conforme Hall (1972), pela TV assistimos a uma "querela da sociedade consigo mesma".[4] Através da televisão, discursos tentam se impor, discursos alternativos se introduzem, papéis sociais são atualizados, sujeitos se dão a ver e se posicionam, problemas ganham visibilidade, tendências se esboçam. A TV é um centro de forças; por ela, escutamos e auscultamos o ritmo e a melodia de uma cultura, e acompanhamos os "passos de dança" executados pelos agentes sociais.

É com base nessas premissas que construímos as questões orientadoras de nosso projeto de pesquisa e a problematização dos fenômenos comunicacionais, conforme apresentaremos a seguir.

Articulações conceituais

A fundamentação conceitual de nossa abordagem se edifica na articulação de algumas noções centrais. Tomando como ponto de partida uma dada concepção de comunicação, outros conceitos são acionados, complementando e desdobrando a perspectiva por ela aberta. Assim, nossa concepção relacional da comunicação nos leva a falar em sujeitos, constituídos na e pela interação, numa dinâmica mediada por uma interface técnica, terreno no qual enunciados são formulados e intercambiados. Estes são os conceitos que explicitamos melhor a seguir.

Entendemos a comunicação como um *processo relacional*, uma dinâmica de globalidade, caracterizada por sua natureza prático-simbólica. A comunicação é da ordem das relações: compreende um processo interativo entre sujeitos (individuais ou coletivos), marcado pela reflexividade e pela mútua afetação. Este pressuposto afasta definitivamente o modelo linear "emissor → mensagem → receptor" e a crença em cadeias fechadas de determinação (emissores com poder de manipulação;

[4] Para Hall, "a televisão não é apenas um meio de transmissão de cultura à sociedade, mas igualmente um meio de comunicação cultural e de criação, um meio no qual e por intermédio do qual uma sociedade se analisa, se julga e se critica. Essa crítica e essa análise são, em si mesmas, uma 'cultura' em processo de recriação e de renovação" (Hall, 1972, p. 73).

mensagens que provocam efeitos definidos; receptores autônomos que reagem a partir de posicionamentos individuais ou de grupos, etc.). Inversamente, ele indica a presença atuante dos vários elementos – sujeitos emissores e receptores, produto, meio, situação – e sua interdependência, estabelecendo uma dinâmica circular e um sentido de totalidade.

Nossa perspectiva relacional supõe uma determinada concepção de sujeito – que são os *sujeitos em relação*.[5] Somos sujeitos frente àquele que nos interpela, e o que nos interpela é o Outro (um outro sujeito, ou o social).[6] Deparamo-nos, assim, nos processos comunicativos, com sujeitos que produzem, sujeitos que apreendem; sujeitos que convocam e que se posicionam frente às convocações; que afetam e que são afetados. Em uma relação mediada pela linguagem, estes sujeitos estão inscritos em uma triangulação:

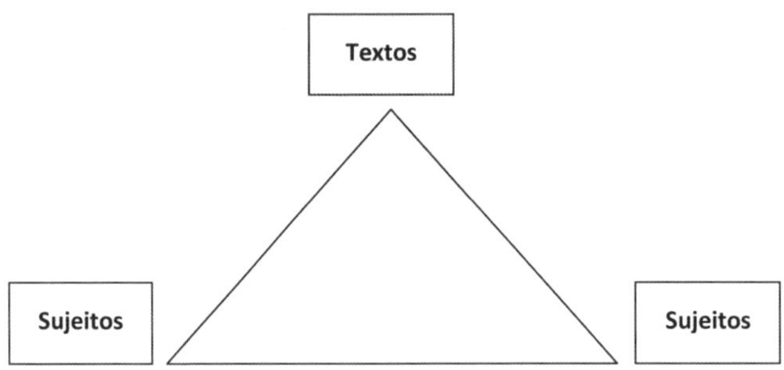

No caso da televisão, e tomando como exemplo um telejornal, essa triangulação pode ser ilustrada pela presença da equipe de produção, pelo telejornal como um produto concreto emitido e recebido em um determinado local e data, por telespectadores que acessam e assistem ao telejornal, cada um desses elementos situado em um vértice do triângulo. Aparentemente estamos apenas reproduzindo, com outro desenho, o velho esquema transmissivo. No entanto, não se trata disto; esta configuração se distingue do vetor E – M – R porque supõe e ressalta uma dupla articulação: sujeito ⟷ sujeito, sujeito ⟷ texto.

Concretiza-se aí uma relação sujeito ⟷ sujeito. De um lado, encontramos jornalistas, cinegrafistas, editores, numa dinâmica produtiva que congrega confluência e choque de interesses e objetivos, bem como uma projeção de expectativas quanto à sua audiência. De outro, temos telespectadores dispersos, diferenciados quanto à sua inserção social e interesses, que por sua vez também reconhecem a emissora e o telejornal a que assistem, que identificam suas características, seus objetivos e

[5] Uma discussão dos sujeitos comunicativos foi desenvolvida no artigo "Sujeitos da comunicação, sujeitos em comunicação" (França, 2006b).

[6] Conforme Mead (2006), a personalidade social dos indivíduos (o *self*) é resultado de seu diálogo com o "outro generalizado".

compromissos político-ideológicos e dialogam a distância com esse interlocutor. Trata-se, como dissemos anteriormente, de uma relação *entre sujeitos*, que pode ganhar diferentes conformações, mas sempre pressupõe posicionamentos, expectativas recíprocas, respostas, mudanças e reordenamento de rumos.

Existe também uma dinâmica sujeito ⟷ texto ligando o telejornal - produto que se apresenta dentro de determinada configuração e estrutura, que convoca sua audiência, disponibiliza sentidos, apresenta um recorte e uma interpretação do mundo – a telespectadores-leitores que respondem de determinada maneira, acolhem / modificam / se apropriam dos estímulos propiciados pelo telejornal, construindo leituras diferenciadas. Aqui não falamos propriamente de uma relação, mas de ações, investimentos, desenvolvimento de um trabalho.

Ao apontar a triangulação, assentada em dois eixos (as duas articulações), nos situamos no terreno da *interação*. Tomados um frente ao outro, e enredados numa relação que se constrói através de gestos significantes (a linguagem),[7] os sujeitos serão vistos na dinâmica que os unifica e os ultrapassa em suas individualidades - que é a interação. Alguns autores distinguem e nomeiam diferentes formas de interação, conforme estas se realizem numa situação de copresença ou a distância, mediada por um ou outro tipo de meio (telefone, televisão, internet, etc.)[8]. Preferimos nomeá-las apenas como interação, entendendo, no entanto, que elas guardam particularidades de acordo com o meio e as circunstâncias dentro das quais se realizam, devendo ser analisadas na singularidade de sua emergência.

Goffman (1999) apresenta as interações enquanto "ações situadas" e "ações coordenadas". São ações; ao inter*agir*, agimos – agimos entre, agimos com: acenar ou responder ao aceno de alguém, assim como produzir uma telenovela, assistir ao capítulo do dia, indignar-se com as notícias de um crime, veicular informações sobre um processo político, votar ou deixar de votar em um candidato a partir de sua imagem pública são ações, são algumas das inúmeras intervenções através das quais vamos edificando nossa própria existência e a existência de uma sociedade. Tais ações são situadas, isto é, configuradas situacionalmente, conformadas por uma situação, um estar juntos estabelecido no espaço e no tempo. Escrever artigos para um jornal no século XIX e em nossos dias, cumprimentar alguém na rua ou deixar uma mensagem na página de internet de um amigo configuram ações distintas – porque inseridas em meios, condições e contextos diferentes. Da mesma maneira, um produto jornalístico como o *Repórter Esso*, nos anos 1960, já pouco se parece com um telejornal contemporâneo, e uma telenovela brasileira veiculada em Cuba, Portugal ou China ganha, em cada lugar, e nas situações em que se insere, recepções e leituras diferenciadas.

As interações são ainda ações coordenadas, nas quais agentes se influenciam reciprocamente, e em que a intervenção de um orienta e reflete a ação do outro.

---

[7] Sobre o papel dos gestos significantes na interação reflexiva, ver Mead (2006).

[8] Thompson (1998, p. 78) distingue três tipos de interação: as interações face a face, as interações mediadas (utilizando algum meio técnico), as interações quase mediadas (estabelecidas através dos meios de comunicação de massa).

> A ordem social encontra-se onde a actividade diferenciada de diferentes actores está integrada num todo coerente, permitindo, assim, o desenvolvimento consciente ou inconsciente de certos objectivos ou funções globais. [...] Qualquer mensagem emitida por um dos participantes é suficientemente significativa e aceitável pelos outros para fornecer o ponto de partida da mensagem seguinte. A troca contínua e ininterrupta de mensagens constitui o processo vulgar de interacção conversacional (Goffman, 1999, p. 100).

No ordenamento conjunto das ações, os sujeitos em interação se valem de categorias identificatórias; um médico ou um policial, por exemplo, emitem marcas verbais e corporais que situam seu lugar social. Na televisão, por sua vez, para além da vinheta, a postura, o gestual, a forma de tratamento da notícia tornam semelhantes os vários apresentadores dos telejornais da Globo, e os distinguem (em alguma medida – já que o JN é tido como referência) de seus congêneres de outras emissoras.

Goffman nos lembra ainda que as interações – mesmo e principalmente as pequenas e invisíveis interações do cotidiano – constituem um terreno altamente ordenado, isto é, submetido a princípios ordenadores de natureza social. A "ordem da interação", atuando acima de uma interação particular, orienta as expectativas e o comportamento dos agentes: sabemos qual o desempenho adequado e esperado em uma conversa com um professor, em uma entrevista de emprego, no encontro com um amigo ou em uma manifestação pública, e podemos antecipar o comportamento de nosso parceiro de interação. Essa "ordenação" dos produtos televisivos, que supõe a padronização de certas formas, em sintonia com as expectativas dos espectadores, resulta no que identificamos como "gêneros" ou formatos televisivos.

Apesar disso, as interações não se repetem sempre da mesma maneira e estão em constante movimento, passando por mudanças imperceptíveis, sendo sujeitas a cortes e rupturas, refletindo valores, necessidades e momentos de uma sociedade. O que era padrão em certa época pode deixar de sê-lo em uma outra; oscilações acontecem sem causas evidentes. No campo televisivo, vários exemplos podem ser encontrados. Certas telenovelas, por vezes, sofrem sérias inflexões em seu enredo, atendendo a expectativas e restrições de sua audiência; outras alcançam um sucesso tão grande que entram na pauta das conversações, instituem modismos, projetam novos ídolos. A medição instantânea de audiência interfere na duração das atrações em programas de auditório, prolongando ou encerrando rapidamente um quadro; a votação do público elegendo ou eliminando candidatos em programas de reality shows se dá dentro de certa lógica, mas por vezes promove movimentos inusitados e surpreendentes e nem sempre facilmente explicáveis. Sendo assim, não é possível enunciar leis fixas quanto ao movimento e resultado das interações – sejam elas diretas (face a face) ou mediadas tecnologicamente (como no caso das interações televisivas). Existem tendências, situações que se repetem, mas prognósticos muito assertivos são – felizmente! – frequentemente contrariados pelo surgimento do imprevisível.

Dissemos anteriormente que a natureza e o movimento da interação são definidores dos processos comunicativos, tanto naqueles marcados pela copresença corporal como nos que são efetivados a distância. Em quaisquer situações, a intervenção diferenciada dos interlocutores e a reflexividade que se instaura entre eles marcam o desenvolvimento e a configuração do processo. Acentuar a participação dos agentes, contudo, não significa desconhecer ou minimizar a intervenção do meio e as distinções trazidas por diferentes mediações midiáticas. Dentro do recorte em que trabalhamos, devemos necessariamente lidar e atentar para as características e determinações propiciadas pela *interface televisiva*.

Interfaces são conectores, dispositivos de ligação, lugar de mediação. São um território de passagem entre dois sistemas distintos e, até então, incomunicáveis. Tais dispositivos de ligação não são neutros: eles criam uma situação nova e, com suas características, moldam a forma da mediação. A televisão, enquanto interface, institui liames e possibilita encontros antes impensáveis; ela faz isto materializando formas, conformando produtos, instituindo novos modos de acesso e fruição, ou seja: ela imprime sua marca e promove a mediação à sua maneira.

Assim, a análise das interações televisivas não pode ser feita desconsiderando as características técnicas do suporte, a linguagem que esse meio desenvolveu, os formatos-padrão adquiridos por seus produtos. Não se trata, em cada estudo, de fazer uma história ou uma análise da técnica, mas de entender e identificar os elementos (dispositivos) que possibilitaram, naquele momento, a produção de tal produto, a recepção em tais condições. Num tempo muito curto – da invenção do VT às antenas parabólicas, do controle remoto à televisão digital –, modificações vêm sendo feitas, permitindo produzir, veicular e mostrar os produtos televisivos de maneiras cada vez mais sofisticadas. Em estudos específicos, é importante atentar para os aspectos e disposições dos meios que mais fortemente atuaram na configuração daquela prática.

A técnica de produção, a conformação dada pelos usos e o cruzamento com outros meios desenvolveram características que conformam uma linguagem própria. Identificando por contraste, sabemos o quanto um jornal televisivo se distingue de um jornal impresso (embora os dois constituam uma mesma atividade – a jornalística), o quanto a encenação de uma peça de teatro difere da representação levada a cabo em uma telenovela, o quanto um jogo de futebol assistido no estádio ou pela televisão propiciam experiências diferentes. Tais distinções compõem o que chamamos "linguagem" da televisão; uma forma própria de dizer, de constituir produtos, de inserir o outro da interação.

O uso dessa linguagem, assim como acontece com outras, materializa-se em produtos com formatos reconhecíveis, que são os gêneros. A classificação desses gêneros é matéria polêmica entre os autores, mas o telespectador identifica bem o propósito e as características daquilo que consome, e tem na escolha do gênero a porta de entrada de seu contato (ligação) com a televisão. O telespectador que procura um debate esportivo ou um seriado policial sabe o que quer e o reconhece quando encontra. A cozinha da Ana Maria Braga, as dançarinas do Faustão, o sofá do Jô Soares são detalhes formais que programas diferentes, dentro de seu respectivo gênero, implementam de modo tanto a ganhar distinção quanto a se situar na sua classe genérica (se caracterizar como um programa feminino, um programa de variedades, ou um *talk show*).

Em síntese, a interface televisiva, em nossos estudos de programas e recortes específicos, deve ser caracterizada a partir dos dispositivos técnicos, linguagem e formato (gênero) que atuam na constituição de um determinado produto – porque tais elementos intervêm na construção da sua significação final e sua forma de inserção e relação com a audiência.

Porém, mais ainda, esse produto deve ser visto e analisado enquanto *enunciado* – uma fala dirigida a outrem, a intervenção de um interlocutor no contexto de uma enunciação. Enunciados são os elos da cadeia discursiva, nos diz Bakhtin (1997); é através deles que uma ponte se estabelece entre um e outro, instituindo entre eles um estado novo, em que cada um já não existe separadamente, mas em relação um com o outro. Subindo juntos em um elevador, dois indivíduos podem não se comunicar – não dirigir a palavra nem o olhar um ao outro – e permanecer então isolados em sua individualidade. Mas, no momento em que um deles diz alguma coisa – uma frase de cortesia, um comentário sobre o tempo –, um espaço novo se inaugura, e os enreda. Pelo tempo que dura, eles se veem "confiscados" pela relação, de tal maneira que o responder ou não responder, a atitude mais ou menos receptiva, será interpretado não mais isoladamente, mas no contexto de dois. Da mesma forma, o agradecimento do apresentador ao final do jornal da *TV5 Monde*, endereçado "ao telespectador que o assiste em qualquer lugar do mundo" me convoca e enreda, o situa e me situa dentro de uma determinada relação.

Vários aspectos, lembrados por Bakhtin, nos ajudam a compreender a natureza do enunciado. Inicialmente ele ressalta: "os enunciados não são do sujeito, não pertencem ao locutor" – eles pertencem aos dois, pois surgem a partir da situação e da relação que os liga. Eles também fazem parte da cultura, do repertório comum que orienta o que dizer em determinadas circunstâncias, em vista de determinados fins. É David Pujadas, o apresentador da *TV5*, que diz "obrigado", mas este enunciado é fruto da proposta de alcance internacional de uma emissora, e da relação que ela pretende estabelecer com telespectadores do mundo todo. O enunciado é ainda uma fórmula cultural, que nos insere – apresentador e telespectadores – numa mesma tradição. O enunciado poderia ser outro – "que Deus permaneça com vocês", por exemplo –, e isto significaria a inserção em uma outra tradição.

Enunciados também estão inscritos em uma serialidade, uma cadeia discursiva, em estreita relação com aqueles que o antecedem e o sucedem. Mais do que uma constatação, este pressuposto nos alerta para a incompletude e dependência de sentido de um único enunciado: é em sua sequência que eles nos dizem do movimento da interação e da significação construída. Esta serialidade é marcada e construída pela alternância de sujeitos, e pelos respectivos posicionamentos que vão sendo assumidos ao longo da interação. No caso da televisão, a alternância de sujeitos não é direta nem imediata, mas diferida no tempo e na forma (Braga, 2006); ela se dá via comentários veiculados em diferentes suportes (internet, mídia impressa, dentro da própria televisão, sem falar na conversação cotidiana), e também através da medição de audiências. Mas ela existe, e se faz atuante. Ao analisar um programa, por vezes nos damos conta de que ele dialoga com outro, ou com algum acontecimento ou intervenção que o antecedeu; vemos também que ele antecipa e responde com antecedência a possíveis réplicas, buscando orientar o desdobramento da interlocução.

Se não pertencem ao locutor, os enunciados, no entanto, encarnam a expressividade de um sujeito, um querer dizer; eles trazem instruções de leitura e sugerem posicionamentos. O discurso irado de meu interlocutor diz do seu lugar e seu sentimento com relação a algo; os comentários e a ironia de Jô Soares nos permitem identificar uma posição que o apresentador deseja marcar. É assim que enunciados nos falam muito mais do que de um conteúdo específico, remetendo-nos a posicionamentos frente ao outro e frente à realidade. Por esses dois aspectos, eles se tornam índices de um estar no mundo e de uma interpretação do mundo em certos momentos, que transcendem aqueles interlocutores e aquela interlocução.

Por último, e sempre conforme Bakhtin, o alerta: como fases de um processo, de algo sempre em andamento, os enunciados são inacabados, e indicadores de um vir a ser.

Esta discussão evidencia o potencial heurístico do tratamento dos enunciados: eles constituem a porta de entrada de nosso percurso analítico e, na sua sequência, são indicadores de uma relação e de posições de sujeito, trazem as marcas de uma interface específica e explicitam a construção e movimentos de um processo interacional.

Um caminho da análise, no entanto, é construído em função da pergunta que orienta o trabalho investigativo. No nosso caso, e conforme ressaltado no tema do colóquio e no título deste texto, a questão que nos impulsiona se refere à relação entre a interface televisiva, os sujeitos, os valores, a instituição. Interessa-nos a relação entre mídia e valores, pois estes são indissociáveis de nossa ação no mundo, e aquela se coloca como o lugar central onde eles se manifestam, atuam e ganham diferentes inflexões. Nosso problema de pesquisa, recortando prioritariamente o meio televisivo, está voltado para a identificação e o movimento de valores no seio da vida social; a interface televisiva (a televisão), constitui um terreno privilegiado em que se evidencia e se torna possível perceber esse movimento.

Mas como fazer essa junção, como identificar, nas interações televisivas, a presença de valores? A identificação dos enquadramentos, dos quadros de sentido, parece ser uma possibilidade promissora.

Quadros e valores

Inicialmente devemos tratar conceitualmente esses dois termos, para em seguida investigar sua articulação.

Diferentes autores discutem e nos apontam a clara distinção existente entre *normas* e *valores*: conforme J. Habermas (1997), as normas nos indicam o que fazer e são revestidas de um caráter obrigatório (sentido deontológico), enquanto os valores indicam preferências intersubjetivamente partilhadas e definem certos bens como mais atrativos que outros (sentido teleológico). E. Durkheim (1967), apresentando as características distintivas do fato moral, destaca dois aspectos. O primeiro deles é a autoridade especial de que se revestem as regras morais, o que faz com que sejam obedecidas, resgatando aí as noções de dever e de obrigação. Mas, para que sejam realmente efetivas, estas noções devem ser complementadas por uma outra, não menos essencial, que é a desejabilidade. "É este desejável *sui generis* que chamamos correntemente de bem" (Durkheim, 1967, p. 51).

P. Livet, por sua vez, afirma que normas impõem obrigações, mas os valores também. Apenas as primeiras, no entanto, impõem responsabilidade. Nem todas as normas sociais estão nos dizendo o que fazer, mas todas visam pelo menos evitar certos comportamentos; elas "não exigem que as sigamos. Elas são atendidas desde que nos conformemos a elas" (Livet, 2006, p. 30). As normas, portanto, estabelecem um limite entre acatamento e transgressão; e a transgressão, por sua vez, implica sansões. Já os valores servem para diferenciar condutas, permitindo gradações na avaliação das mesmas. Se os valores têm uma aplicação mais ampla (se referem a ações humanas, mas também a coisas que as transcendem) e indicam a qualidade das situações, as normas apenas dizem respeito à ação; "as normas impõem o espírito ao mundo" (Livet, 2006, p. 13), este devendo se ajustar àquele. As normas, assim, têm uma incidência mais direta na nossa intervenção e na conformação da nossa realidade, entretanto "são os valores que justificam as normas, e não o contrário" (p.15), conclui o autor.

Resgatando Durkheim, é preciso que uma conduta seja desejável, seja considerada um bem, para que se implante verdadeiramente. Os valores que justificam as normas devem continuar válidos, senão elas também se enfraquecem.

É neste sentido que nos interessamos pelo estudo dos valores na mídia; parece-nos que, mais do que expor ou impor normas, os produtos – e o discurso – midiáticos transitam no campo dos valores. Seu caráter prescritivo imediato é mais atenuado, já que permitem gradações e estabelecem diferenciações. Ao final, eles fundam normas, ou incitam mudanças. Os valores, portanto, atuam claramente, porém indiretamente, na nossa ação e intervenção no mundo.

E o que são *quadros de sentido*, ou o que é um *enquadramento*? Foi o antropólogo G. Bateson quem inicialmente introduziu essa questão. Ao longo de vários trabalhos (1981, 1988, 1990, 2002) ele veio desenvolvendo a ideia de uma distinção entre dois níveis no processo comunicacional: o nível do conteúdo e o nível da relação. A partir do nível aparentemente simples da denotação ("o gato está sobre o tapete"), a comunicação opera num outro nível de abstração, em que o assunto do discurso é a relação entre os falantes – "eu ter dito sobre onde encontrar o gato foi um ato amistoso" (Bateson, 2002, p. 87). Esse nível é chamado metacomunicativo, pois comunica algo sobre a outra comunicação, enquadrando a mensagem.

Bateson desenvolveu sua teoria a partir de observações sobre o comportamento de alguns animais (lontras, macacos), que demonstravam a capacidade de "brincar de brigar". Em algumas situações registradas pelo pesquisador, os animais repetiam ações utilizadas em suas disputas reais, como mordidas e empurrões, mas nesse quadro de "faz-de-conta", na qualidade de simulações. Conforme o autor, "o fenômeno da brincadeira só poderia ocorrer se os organismos participantes fossem capazes de algum grau de metacomunicação, isto é, de trocarem sinais que levassem a mensagem 'Isto é uma brincadeira'" (Bateson, p. 89; Pauzé, 1996). A brincadeira (a metacomunicação) só é possível se os organismos desenvolverem a capacidade de "distinguir o território e o mapa", de trabalhar com a ideia de que "sinais são sinais". "Brincadeira" é um quadro abstrato que incide sobre a interação dos indivíduos, orientando o seu conteúdo.

Assim, os quadros, para Bateson, dizem respeito à natureza da relação que se estabelece entre os parceiros. Para ele, e para seus colegas de Palo Alto, esse nível tinha mais interesse e importância que o próprio nível do conteúdo.

Goffman retoma e desenvolve a discussão sobre os quadros de forma bastante enriquecedora. Seu interesse estava voltado para a estruturação da experiência dos indivíduos no seio da vida social, e o conceito de quadro vai ser utilizado para se referir aos princípios ordenadores de nossa ação no mundo. Lembremos a perspectiva situacional que move o autor,[9] e o quanto, para ele, a correta "definição de situação" é estratégica para orientar o posicionamento do sujeito no mundo.

> Eu sustento que toda definição de situação se constrói segundo os *princípios de organização que estruturam os acontecimentos* – pelo menos aqueles que têm um caráter social – e *nosso próprio engajamento subjetivo*. O termo "quadro" designa esses elementos de base. A expressão "análise de quadro" é, deste ponto de vista, uma palavra de ordem para o estudo da organização da experiência (Goffman, 1991, p. 19 – grifo nosso).

Assim é que, apropriando-se e alargando de certa maneira a concepção de Bateson, Goffman fala de quadro de sentido como aquilo que confere a inteligibilidade de uma situação e organiza nossa forma de lidar com ela. Segundo o autor, quando, em face de uma situação da vida corrente, nos perguntamos: "o que se passa aqui?", encontramos, na resposta, um quadro de sentido. O que se passa aqui: é uma briga? É uma representação teatral? É uma cena amorosa? Ao perguntar, tentamos compreender o que se passa utilizando alguns dos incontáveis quadros disponíveis em nossa cultura. Toda sociedade conta com um grande estoque deles, compartilhados por todos, e são eles que fornecem a compreensão e possibilitam o engajamento de seus membros nas diferentes situações vividas.

Esses quadros ou esquemas originais compreendidos por todos os membros de uma sociedade sem passar por uma interpretação prévia são chamados por Goffman de quadros primários, os quais, tomados em conjunto, constituem os elementos centrais de uma cultura.[10] O trabalho de interpretação do funcionamento das interações vai

---

[9] "Minha perspectiva é situacional, o que significa que eu me interesso por aquilo do qual um indivíduo está consciente em um momento dado, que esse momento mobiliza frequentemente outros indivíduos e não se limita necessariamente à arena co-pilotada do encontro face-a-face" (Goffman, 1991, p. 16).

[10] "É primário um quadro que nos permite, em uma situação dada, atribuir sentido a este ou àquele de seus aspectos, os quais, sem isto, seriam desprovidos de sentido" (Goffman, 1991, p. 30).

detectar tanto a existência de tais esquemas como a relação que se estabelece entre eles, constituindo as forças que movem os agentes. O autor afirma ainda que esse conjunto constituiria algo como "o quadro dos quadros", e está apoiado no sistema de crenças, na cosmologia de uma sociedade.

Encontramos aí a aproximação entre as noções de quadros e valores, e nos damos conta de que a leitura de um quadro nos permite apreender os valores sobre os quais ele se apoia e as forças que articula.

Pensemos em alguns exemplos. Numa sociedade, várias atitudes, posições e discursos sociais podem ser tomados como anódinos ou eventuais – uma piada sobre um negro, a dificuldade de acesso a certos postos de trabalho por parte de certos grupos, uma representação caricatural em um programa televisivo. Mas, se tomamos o racismo enquanto quadro de sentido (uma perspectiva que estabelece distinções raciais entre os seres humanos e hierarquiza essas distinções), vamos nos dar conta de que existe uma vinculação entre os diferentes casos citados, um pano de fundo que nos permite alcançar uma outra compreensão da situação. Lido assim, ou seja, evidenciando o racismo como o enquadramento (muitas vezes o não dito) que confere inteligibilidade às situações, poderemos entendê-las não mais como anódinas ou eventuais, mas como atitudes e posicionamentos preconceituosos.

No século XVI, época da chegada às Américas, os europeus não dispunham de enquadramentos claros que lhes permitissem tratar a diferença representada pelos habitantes do Novo Mundo, tendo sido essa a razão da intensa polêmica surgida em torno da "natureza humana dos índios". Pensá-los como bárbaros desprovidos de humanidade foi um quadro acionado inclusive para justificar o grau de crueldade com que promoveram a escravização e extermínio das populações indígenas.

Num exemplo de outra natureza, podemos falar do reconhecimento de uma dada situação em que pesquisadores se encontram e trocam ideias como sendo um colóquio. Se não nos colocamos de acordo a propósito de "colóquio" como um quadro (um modelo que orienta nosso comportamento e expectativas), a presença das pessoas, o revezamento de falas, as críticas e pontuações feitas apareceriam como comportamentos bizarros.

Os quadros de sentido (sobretudo os quadros primários) são naturais e invisíveis na nossa convivência cotidiana uma vez que já se encontram assentados no instituído. E são recobertos não apenas de sentido, mas de valores. Invisíveis, se dão a ver apenas quando ocorrem falhas e deslocamentos. Assim, defendemos a perspectiva de análise dos quadros de sentido como um caminho analítico rico e elucidativo. Na simulação de um estudo de caso em torno da campanha eleitoral para a prefeitura de Belo Horizonte em 2008, esboçaremos a maneira como esse caminho poderia se construir.

O movimento dos candidatos naquela eleição foi interessante porque, num período curto, sofreu grandes oscilações. De acordo com as pesquisas de intenção de votos, uma candidatura se apresentava claramente majoritária no início de agosto de 2008. Ao longo da campanha, entretanto, os números foram variando, e dois outros candidatos saíram vitoriosos do primeiro turno. No início da campanha para o segundo turno, o candidato que estava em segundo lugar ganhou certa vantagem, mas depois voltou a perder pontos e terminou derrotado.

Campanhas eleitorais podem sofrer diferentes análises, sendo comum que se compare esse movimento dos candidatos a uma "corrida de cavalos", o que nos permitiria "narrar" a corrida nos moldes dos comentaristas esportivos:

> - Jô Moraes (PCdoB) sai na frente;
>
> - Márcio Lacerda (PSB), quase inexistente no início, dá um salto vertiginoso e ganha a dianteira;
>
> - Jô Moraes cai;
>
> - Leonardo Quintão (PMDB) começa a subir, passa Jô e já ameaça Márcio;
>
> - Márcio para de subir, mas ainda chega na frente no primeiro turno;
>
> - Leonardo Quintão continua o embalo e passa na frente nos dias que se seguem;
>
> - Márcio Lacerda cai;
>
> - Márcio Lacerda volta a subir;
>
> - Leonardo Quintão começa a cair;
>
> - Márcio Lacerda ganha.

O que dizer deste cenário de oscilações? Instabilidade do eleitor? Volatilidade das escolhas? Uma leitura cuidadosa de cada momento vai encontrar enquadramentos que mudam em cada uma dessas viradas, indicando como a preferência do eleitor variou em diálogo com sentidos diferentes que foram sendo construídos / desvelados pelo andamento da campanha, no entrechoque dos candidatos. Em cada um desses momentos, os eleitores identificaram qualidades e possibilidades – desejáveis / indesejáveis – que ensejaram finalidades e escolhas. Depararam-se, então, com diferentes quadros. Um trabalho de levantamento dos dados da campanha (dos conteúdos que foram se colocando) nos permitiria, então, apreender que elementos sensibilizaram, que elementos foram recusados pelo eleitorado em cada uma das variações de intenção de voto, como se desenharam as relações de aceitação e de rejeição. As oscilações, na verdade, não foram aleatórias. Elas obedeceram a escolhas e foram pautadas por uma lógica; tais escolhas nos indicariam os valores que foram acionados e que atuaram na configuração e no resultado da campanha. Apenas o desenvolvimento de um estudo sistemático da campanha nos permitiria apontá-los, mas o exemplo ilustra o quanto a identificação dos enquadramentos pode ser elucidativa de certas situações e do comportamento e atitudes dos atores sociais.

O caso aventado não diz respeito especificamente à televisão, embora grande parte da campanha tenha sido veiculada e acompanhada pelo veículo: as obras e as aparições de Aécio Neves apoiando a candidatura de Márcio Lacerda, assim como imagens de Leonardo Quintão simulando um chute nos adversários foram elementos de forte significação e, de alguma forma, decisivos para o desenlace final. A televisão, pela sua onipresença, e pela força de penetração da imagem, constitui um terreno fértil no qual se desenrolam as principais cenas de nossa realidade. E nós, pesquisadores da comunicação, estamos num lugar privilegiado de análise, na medida em que podemos acessar, através de nosso objeto de estudo, as forças que atuam e o movimento que se produz na sociedade.

Conforme afirmado no início, o propósito deste texto se limitou à apresentação de um caminho metodológico e seus respectivos operadores analíticos. Ao longo da discussão (melhor dizendo, do desenvolvimento de um roteiro de trabalho), procurou-se mostrar como essa abordagem, fundada numa concepção relacional da comunicação, toma como ponto de partida o estudo dos enunciados e busca, a partir deles, e da marca dos dispositivos técnicos (da linguagem televisiva), apreender a posição e o relacionamento dos sujeitos que serão, por sua vez, indicativos do formato da interação e dos quadros de sentido que a conformam. Os quadros nos dirão de valores. Entendemos que, na ação dos sujeitos, nas alternativas que se colocam, nas escolhas efetuadas, se desenham quadros que dão a ver o que é caro, o que é desejável, o que é atuante na vida social de nossos dias. O uso de enquadramentos é o pano de fundo de nossas intervenções cotidianas, estando presentes – e podendo ser analisados – na mídia e na *nossa televisão*, na televisão que nossa sociedade produz e assiste.

Esta é, portanto, nossa proposição de trabalho. Tomar a comunicação como atos dialógicos, e os sujeitos em comunicação como sujeitos integrados. Na sua ação conjunta, participam de um ritmo comum – enquadrados e embalados pelos valores da sociedade. Essa "dança" tanto é marcada por esses valores, como é, ao mesmo tempo, reconfiguradora deles. Assim, este é o objetivo da abordagem que nos propomos a desenvolver: apreender e analisar, através dos produtos televisivos, o movimento (a "dança") dos valores na vida social.

Referências

ADORNO, T. Televisão, consciência e indústria cultural. In: COHN, Gabriel (Org.). *Comunicação e indústria cultural.* 4. ed. São Paulo: Nacional, 1978.

BAKHTIN, M. *Marxismo e filosofia da linguagem.* 6. ed. São Paulo: Hucitec, 1992.

BAKHTIN, M. *Estética da criação verbal.* 2. ed. São Paulo: Martins Fontes, 1997.

BATESON, G. Communication. In: WINKIN, Yves (Org.). *La nouvelle communication.* Paris: Seuil, 1981. (Points Essais n. 136).

BATESON, G. *Vers une écologie de l'esprit.* Tome I. Paris: Seuil, 1990.

BATESON, G. Uma teoria sobre brincadeira e fantasia. In: RIBEIRO, B.; GARCEZ, P. (Org.). *Sociolingüística interacional.* São Paulo: Loyola, 2002.

BATESON, G.; RUESCH, J. *Communication et société.* Paris: Seuil, 1988.

BOURDIEU, P. *Sur la télévision.* Paris: Líber; Raison d'Agir, 1996.

BRAGA, J. L. *A sociedade enfrenta sua mídia: dispositivos sociais de crítica mediática.* São Paulo: Paulus, 2006.

DURKHEIM, E. *Sociologie et philosophie*. Paris: PUF, 1967.

GOFFMAN, E. *Les cadres de l'expérience*. Paris: Minuit, 1991.

GOFFMAN, E. *A representação do eu na vida cotidiana*. Petrópolis: Vozes, 1985.

GOFFMAN, E. *Os momentos e os seus homens*. Textos escolhidos e apresentados por Yves Winkin. Lisboa: Relógio d'Água Editores, 1999.

HABERMAS, J. *Droit et démocracie*. Paris: Gallimard, 1997.

HALL, S. O papel dos programas culturais na televisão britânica. In: MORIN, E. (Org.). *Cultura e comunicação de massa*. Rio de Janeiro: Fundação Getulio Vargas, 1972.

LIVET, P. *Les normes*. Paris: Armand Colin, 2006.

MEAD, G. H. *L'esprit, le soi et la société*. Paris: PUF, 2006.

PAUZÉ, R. *Gregory Bateson: itineraire d'um chercheur*. Ramonville Saint-Agne; Toulouse: Érès, 1996.

TAYLOR, Charles. Suivre une règle. *Critique*, Paris, v. 51, n. 579-580, 1995.

THOMPSON, J. *Mídia e modernidade: uma teoria social da mídia*. Petrópolis: Vozes, 1998.

Big Brother Brasil e o valor da autenticidade

João Freire Filho

Conforme assinalam Weintraub & Kumar (1997, p. XI-XII), a distinção teórica e prática entre público e privado (uma preocupação do pensamento ocidental desde a antiguidade clássica) se afigura, mais do que nunca, como "tópico de discussão enérgica, até mesmo inflamada". Qual o impacto da recorrência de anseios, emoções e desejos pessoais em fóruns anteriormente destinados à veiculação e à deliberação de temas de interesse coletivo? O espaço público teria sido devorado pela esfera privada, pondo em risco a civilidade e o funcionamento da democracia? Seria o indivíduo, ao contrário, quem se encontra desprovido de seus "jardins secretos" e, portanto, de sua autonomia? Ou, na verdade, tratar-se-ia de um movimento duplo, conforme sustenta Mehl (1996, 2007), em função do qual a mídia se imiscui nas agruras e nos prazeres particulares da mesma forma que mazelas e expectativas pessoais se infiltram na praça pública?

As evidências empíricas das alterações nos significados correntes e normativos do público e do privado (e nas convenções sociais que os rodeiam) são de natureza bastante diversificada: 1) a expansão de veículos de imprensa especialmente dedicados à vida dos famosos (e a voraz incorporação desse tópico pela mídia em geral); 2) a popularização de dispositivos de exposição voluntária da intimidade, como *webcams*, *blogs*, *fotologs*, *videologs* e redes de sociabilidade mediada pelo computador; 3) as dificuldades que cercam os esforços para estabelecer uma acurada linha divisória entre o trivial e o relevante no jornalismo e na conduta política, ambos eivados por revelações íntimas (incluindo "segredos de alcova") e preocupações obsessivas com o estilo, a aparência e a personalidade de candidatos e governantes; 4) a literatura desabridamente autorreveladora de escritoras como as francesas Annie Ernaux, Catherine Millet e Christine Angot, com seus relatos de experiências pessoais de câncer, orgia sexual e incesto.

Entre os indícios da redefinição da grande dicotomia público/privado (categorias ordenadoras fundamentais da vida moderna, ainda que cultural e historicamente instáveis), nenhum parece causar tanto *frisson* quanto o êxito comercial dos novos gêneros e formatos televisivos. Seu denominador comum: a pertinácia com que convertem em entretenimento público assuntos, emoções e relações interpessoais tradicionalmente circunscritas ao ambiente doméstico, ao confessionário religioso ou ao consultório terapêutico.

Demonstrando demasiado otimismo, alguns pesquisadores vinculados aos estudos culturais festejam as mudanças na paisagem televisiva como índice de efetiva democratização do debate público. Alega-se, por exemplo, que os *talk shows* populares enfraquecem a autoridade dos especialistas, habilitando as "pessoas comuns" a expressarem diretamente suas necessidades e angústias – incluindo questões familiares e domésticas rechaçadas, em geral, como "insignificantes" pelo *ethôs* patriarcal iluminista (Freire Filho, 2007; Freire Filho *et al.*, 2008).

Para a maioria dos críticos mundo afora, entretanto, as novas fórmulas e práticas televisivas representam o ápice da sordidez midiática, a prova mais gritante da "obsolescência do pudor" (Vasse, 2002) – haja vista a sem-cerimônia com que descerram a "câmara de horrores" de qualquer indivíduo, trazendo à cena "os desagradáveis segredos do desejo, da cobiça ou da inveja" (Sennett, [1974] 1988, p. 17). Observadores estarrecidos destacam que o ocaso da discrição (capacidade de o sujeito se conter, tanto no plano do discurso quanto da ação, em nome da decência, da modéstia, da delicadeza; vocábulo oriundo do latim *discretio*, "divisão, separação") afronta até mesmo a presumida "exceção cultural" francesa.

> *Vie privée, vie publique*, *Bas les masques*, *Streap-tease* (*sic*) ou *Sujet tabou*: os títulos dos programas não escondem o jogo. Celebridades e autoridades responsáveis são, atualmente, convidadas para participar do *rendez-vous* do divertimento; interrogadas sobre seus gostos ou suas manias, circundadas por risos galhofeiros, apenas por descuido abordam seus projetos políticos ou artísticos.
>
> Mas, como se estivesse interessada em realçar seu poder absoluto para coroar reis, a televisão dá preferência, hoje em dia, a convidar o anônimo, o francês desconhecido. Com uma condição: que ele relate, que ele testemunhe, não a sua participação dentro da sociedade, nem as suas convicções, mas os seus dramas e tormentos pessoais. Numa semana qualquer, a programação deixa o telespectador atordoado: ele saberá tudo a respeito daqueles que possuem uma enfermidade psiquiátrica grave; ele acompanhará a aflição de mães que não aceitam o sexo dos filhos, de pessoas que se encontram gordas ou magras demais, que possuem um nome ridículo, que gaguejam ou têm medo da multidão; ele vivenciará, como se estivesse ocorrendo consigo mesmo, o dia em que jovens revelam aos seus parentes a condição de homossexual (Quinio, 2001, p. 181-182).

> É um vírus. Ele chega sem fazer alarde e insere-se sub-repticiamente dentro da sua TV. [...] O mal, que não data de hoje, possui, na atualidade, uma amplitude sem precedente. As resistências se esvaem ou refugiam-se em quaisquer guetos derrisórios. Mesmo o serviço público foi globalmente atingido. A televisão se rendeu diante desse flagelo. Ela capitulou diante do despudor.
>
> [...] "Telerrealidade", revistas eletrônicas ou *talk shows*, as evidências são copiosas. [...] O vírus não poupa ninguém: a família ou o casal, o amor e a amizade, a beleza e a santidade. [...] Dos corpos ao espírito, da alcova à cozinha, nenhum lugar escapa, agora, do *voyeurismo* da câmera (Chivot, 2003, p. 402).

Conforme atesta a celeuma desencadeada em torno da primeira edição de *Casa dos Artistas* (SBT), um dos precursores da onda dos *reality shows* no Brasil, as reprovações de jornalistas e peritos se concentram, com frequê ncia, no comportamento "chulo" dos competidores por notoriedade e por dinheiro – "*Casa dos Artistas* é o lixo do lixo? Mas é claro que é. A vulgaridade é tamanha que a gente tem a sensação de que a TV agora, além de cores, tem cheiro", asseverou o então colunista da *Folha de S. Paulo* Eugênio Bucci, atualmente professor da ECA/USP ("Emissora desnuda idiotia do entretenimento", Ilustrada, 01/11/2001, p. 1). Antes de a atração pestilenta ser "devolvida ao lixo de onde saiu", Bucci tampou o nariz e debruçou-se, uma vez mais, sobre a anatomia de sua horrenda glória:

> O programa veio para proporcionar ao público a esbórnia inculta, às vezes simbólica, às vezes física. Simbólica é a esbórnia que se realiza por meio das palavras, naquele dialeto híbrido, formado pelo cruzamento das gírias criminais com os gemidos pré-verbais. Há também as "insinuações" pornográficas, com olhares arregalados à meia altura, tão sutis quanto um estupro, e há ainda as poses proto-explícitas, prenunciando a dimensão física da coisa. Os "artistas" ensaiam trocas de carícias no sofá e, em seguida, amontoam-se, em trajes mínimos, dentro dos quartos ou na piscina. Quase nada sobre o corpo. Nada dentro da cabeça ("A mansão dos indigentes", *Folha de S. Paulo*, TVFolha, 11/11/2001, p. 1).

Constitui um expediente retórico corriqueiro maldizer a cultura de massa traçando paralelos entre a vivência das sociedades contemporâneas e o declínio da Roma imperial. Para sustentar a analogia, são acionados conceitos como "corrupção", "depravação", "abatimento" e "barbarismo". Com fatigante regularidade, recorre-se, também, à expressão "pão e circo" (*panem et circenses*) – lavrada por Juvenal, em sua décima sátira – a fim de sedimentar uma relação entre a queda do Império Romano e o fato de o "populacho" ter abdicado de suas responsabilidades políticas em troca da distribuição de comida e da vibração das corridas e lutas (Brantlinger, 1983). Ao comentar o desfecho de *Casa dos Artistas*, Eugênio Bucci deixou patente a estabilidade desse longevo ardil discursivo:

> É divertido de ver? Num primeiro momento, sim, é divertido. Depois, é apenas constrangedor: aqueles egos estirados no chão, como gladiadores mortos ao fim do circo... O público assiste, em massa, mas, de novo e de novo, nada de novo. [...] A platéia, do fundo de sua miséria sexual, dedica-se a devorar as intimidades carnudas dos gladiadores expostos. O SBT não inventou essa fórmula, a do voyeurismo industrializado, apenas foi esperto em copiá-la às pressas ("O 'brother' esquartejador", *Folha de S. Paulo*, TVFolha, 03/02/2002, p. 3).

Com o lançamento de *Big Brother Brasil* pela Rede Globo, a televisão concluía sua involução rumo à "idade carnívora e industrial", conjugando "o cancã, o frigorífico e a churrascaria" para deleite de uma "multidão salivante".

> *Big Brother Brasil* entra no ar como coisa de profissional. Todo mundo ali era desconhecido, mas, não tenha dúvida, todo mundo ali é profissional. [...] São andróides

> do desejo público, programados para falar como segredos íntimos o que não passa de fetiche da massa. [...] Não há "vida interior" a ser devassada nesse tipo de programa. Há somente o interior do organismo, as vísceras cruas e as palavras idem. [...] Se *Casa dos Artistas* virou mania, *Big Brother Brasil*, a tacada mais ambiciosa das Organizações Globo, será uma histeria. Já é, por sinal, produto de uma histeria dupla: a do povo esfomeado, que quer mastigar o corpo alheio, e a da Globo, que quer ir mais longe que o SBT, não importa em que direção ("O 'brother' esquartejador", *Folha de S. Paulo*, TVFolha, 03/02/2002, p. 3).

Outros gabaritados observadores dos *reality shows* preferiram mudar o foco da análise, solidarizando-se com as "cobaias" submetidas ao regime de confinamento: "Como experimento de psicologia, seria interessante, mas não como uma brincadeira de TV. Acho humilhante para todos que estão participando", ponderou a educadora e psicóloga Rosa Maria Melloni, sem precisar quais seriam os benefícios de uma experiência científica análoga. Seguindo pelo mesmo atalho argumentativo, a psicóloga Henriete Morato lastimou: "Os participantes, em geral, são pessoas humildes que se prestam a tudo por mais um minuto de fama, pela chance de sair do anonimato da existência" ("*Casa dos Artistas*: cobaias em nome da fama", *Folha de S. Paulo*, TVFolha, 18/11/2001, p. 3).[1]

Protestos contra a desfaçatez ou o aviltamento dos participantes dos "shows da intimidade" não costumam andar desacompanhados. Convivem, em geral, com lamúrias e conjecturas acerca da curiosidade alienada, desairosa ou perversa do público – "É como ver uma luta livre ou uma briga de galo, um espetáculo de sofrimento que permite ao espectador não pensar no espetáculo do cotidiano, do qual ele é personagem real", comparou a supracitada Henriete Morato. Sua colega de profissão Ana Cristina Limongi, por sua vez, especulou que o público, ao assistir ao programa comandado por Silvio Santos, sentia "um prazer invertido" diante da dor dos outros: "Se nos filmes pornográficos se pode sentir prazer vendo o prazer dos atores em cena, no caso desse programa existe o deleite com o sofrimento alheio" ("*Casa dos Artistas*: cobaias em nome da fama", *Folha de S. Paulo*, TVFolha, 18/11/2001, p. 3).

Numa notável ironia histórica, a França, após ter propiciado aos brasileiros o seu ideal de civilização, passou a fornecer argumentos para a naturalização do gosto pelas "perversões televisivas":

> Do lado do público, pode-se dizer que o apetite voyeurístico é mesmo um dos ingredientes principais do interesse despertado por *Casa dos Artistas*. Mas essa não é uma distorção do capitalismo periférico, do neoliberalismo, da indigência cultural dos brasileiros ou coisa desse tipo. Num país altamente instruído como a França, um programa semelhante, *Loft Story*, também mesmerizou multidões. Bisbilhotar a vida do outro é algo entranhado na alma humana ("Pelo buraco da fechadura", *Veja*, 21/11/2001, p. 114).

[1] A bem da verdade, os moradores da Casa dos Artistas, conforme antecipa o título do programa, eram figuras razoavelmente conhecidas do mundo do entretenimento – atores, cantores e modelos, sem extremas dificuldades financeiras aparentes.

Como de hábito, um "especialista da alma" foi convocado para deslindar o fenômeno: "Estamos falando da curiosidade que leva uma criança a espiar pela fechadura do quarto dos pais, para saber o que acontece lá dentro. Existe até uma expressão freudiana para designar esse processo: é a fantasia da cena primitiva", explicou o psicanalista Renato Mezan ("Pelo buraco da fechadura", *Veja*, 21/11/2001, p. 114).

Ninguém ignora o planificado apelo libidinoso de *Casas dos Artistas*, *Big Brother*, *Ilha da Sedução* ou *Acorrentados*, realizações protagonizadas por participantes predominantemente jovens que, transladados de seu ambiente doméstico, vivenciam situações cotidianas ou inusitadas em cenários com atmosfera deliberadamente lúbrica (ainda que atenuada por imperativos de ordem moral/comercial). A noção crítica de voyeurismo vem sendo invocada, porém, com tamanha insistência a ponto de converter-se num conceito-fetiche.[2] Semanticamente dilatado e investido de plenos poderes explanatórios, o voyeurismo serve para elucidar – sem mais delongas – a popularidade de programas cuja estrutura está efetivamente ancorada no "acesso íntimo consentido" a paixões florescentes, dramas de consciência e conflitos de personalidades, em vez da "observação furtiva" de enlaces eróticos ou intercursos sexuais.

O uso hipertrofiado da noção de voyeurismo se conjuga, não raro, com o ímpeto moralizante tão característico da indignação ilustrada contra a cultura popular de massa – o folhetim, o teatro de revista, as chanchadas, os programas de auditório e, mais recentemente, o funk carioca, entre outras modalidades acusadas de rebaixar o padrão do gosto e atentar contra o idioma, a inteligência e o pudor. Isolados ou em parceria, ambos os parâmetros críticos inviabilizam a compreensão mais ampla das motivações e dos prazeres do público, bem como dos significados culturais e das implicações políticas das atrações reunidas sob o elusivo rótulo "TV de realidade".

Estudos de recepção vêm sinalizando, por exemplo, que a audiência do *Big Brother* (formato sincrético em que se harmonizam convenções e técnicas do documentário observacional, dos *game shows*, da ficção seriada e dos *talk shows* baseados no confronto e na confissão) se deleita, principalmente, com a oportunidade de esquadrinhar, avaliar

---

[2] O voyeurismo foi catalogado, em tratados clássicos da psicanálise e da psiquiatria, como uma parafilia, uma expressão imatura e narcisista da sexualidade em que a visualização inconcessa de cenas sexuais figura como a forma preferida ou exclusiva de obtenção do prazer, gerando problemas de sociabilidade para o indivíduo. Dentro da psiquiatria contemporânea, o voyeurismo é descrito como uma doença mental que conduz à prática de observação de indivíduos desprevenidos, em geral estranhos, que estão desnudos, em processo de despir-se ou envolvidos em atividade sexual. Tal como demonstra o amplo levantamento empreendido por Metzl (2004a, 2004b), enquanto o emprego da categoria de voyeurismo se torna cada vez mais específico e escasso na área médica, seu uso corriqueiro prolifera de maneira galopante. Definições e etiologias do termo eram abundantes entre os anos 1950 e 1970 em artigos sobre desvios e psicopatologias, servindo de base para reflexões a propósito de variadas questões clínicas e culturais; raramente, porém, o voyeurismo era explicitamente abordado no campo da cultura popular, como resenhas de livros e filmes (nem mesmo naquelas a respeito de *Janela Indiscreta*, de Alfred Hitchcock). O quadro se inverteu, substancialmente, a partir do final do século XX: somente 14 dos artigos publicados, entre 1990 e 2004, nos nove principais periódicos americanos de psiquiatria continham a palavra "voyeurismo"; já uma consulta ao *site* Google, em 2004, registrava 815.000 entradas para o termo (refiz o procedimento de Metz, em fevereiro de 2009: o número de referências saltou para 6.110.000).

e debater a *sinceridade* e a *autenticidade* dos competidores. Os olhares se concentram, acima de tudo, nos sinais de incoerência entre pensamentos e sentimentos e aquilo que é comunicado publicamente a respeito da própria personalidade, gostos e princípios. Devido à impossibilidade de tomar como parâmetro a vida pregressa do *casting* (em regra, obscura), o público tende a alicerçar seus julgamentos em especulações sobre "o que se passa na cabeça e no coração dos concorrentes" e em conjecturas acerca de seu próprio comportamento diante de circunstâncias análogas às oferecidas pelo programa (Hill, 2005, p. 69).

Menos do que a exposição despudorada de corpos, o centro do interesse dos telespectadores parece ser o discernimento da "verdadeira natureza" dos participantes – quer dizer, da autenticidade alojada no "espaço opaco entre performance e ação inconsciente", apreendida em rompantes e lampejos, representada tanto pelo que é dito quanto pelo que é silenciado (Coleman, 2003, p. 755). Trata-se, enfim, do desejo de testemunhar aquilo que Corner (2002, p. 261-262) chamou de *selving*: o processo mediante o qual o "*self* genuíno" se insinua (e desenvolve-se) por debaixo do "*self* performático", projetado para granjear a simpatia de aliados internos e eleitores externos.

O público brasileiro não foge à regra, revelando infatigável prazer em esquadrinhar e debater a autenticidade dos competidores da atração global, conforme evidenciam *blogs* e comunidades na internet:

> Ana será a vencedora do prêmio do BBB9, autêntica, verdadeira, criança, mulher, justa, fala na cara, nunca mostrou dupla personalidade, está conquistando o público.[3]
>
> Max é sujo, calculista, vive de máscaras! [...] Ana foi a mais popular do programa, conquistou o Brasil, ela foi verdade e autenticidade![4]
>
> Fora Ana!! Chegou a hora!! Temos que votar muito, muito mesmo. Não podemos deixar que a FUTILIDADE E A FALSIDADE ganhem da HONESTIDADE, PERSEVERANÇA, DETERMINAÇÃO, AMOR, CARINHO, 'LUTA', VENCER DESAFIOS, ETC. O Max sempre demonstrou ser um cara autêntico, verdadeiro; sempre falou o que pensava!![5]

Segundo Pedro Bial, mestre de cerimônias do *Big Brother Brasil*, os realizadores do programa se esmeram para que a "mística da autenticidade" seja preservada, atendendo aos anseios do público por revelações imediatas, genuínas das excentricidades, paixões, traumas, precariedades, pequenas vilanias e vitórias pessoais dos confinados:

> Rodrigo Dourado, o editor, edita sem roteiro. Na quinta-feira, ele me disse: "não tem nada de verdade aqui". O conteúdo que a gente procura é o autêntico. "Eles estão encenando demais", ele disse. A gente tira. Quando a gente viu, o programa ia ficar curto. Eu disse: "me dá mais tempo no ao vivo". Temos essa alternativa nesse

---

[3] http://www.bloglouco.com/popularidade-bbb9-saiba-quem-sao--participantes-favoritos-no-big-brother-brasil-9/.

[4] http://cultureba.com.br/2009/04/08/a-audiencia-de-todas-as-edicoes-do-big-brother-brasil/.

[5] http://www.orkut.com.br/Main#Community.aspx?cmm=53304892.

programa. Quando eles ficam *fakeando* (falseando) muito, a gente simplesmente não põe no ar. E no ao vivo não tem *fake*. É de verdade mesmo. Alguns jogam para as câmeras. Falam sozinhos. Você percebe que, às vezes, estão tentando enganar. Político se dá mal com isso. A televisão é lambrosiana nesse sentido. Você olha a cara do político, não importa o que ele está falando, e diz: "não compro esse cara".[6]

A audiência do BBB parece ansiar, de fato, por vislumbres *objetivos* (não roteirizados ou arquitetados) do *subjetivo* – *stripteases* da alma, realizados dentro de uma simulação (inteiramente rastreada) de espaço doméstico. Repudia-se a facilidade de certos competidores para derramar lágrimas nas ocasiões mais propícias; são valorizados, por outro lado, os instantes de conspícuo descontrole, supostamente indicativos da primazia da espontaneidade sobre as normas sociais que governam a expressão das emoções. Daí a extrema curiosidade despertada por conflitos interpessoais candentes ou momentos de grande fragilidade emocional, quando as "pessoas reais" do outro lado da tela se revelariam como "realmente" são, destituídas de máscaras sociais.

Como se não bastassem as pressões do tédio cotidiano e da convivência íntima compulsória, a estrutura do *Big Brother* prevê a realização sistemática de festas (com desimpedido consumo de álcool) e de provas de exaustão física e psicológica que ajudariam a quebrar resistências à revelação do *self* autêntico. Além disso, a própria acomodação dos participantes em uma casa afastada do "mundo lá fora" incentivaria o regresso a um revelador "estado de natureza", consubstanciado nos frequentes gestos de incivilidade dos competidores (como o sempre polêmico descaso pelas formalidades nos modos e nos usos da linguagem).

Juntamente com os flagrantes espontâneos captados pelo olhar oblíquo das câmeras, o público dispõe de outra pretensa via de acesso à "verdade interior" dos participantes: os registros implacáveis da "máquina da verdade", calibrada para delatar qualquer dissimulação nas respostas às interrogações capciosas de Bial, disparadas no isolamento do confessionário. Nesse caso, é a consciência plena de estar sendo monitorado que asseguraria a busca da autenticidade dos competidores na exposição de suas emoções e seus sentimentos.

A rede social 8P, da Globo.com, oferece o indício mais eloquente da valorização da autenticidade como característica essencial para conseguir o ingresso e, quiçá, a vitória no *Big Brother Brasil*. Quem almeja participar do *reality show* pode registrar o seu "perfil BBB" no *site*. Além de comentários e votos de aprovação ou rejeição dos usuários, os aspirantes à celebridade instantânea recebem uma "Nota da Produção", presumidamente conferida pelos realizadores do programa. 648 perfis de candidatos ao BBB9 continham a *tag* "autêntico": Fabiano Ferrari, paulista de 27 anos, por exemplo, descrevia-se como "autêntico, verdadeiro, que odeia falsidade";[7] uma pessoa "iluminada", "guerreira", "determinada", "simpática", "muito criativa", "AUTÊNTICA"

---

[6] http://ultimosegundo.ig.com.br/mauricio_stycer/2009/03/02/max+e+favorito+desde+o+inicio+priscila+e+autentica+acho+que+tem+gays+na+casa+boninho+tem+fama+de+mau+mas+e+democratico+4435987.html.

[7] http://www.8p.com.br/bbb/ferraribbb9/perfil.

e "humilde", Delcimere Araújo Nunes, soteropolitana de 44 anos, também declarou abominar a falsidade: "Não gosto de blá, blá (*sic*) e sim de uma conversa (*sic*) que exista transparência".[8]

Aqueles que já passaram pelo programa, como os participantes da oitava edição Fernando Mesquita e Thalita Lippi, confirmam a importância de "mostrar autenticidade e atitude".[9] Indagados pela produção sobre "Qual o segredo da vitória no *Big Brother Brasil*", os participantes do BBB9 não foram muito originais: "ser autêntico", responderam quase todos.[10]

Nas discussões travadas em salas de *chat*, sobressai a tensão entre os fãs que admitem o uso da dissimulação como estratagema para alcançar a vitória no jogo e os fãs que preconizam a "transparência" e a "fidelidade a si mesmo", independentemente de qualquer coisa. Os defensores inflexíveis da autenticidade buscam resolver o impasse argumentando que a melhor maneira de vencer (ou seja, a estratégia mais eficaz) é não ser estratégico – é ser "real" (Andrejevic, 2004, p. 125). Tal postulado encerra, no entanto, um paradoxo: a fim de não parecerem falsos, os integrantes da "casa mais vigiada do país" são compelidos a forjar um esquecimento da realidade ao seu redor: o fato de que estão sendo monitorados com a intenção de gerar um passatempo comercializável, de competir por um prêmio milionário e, eventualmente, de converter sua autoexposição em uma carreira na indústria do entretenimento. "A autenticidade, estranhamente, significa comportar-se como se nada de extraordinário estivesse ocorrendo" (Andrejevic, 2004, p. 130).

Ao público resta a expectativa de acompanhar o vexatório banimento, mediante o voto popular, dos concorrentes mais "manipuladores" – isto é, daqueles cujas escolhas e posturas denotavam uma divisão consciente entre sentimento e ação, ser e parecer. A eliminação prematura dos *brothers* mais "armadores" gera ansiedade entre os responsáveis pelo programa, receosos de que a saída de integrantes polêmicos diminua o coeficiente de entretenimento do jogo. Para alguns entusiastas, porém, o *Big Brother* não constitui mera diversão – seria mais apropriado, no seu entendimento, classificá-lo como experimento psicológico ou antropológico, com estimável valor educativo, já que permite a expansão do conhecimento a respeito não de populações distantes, mas de "gente como a gente":

> A capacidade de restringir o contato dos participantes com o mundo externo, controlando cada aspecto de suas vidas, desde a quantidade de comida disponível até as tarefas a serem desempenhadas, estabelece uma situação em que os produtores são assistentes de laboratório; os telespectadores, estudiosos da natureza humana (Andrejevic, 2004, p. 124).

---

[8] http://www.8p.com.br/bbb/meirearaujo/perfil.

[9] http://www.tudoagora.com.br/noticia/10795/Boninho-quer-candidatos-com-algo-a-mais-no-Big-Brother.

[10] http://bbb.globo.com/BBB9/Noticias/0,,MUL982405-16397,00-NA+PERGUNTA+DO+DIA+BROTHERS+DIZEM+QUE+O+SEGREDO+DA+VITORIA+E+SER+AUTENTICO.html.

A premissa compartilhada por grande parte dos fãs (e reforçada pelo discurso dos realizadores) é que ninguém pode falsear sua personalidade 24 horas por dia, sete dias por semana. O paradigma de "sinceridade e autenticidade" vinculado ao *Big Brother* sugere, pois, que a vigilância ubíqua não oprime o sujeito alvejado, nem o incita a comportar-se artificialmente – pelo contrário, o monitoramento o estimula a manter-se sincero e autêntico (ANDREJEVIC, 2004, p. 131). Legitima-se, então, a ideia de que a melhor atitude perante a onipresença dos sistemas de supervisão da conduta individual (em nome da produtividade e da segurança familiar, comercial ou pública) é "agir de modo espontâneo e despreocupado": "Sorria e seja você mesmo!"

A desconcertante reivindicação da autenticidade, no âmbito do *reality show*, exprime bem a ânsia atual pelo reconhecimento da nossa confiabilidade como indivíduo e pela valoração de nosso modo de existência alegadamente peculiar, numa ordem social em que as questões ligadas ao íntimo, à identidade e à personalidade desfrutam de potencializada proeminência. Flahaut (2006, p. 5) não exagera, de fato, ao afirmar que "Seja você mesmo" sobressai, na atualidade, como a "palavra de ordem mais consensual do ocidente", capaz de condensar expectativas e injunções de expressividade individual. Nessa conjuntura, a felicidade parece residir na afirmação pura e simples de si, sem nenhum objetivo futuro ou fidelidade pretérita: "A felicidade atual nada mais é do que ser (você mesmo)" (GERMAIN, 2006, p. 15).

No Orkut, cerca de 600 comunidades brasileiras tecem derramados elogios à espontaneidade e à transparência, proclamando a importância de manter-se fiel a si mesmo;[11] mais de mil usuários exibem, em seus perfis, menções à originalidade, à autenticidade e ao estilo único. Propagandas de produtos e de serviços são adornadas, cada vez mais, por palavras de incentivo à expressão de individualidade mediante as escolhas estruturadas pelo mercado. Evocações da autenticidade figuram na divulgação até mesmo dos produtos mais prosaicos: calçados ("*All Star Converse*. Autêntico como Você"; em 2005, a concorrente Reebok lançou mão do *slogan* "I am what I am" para fundamentar sua campanha promocional, protagonizada pelo controverso *rapper* 50 Cent); roupas ("*Enfim*. A roupa da sua realidade", "*Enfim*. Conteúdo é Você. Você é o mundo"; "A *BE YOURSELF* começou com um conceito interessante: o de ser você

[11] *Autenticidade* (9.821 membros, criada em 20/01/2005 – "À arte de ser alguém único em meio a tantos 'eus' dá-se o nome de Autenticidade. Este espaço é para reunir as pessoas educadas que não enganam as outras e são elas mesmas"); *Eu gosto é de autenticidade* (2.852 membros, criada em 27/03/2006 – "Você é autêntica e não suporta pessoas sem personalidades, que vivem copiando tudo?? profiles, fotos, gostos, roupas, comunidades. Pessoas vazias, sem um pingo de criatividade, maria vai com as outras, etc. Ser autêntica é pra poucas pessoas. Originalidade é tudo"); *Sou uma pessoa autêntica* (2.440 membros, criada em 18/05/2005 – "Se vc é uma pessoa autêntica e não tem receio de falar o que pensa, na hora certa e/ou no momento certo, sabe ser o que é, sem usar máscara, então vc tem tudo para fazer parte desta comunidade"); *Seja autêntico* (2.138 membros, criada em 30/11/2006 – "Se você for verdadeiro, aberto e autêntico... será um SÓ. Único e especial pra todos!"); *Sou autêntico* (1.439 membros, criada em 28/08/2004 – "Muitas pessoas estão perdendo o seu verdadeiro 'eu'. Por isso estou abrindo esta comunidade para que sejamos nós mesmos e consigamos fazer amizades verdadeiras com pessoas verdadeiras ou seja uma comunidade feita para pessoas que gostam de ser elas mesmas..."); e por aí vai.

mesma, sem vergonha, sem medo e com muita naturalidade e espontaneidade"); e eletrodomésticos ("*Brastemp*. Seja Autêntico". A propaganda exibida na TV instigava: "Todos nós temos um lado que nem todo mundo vê, o lado autêntico, ousado, que não está nem aí para o que os outros pensam"; o *site* da empresa esclarecia: "Com a assinatura 'Seja autêntico', a *Brastemp* divide com o consumidor a crença de que, acima de tudo, o que vale é a personalidade").

Gurus dos negócios recomendam às organizações que invistam robustamente para notabilizarem-se na "representação da autenticidade": "Com efeito, 'representar a autenticidade' deveria ser uma expressão tão comum quanto 'redução dos custos' e 'melhoria da qualidade'", pontificam Gilmore e Pine II (2008, p. 3-4). "Quando os consumidores querem o que é real, a *administração da percepção de autenticidade pelo cliente* passa a ser a principal nova fonte de vantagem competitiva – o novo imperativo dos negócios".[12] Segundo o discurso mercadológico, os atuais consumidores escolhem criteriosamente – em meio ao fluxo contínuo de objetos, estilos, experiências e eventos – aqueles mais condizentes com a sua autoimagem, aqueles que lhe permitem expressar melhor o seu "verdadeiro eu". "O que compram deve refletir quem eles são e quem desejam ser em relação a como percebem o mundo – com decisões praticamente instantâneas em relação ao que é 'real' e ao que é 'falso'" (Gilmore; Pine II, 2008, p. 6).

Neste novo ambiente comercial, tornam-se menos atrativas as marcas que parecem encarnar receitas confeccionadas pelos profissionais de *marketing* para indicar como as pessoas devem viver suas vidas:

> O paradigma de *branding* pós-moderno é baseado na idéia de que as marcas terão mais valor se forem oferecidas não como planos culturais mas como recursos culturais, ingredientes úteis para a produção do eu de acordo com a vontade de cada um. De modo a servir como ingrediente valioso na produção do eu, recursos culturais de marca precisam ser vistos como autênticos. A cultura de consumo pós-moderna adotou uma noção particular de autenticidade que provou ser particularmente desafiadora para os profissionais de mercado. Para serem autênticas, as marcas precisam ser desinteressadas; devem ser vistas como inventadas e disseminadas por grupos sem uma agenda econômica instrumental, por pessoas motivadas intrinsecamente por seu valor inerente (Holt, 2003, 53-54).

O tropo da autenticidade – ratifica Botterill (2007) – se afigura como particularmente adequado para a cultura promocional contemporânea, porque é antitético, em princípio, a qualquer tentativa de fornecer um projeto racionalizado de vida: "Como o próprio capitalismo, a autenticidade é amoral, estando menos relacionada àquilo que deve ser feito e mais à maneira como uma vida é estilizada. [...] A autenticidade

[12] São bastante ilustrativos, nesse sentido, os números levantados por Botterill (2007, p. 110): em janeiro de 2006, uma busca no "American Business Index" registrou a ocorrência de 1.091 artigos com a palavra-chave "autenticidade"; uma pesquisa similar no "Humanities and Social Science Index" indicou a existência de 312 artigos.

é um atrativo textual que age como chamariz para a contemplação da autodescoberta criativa (p. 114)".

Botterill vislumbra uma "missão cultural" ou uma "função terapêutica" no uso da retórica da autenticidade por parte dos agentes do mercado: o alívio das ansiedades do público (sobretudo dos jovens) quanto à impossibilidade de autonomia e manifestação de originalidade num mundo dominado por processos de massificação que obliteram a individualidade.

Nos anos 1960, o ideal da autenticidade constituíra a base moral do radicalismo de esquerda. "Ser você mesmo", naquele estágio do capitalismo eivado de repressão e alienação, não se afigurava como uma tautologia, mas como um problema de natureza política. Na ótica de diversos movimentos sociais, a atualização da busca romântica pela autenticidade (vinculada ao alargamento das possibilidades de autodeterminação e autoexpressão) implicava um contundente repúdio de paradigmas culturais e hierarquias sociais existentes (Berman, [1970] 2009). Não tardou muito para ficar razoavelmente claro quão espinhosa era a concretização conjunta dos anseios por autoexpressão integral, liberação sensual, relações igualitárias e laços sociais substanciosos – pelo menos em comunidades mais amplas e por períodos de tempo significativos. Versões seletivas, fragmentadas daquelas aspirações permaneceram, todavia, fortemente atuantes em determinados setores sociais. Outrora um apanágio das elites intelectuais e artísticas à procura de maneiras genuínas de vida e de comunicação, o "individualismo expressivo" avulta, na atualidade, como um fenômeno de massa.

Para alcançar a felicidade autêntica, recomenda-se um envolvimento pleno e dinâmico com meandros e sutilezas da própria personalidade, sem castrações ou acomodações sociais. A autenticidade, a autoestima e a autonomia são cultuadas com a mesma intensidade com que prolifera o descrédito em relação a metas e a salvaguardas externas. *Seja você mesmo! Confie em seu potencial! Dê o máximo de si! Supere-se!*: eis as palavras de ordem que norteiam a vida do felizardo empreendedor de si mesmo, resultado de uma síntese de elementos racionalistas e românticos na compreensão do indivíduo, das relações afetivas e do trabalho, em que a espontaneidade emotiva se reconcilia com afirmações instrumentais do *self*.

Plataforma de inopinadas odes à autenticidade, o programa *Big Brother Brasil* ratifica a força, no âmbito do imaginário popular, da crença na existência de um "verdadeiro eu", em que pese todos os esforços teóricos de relativização ou de rejeição peremptória da dicotomia *self* real/*self* forjado promovidos por pensadores filiados ao pragmatismo, ao interacionismo simbólico ou ao pós-estruturalismo.

Um dos problemas do atual culto à autenticidade é que ele incita que noções banais de autorrealização e afirmações temerárias da própria personalidade passem a serem dotadas de tanta legitimidade quanto ideais morais mais elevados. A disputa do BBB10 foi exemplar nesse sentido: venceu Marcelo Dourado, um sujeito parrudo de 37 anos cujo principal oponente portava todos os estigmas clássicos da duplicidade, da dissimulação: homossexual, *drag queen* profissional, Dicésar foi rapidamente rotulado de fofoqueiro e falso por diversos moradores da casa.[13] Um dos motivos declarados para a desconfiança generalizada em relação a Dicésar era o seu comportamento invariavelmente cortês. Dourado, por sua vez, rejeitava ostensivamente regras de etiqueta (adorava arrotar à mesa) e normas da polidez social; não raro, declarava-se inimigo do "politicamente correto" (compreendido como um uso da linguagem pautado por preocupações com a suscetibilidade das minorias).[14]

Ao ser entrevistado no programa *A Eliminação*, do canal Multishow, Dourado definiu com uma palavra o segredo do seu sucesso: "autenticidade". Sua atitude autêntica pouco tinha de audaciosa: ao longo de todo o programa, o campeão do BBB10 manteve-se fiel ao cultivo do físico e dos estereótipos da masculinidade, aliando o corpo sarado a certo moralismo sexual (em respeito à namorada, evitou a aproximação íntima com qualquer participante; em respeito aos ensinamentos do pai, interrompia, com firmeza, qualquer conversa mais assanhada durante as refeições). Rústico, grosseiro, conservador, homofóbico. Pelo menos foi transparente e coerente com a sua essência, como destacou a legenda da foto publicada em *Época*: "AUTÊNTICO – Dourado na noite em que saiu vencedor. Recorde de votos para o machão agressivo que não tentou agradar aos *gays*" ("É dele que o povo gosta",

[13] "A turminha preconceituosa e elitista que sempre aparece por aqui preferia ver alguém do seu mundinho *fashion* liderando a preferencia (*sic*) do público como um profissional liberal, empresária, doutora, modelo com dentes perfeitos, mulheres com corpos esculturais e *gays* fúteis. Eles se esquecem que o Dicésar só está se sentindo isolado no jogo porque sua panelinha foi saindo um a um. Este Dicésar é o único jogador do BBB10 que participou de todas as armações possíveis desde o início do programa para tirar o Dourado da casa, agora que já tentou de tudo sem sucesso partiu para o ato desespero (*sic*) de tentar provocar o Dourado até ser agredido pelo mesmo como ele próprio confirmou para a Fernanda. Dicésar é o único jogador do BBB10 que ganha a vida fingindo ser outra pessoa. E então quem é o grande artista, o falso, o manipulador deste programa? (Nome: jose mendes da silva junior - 25/3/2010 - 11:43; http://oglobo.globo.com/cultura/bigblog/).

[14] "Sabemos que o Dourado é uma pessoa reservada, seus conceitos são firmes, tem opiniões fortes e não se rende a bláblábla. Aprecio muito o comportamento dele dentro da casa, percebo que cada oportunidade que sabem que será passado na edição como provas de patrocinadores, os outros participantes tem (*sic*) de adjetivá-lo de chato, marrento, chorão. Dourado nunca deu essa liberdade, e raraz vezes (*sic*) ele falou mal de algum deles por trás, ele enfrenta de frente" (http://tevescopio.blogger.com.br/); "A grande verdade é que se não fosse pelo Dourado este programa já teria perdido a audiência há muito tempo. É o Dourado que mantém o clima do programa por ser lutador, guerreiro, ter coragem de dizer coisas na cara dos outros, tomar satisfação, enfrentar os adversários, não levar desaforos pra casa, responder à altura aos ataques dos adversários e ter estratégia de jogo. Ele sabe onde está pisando e nunca se interessou em ficar com nenhuma mulher, não quis fazer parzinhos, se manteve alheio aos demais, etc, ou seja, de todos ele foi sempre o mais autêntico até nos detalhes pessoais (dedo em riste, cusparadas, etc.). Ele cativou o público por isso, pela autenticidade de atitudes. Ele nunca foi camaleão no jogo! Os lutadores e desportistas que o conhecem também o admiram pelo espírito de luta pela vida, e os artistas o seguem na torcida. Por quê? Porque todos viram esse caráter autêntico de povo e o querem na final como vencedor. Ninguém tem como vencer o Dourado legitimamente. Ele já ganhou!" (apelido: DeltaOne - 25/3/2010 - 13:12, http://oglobo.globo.com/cultura/bigblog/). São bastante ilustrativos, também, os termos empregados para traçar o perfil do competidor na comunidade "Marcelo Dourado Mestre BBB 10", composta por 617.598 membros: "Marcelo Pereira Dourado, Gaúcho de 37 anos, ex-lutador e professor de educação física. Hoje participa pela segunda vez do *Reallity* (*sic*) *Show* mais famoso da TV Brasileira. Muito polêmico, Dourado é sempre alvo ou motivo de grandes discussões. Verdadeiro, autêntico e guerreiro são algumas qualidades que o faz (*sic*) digno e merecedor dessa grande torcida que o apoia e vai fazer de Dourado o grande vencedor do BBB 10!" (http://www.orkut.com.br/Main#Community?cmm=7970).

05/04/2010, p. 81). Adversário do politicamente correto, o campeão do BBB10 (com 60% dos 154.878.460 votos) soube manter-se televisivamente adequado: a despeito do visual *punk*, demonstrou alegria nas festas animadas ao som do axé e da música *pop* e *dance*; numa das provas, apareceu vestido de bebê chorão.

A vitória de Marcelo Dourado representa, de certa forma, a concretização da utopia de felicidade contemporânea: a *popularidade* conjugada à *autenticidade*. Agradar multidões, sem constranger a própria essência (a ficção do "verdadeiro eu"). Ser célebre, sendo apenas e tão somente você mesmo.

Referências

ANDREJEVIC, M. *Reality TV: the work of being watched*. Lanham, MD: Rowman & Littlefield, 2003.

BERMAN, M. *The politics of authenticity*. Londron: Verso, 2009.

BOTTERILL, J. Cowboys, outlaws and artists: the rhetoric of authenticity and contemporary jeans and sneaker advertisements. *Journal of Consumer Culture*, v. 7, n. 1, p. 105-125, 2007.

BUCCI, E. Emissora desnuda idiotia do entretenimento. *Folha de S.Paulo*, São Paulo, 01 nov. 2001. Ilustrada, p. 1.

BUCCI, E. A mansão dos indigentes, *Folha de S.Paulo*, São Paulo, 11 nov. 2001. TVFolha, p. 1.

BUCCI, E. O 'brother' esquartejador. *Folha de S.Paulo*, São Paulo, 03 fev. 2002. TVFolha, p. 3.

CHIVOT, D. Bref éloge de la pudeur. *Études*, v. 10, n. 399, p. 402-405, 2003.

COLEMAN, S. A tale of two houses. *Parliamentary Affairs*, v. 56, n. 4, p. 733-58, 2003.

CORNER, J. Performing the real: documentary diversions. *Television & New Media*, v. 3, p. 255-269, 2002.

FREIRE FILHO, J. A celebrização do ordinário na TV: democracia radical ou neopopulismo midiático?. In: FREIRE FILHO, J.; HERSCHMANN, M. (Org.). *Novos rumos da cultura da mídia: indústrias, produtos, audiências*. Rio de Janeiro: Mauad X, 2007.

FREIRE FILHO, J. *et al*. "Essa tal de sociedade não existe...": O privado, o popular e o perito no *talk show Casos de Família*. *E-Compós*, v. 11, n. 2, 2008. Disponível em: http://www.compos.org.br/seer/index.php/e-compos/article/view/330/285.

FLAHAULT, F. *"Be yourself!"*: au-delà de la conception occidentale de l'individu. Paris: Mille, 2006.

FOLHA DE S.PAULO. "Casa dos Artistas": cobaias em nome da fama. São Paulo, 18 nov. 2001. TVFolha, p. 3.

GILMORE, J. H; PINE II, B. J. *Autenticidade: tudo o que os consumidores realmente querem*. Rio de Janeiro: Elsevier, 2008.

HILL, A. *Reality TV: television audiences and popular factual entertainment*. London: Routledge, 2005.

HOLT, D. B. Por que as marcas criam problemas? Uma teoria dialética da cultura do consumo e das marcas. *ECO-PÓS*, v. 6, n. 2, p. 25-71, 2003.

MATHIJS, E. & JONES, J. (Ed.). *Big Brother International*: formats, critics and publics. Londres: Wallflower Paper, 2004.

METZL, J. M. From scopophilia to *Survivor*: a brief history of voyeurism. *Textual Practice*, v. 18, n. 3, p. 415-434, 2004a.

METZL, J. M. Voyeur Nation? Changing definitions of Voyeurism, 1950-2004. *Harvard Review of Psychiatry*, v. 12, p. 127-131, 2004b.

QUINIO, D. Monument au Français inconnu. *Études*, v. 394, n. 3942, p. 180-183, 2001.

TAYLOR, C. The age of authenticity. In: *A secular age*. Cambridge: Harvard University Press, 2007. p. 473-504.

TAYLOR, C. *The ethics of authenticity*. Cambridge: Harvard University Press, 1992.

TRILLING, L. *Sincerity and authenticity.* London: Oxford University Press, 1972.

VASSE, D. Un monde sans pudeur?. *Études*, v. 2, nº 3962, p. 197-205, 2002.

VEJA. *Pelo buraco da fechadura*. São Paulo: Editora Abril, 21 nov. 2001, p. 114.

WEINTRAUB, J.; KUMAR, K. Preface. In: WEINTRAUB, J.; KUMAR, K. (Ed.). *Public and private in thought and practice*. Chicago: University of Chicago Press, 1997. p. xi-xvii.

A performance dos públicos midiáticos e a constituição social de valores: o caso Alberto Cowboy em *Big Brother Brasil 7*

Roberto Almeida

Introdução

Valores são referências culturais que governam as relações que os sujeitos estabelecem entre si e com o mundo, especificando regras de conduta e expectativas morais que orientam suas diversas intervenções na vida prática. Dizem respeito a referências socialmente reconhecidas que definem o que merece ou não ser prezado, o que é mais ou é menos bom, o que é mais ou é menos ruim. Valores, portanto, são referências abstratas que adquirem materialidade nas práticas concretas dos agentes e nos diferentes discursos que circulam no mundo social.

Os textos da mídia reproduzem as normas e valores correntes em nossa sociedade, dando a ver expectativas normativas e axiológicas mais ou menos sedimentadas num dado espaço-tempo. No mesmo processo em que reflete essas referências, a mídia contribui para atualizá-las: ela se apropria de crenças e saberes existentes e os reelabora, instituindo novos princípios morais, bem como reproduzindo e tensionando os preexistentes.

Falar nesse processo de institucionalização não implica considerar que as narrativas midiáticas impõem valores ou que têm força para determinar, sozinhas, seu maior ou menor grau de aceitação em uma sociedade. No contato cotidiano com a mídia, aqueles que experimentam os produtos, obras ou acontecimentos por ela difundidos reelaboram os sentidos recebidos, oferecem respostas variadas, assumem posicionamentos mais ou menos consonantes com relação à interpelação sofrida. A mídia apresenta modelos de comportamento, comenta desvios, reivindica punição para sujeitos que desrespeitam princípios compartilhados, celebra aqueles que encarnam um conjunto de valores socialmente aceitos (o herói, a estrela, o campeão). Os públicos tomam parte nesse processo: eles se posicionam em face dos juízos presentes nos textos da mídia, defendem pontos de vista particulares, apresentam argumentos que confirmam ou contrariam as perspectivas adotadas pelos agentes midiáticos, estabelecendo um diálogo muitas vezes tenso com os textos consumidos.

Este artigo busca tratar desse processo. É nosso objetivo enfocar a relação estabelecida entre a televisão e seus espectadores, observando, mais especificamente, a forma com que se processa aí um diálogo a respeito de valores correntes em nossa sociedade. Para realizarmos essa tarefa, tomamos como objeto empírico a interlocução colocada entre o *reality show Big Brother Brasil 7* e seus públicos. Centramos nossa análise, mais exatamente, nas respostas que parte do público oferece às intervenções de um participante específico do programa, Alberto Cowboy, o grande vilão de BBB7.

Durante sua participação no programa, Alberto se envolveu em inúmeros conflitos, fez desafetos, assumindo uma postura quase sempre belicosa e maledicente. Alvo de forte rejeição popular, Alberto se firmou como um dos personagens mais impopulares de todas as edições de *Big Brother Brasil* e foi eliminado da casa com votação recorde. É interesse de nossa pesquisa perceber quais valores são acionados pelo público para justificar a indignação manifesta face às condutas de Alberto, bem como compreender a forma com que as manifestações dos telespectadores contribuem para colocar em movimento um conjunto de referências axiológicas correntes em nossa sociedade.

Para respondermos a essas questões, apresentaremos, de início, a narrativa de *Big Brother Brasil 7*, enfocando a conduta assumida por Alberto no programa. Na sequência, tentamos compreender a forma com que o personagem é percebido pelo público do programa. Para tanto, analisamos os depoimentos que telespectadores postaram no *site* do BBB7, comentando a atuação de Alberto. Buscamos apreender aí os valores mobilizados pelos telespectadores nas críticas dirigidas ao personagem, bem como perceber o modo com que a performance dos públicos midiáticos pode afetar o processo social de constituição dos valores.

A categoria "público" assume, portanto, papel central neste estudo. Mas de fato, o que são públicos? Sem a intenção de esgotar o assunto, discorremos sobre o conceito na seção seguinte, situando brevemente suas origens e os desdobramentos teóricos atuais que conformam tal noção.

Públicos e interações midiáticas

O histórico de debates a respeito do conceito de público tem origem na filosofia política. Ao longo do tempo, o conceito foi sendo construído diferentemente por teóricos de orientações as mais diversas. Como alertam Cefaï e Pasquier (2003), as modalidades de percepção acerca do que vêm a ser os públicos são de extrema diversidade. A citação seguinte nos ajuda a situar adequadamente essa variedade.

> Eles [os públicos] fazem a experiência mais ou menos explícita de formar um público: experiência acompanhada do sentido vago e difuso de serem testemunhas de um acontecimento histórico (Quéré) ou que se realiza como comunhão ritual perante uma cerimônia televisiva (Dayan e Katz), que se reflete na "consciência mais ou menos clara da semelhança de juízos", na leitura solitária do jornal (Tarde) ou que se exalta na paixão, ao mesmo tempo muito pessoal e muito coletiva dos fãs das séries televisivas (Le Guern), que toma a forma mínima do respeito pelas pequenas obrigações e pela troca de civilidades habituais na rua (Joseph) ou que se realiza

plenamente na plataforma da rede associativa, visando à gestão autônoma dos assuntos públicos, atribuindo-se objetivos e batizando-se com um nome (Dewey) (Cefaï; Pasquier, 2003, p. 62).

Respaldada, sobretudo, pela contribuição conceitual oferecida por Quéré e Dayan, Isabel Babo-Lança afirma que o público, "enquanto substantivo e como sujeito gramatical (activo e passivo), remete para uma pessoa coletiva que é uma categoria ou entidade dinâmica, que se torna pública ou se publicita" (Babo-Lança, 2007, p. 60). Na concepção da autora, os sujeitos se tornam público através de uma experiência pública na qual se manifesta apoio, indignação ou crítica a uma performance ou acontecimento específico. Enquanto tal, públicos são sujeitos de uma "recepção elaborante", na qual aquilo que é experimentado também se produz. Ao mesmo tempo em que atualizam suas próprias identidades, perspectivas e pontos de vista no curso da interação, os públicos também participam da constituição da individualidade da coisa experimentada. Afetados, os públicos reagem, adotando posicionamentos e produzindo sentidos, dando forma ao rumor social que constitui o significado dos fenômenos experimentados.

Instituídos a partir de experiências variadas,[1] os públicos não podem ser tratados como meros consumidores de produtos midiáticos. Como aponta a autora, os processos de recepção "elaboram um público ativo, ou seja, receptores que tomam parte na reelaboração da experiência" (Babo-Lança, 2007, p. 61). Reelaboração de sua própria experiência; reelaboração da experiência de mundo de outros membros da sociedade, uma vez que, ao adotar posicionamentos específicos, os públicos reconstituem os fenômenos que aparecem na cena pública, outorgando-lhes novos sentidos, construindo-os diferentemente, configurando os dados do mundo postos em apreciação nos diferentes espaços de visibilidade surgidos no mundo contemporâneo.

Segundo Louis Quéré (2003), confrontado por um texto ou fenômeno particular, o público vive experiências. Nessa perspectiva, os membros do público são pacientes: eles sofrem uma obra ou acontecimento e são afetados nesse processo. A experiência, nessa dinâmica, assume dimensão de teste: ela existe como uma travessia na qual aqueles que se expõem correm riscos e colocam em causa suas visões de mundo e identidades (Quéré, 2003). Por outro lado, se a *forma* público está atada à ideia de experiência, ela deve ser pensada como *ação*: confrontados, os sujeitos fazem escolhas, reagem, adotam linhas específicas de comportamento e recusam outras. Além de pacientes, públicos são também agentes. Diante disso, pensar a experiência dos públicos é pensar um processo em que aqueles que são afetados e se posicionam na interação avaliam-se a si mesmos e ao mundo, conformando suas perspectivas, pontos

[1] Segundo Isabel Babo-Lança, os públicos são diversos e se instituem a partir de diferentes processos: "podem organizar-se em torno de ações e experiências variadas, desde conversas e debates no espaço público, à contemplação estética, à vivência de um destino comum perante uma catástrofe ou um acontecimento dramático, ao comprometimento num juízo comum, num processo de inquérito ou deliberação coletiva, numa causa pública" (Babo-Lança, 2007, p. 60).

de vistas e formas de intervir nos domínios da vida prática. Como quer John Dewey (1954), um sofrer e um agir se encadeiam na performance dos públicos: é enquanto um conjunto de espectadores afetados que os sujeitos se instituem enquanto público; essa afetação, por sua vez, alimenta a ação, conforma as práticas daqueles que sofrem e as respostas que oferecem ao fenômeno sofrido.

Em termos caros ao pensamento de Mead (2006), as manifestações discursivas dos membros do público são gestos significantes. As respostas que eles oferecem aos fenômenos com os quais se confrontam trazem inscritas as marcas do social, refletindo normas, valores, expectativas morais particulares, ao mesmo tempo em que, enquanto fases do processo social mais ampliado, participam da construção de referências ordenadora da vida social. Dessa forma, a palavra dos públicos emerge como prática atualizadora de falas sociais correntes na sociedade, instância de renovação dos discursos e de legitimação de pontos de vista.

O que determina a especificidade dos públicos e, em parte, os diferencia das audiências, é o fato de que suas práticas têm sempre natureza performática; como aponta Dayan, "le public est public: il performe" (Dayan, 2002, p. 17 *apud* Babo-Lança, 2007, p. 63). Diferentemente do que ocorre com as audiências, que respondem ativamente a uma oferta, os públicos não apenas veem, mas veem e são vistos, sentem e se fazem sentir. Existe, pois, uma dimensão cênica, de figuração de si, na gênese dessa figura coletiva. É sempre para um outro público que os públicos se exibem: "todo público assume, em certo sentido, uma pose" (Babo-Lança, 2007, p. 63).

Se é assim, as performances dos públicos fundam uma conversação da sociedade consigo mesma. Nesse processo, os sujeitos afetados por um fenômeno particular expõem publicamente seus pontos de vista, reivindicando soluções, buscando saídas, convocando os demais a problematizarem um acontecimento, publicizando juízos. Confrontados por questões estéticas, éticas ou políticas, os públicos exibem um posicionamento, apresentando leituras específicas acerca dos fenômenos que experimentam. Nesse processo, os sujeitos afetados dialogam entre si e com o resto da sociedade, manifestando publicamente suas perspectivas e visões de mundo.

As performances dos públicos convertem-se, portanto, em aviso, alerta, reivindicação: "a prática X não é moralmente aceitável"; "o sistema público de saúde carece de mais recursos"; "a atual carga tributária não é justa". Dessa feita, públicos *mostram-se*: performam para o outro e diante do outro seus pontos de vista e suas expectativas. Assumem-se, nessa dinâmica, como um coletivo moral que faz reivindicações e apresenta argumentos, existindo como instrumento de legitimação de crenças, saberes, valores. Na e pela performance dos públicos, diferentes falas sociais tomam forma e se reproduzem; o universo do instituído é colocado em processo, fazendo-se e refazendo-se em decorrência das experiências dos sujeitos na vida prática.

Até agora, apresentamos o conceito de público, referência central para a nossa análise. Na sequência, discorreremos sobre os aspectos empíricos de nossa investigação. De início, faremos um breve relato da narrativa de BBB7, enfocando a performance de Alberto

Cowboy, personagem central do programa, que foi considerado vilão tanto por seus colegas de confinamento como por uma parcela largamente majoritária do público. Neste artigo, nossa intenção não é apresentar uma análise sistemática da narrativa de BBB7, mas, tão somente, apresentar o conflito nuclear dessa história, no intuito de familiarizar o leitor com alguns dos eventos que explicam a forte rejeição popular de que Alberto foi alvo.[2]

Alberto Cowboy e a narrativa de *Big Brother Brasil 7*

Extrovertido, piadista e brincalhão, Alberto[3] conquista, na primeira semana de confinamento, a simpatia da maior parte dos competidores. Logo no início do jogo, afirma-se como um dos personagens mais benquistos pelos demais *brothers*. Da mesma forma, ele se revela uma figura extremamente bem-vista pelos telespectadores de BBB. De fato, no início da disputa, ele era franco favorito ao prêmio, como comprovavam diferentes enquetes realizadas pelos principais portais de internet brasileiros.

A relação de Alberto com os demais *brothers* começa a mudar quando ele se desentende com uma das participantes do programa, Íris. Assim como ele, ela era um personagem bastante popular junto ao público, embora não fosse bem aceita pelos demais participantes do jogo. Estridente e extremamente falante, Íris foi definida como uma pessoa "exagerada e cansativa" por muitos de seus colegas de confinamento e, em várias ocasiões, foi mantida à parte das conversas e das brincadeiras em grupo.

O desentendimento inicial entre os dois foi causado por um "pacto de sangue" firmado entre Alberto e Felipe, o melhor amigo de nosso personagem em BBB7. No fim de uma festa, os dois rapazes, visivelmente embriagados, juram "amizade eterna" e decidem selar com sangue o juramento. Cada um deles corta o dedo indicador em uma lata de cerveja e, num aperto de mão, se declaram unidos "não só por laços de amizade, mas também de sangue". De alguma maneira esse pacto parece ter incomodado Íris, que censura duramente os dois rapazes.[4] A situação dá início a uma longa discussão e marca o surgimento de uma inimizade: Alberto e Íris viveram às turras até a eliminação desta, no sétimo "paredão". Depois desse episódio, Alberto assume a eliminação de Íris como um de seus principais objetivos. Como já não contava com a simpatia de muitos de seus colegas, ela foi indicada seguidas vezes ao paredão, sempre retornando, entretanto, com índices elevados de aprovação popular.

Começa a se aprofundar, nesse momento, a divisão da casa em grupos. De um lado, Alberto e seis companheiros fiéis (Felipe, Carol, Bruna, Analy, Ayrton e

---

[2] Uma análise mais detida da narrativa do programa foi realizada na dissertação *A performance dos públicos e a constituição social de valores: o caso Alberto Cowboy*, que está disponível na biblioteca do *site* do GRIS. Cf. http://www.fafich.ufmg.br/gris.

[3] Natural de Manhuaçu, cidade do interior de Minas Gerais, Alberto Pimenta vem de uma família de produtores rurais de classe média. Quando admitido em *Big Brother*, ao se apresentar para seus colegas de confinamento, Alberto se definiu como um "caipira". As roupas que escolheu levar para o confinamento como que atestam sua origem: chapéu de vaqueiro, calças justas e cinto de fivela larga fazem parte do figurino que o participante ostenta em boa parte do programa. A fala mansa e o sotaque carregado também ajudaram a construir o personagem. Tão logo se familiariza com os demais confinados, recebe deles o apelido de *Cowboy*.

[4] Em conversa com outros confinados, Íris afirma que o gesto de Alberto "não era coisa de Deus".

Fernando). De outro, Íris e seus dois únicos aliados: Diego, que mais tarde seria seu namorado, e Fani que, muito cedo, assumiu o papel de sua conselheira e confidente. As sucessivas vitórias dos membros desse trio nos paredões contribuíram para acirrar ainda mais a disputa entre os dois grupos. Preocupados com a popularidade de Íris, Fani e Diego, Alberto e seus aliados assumem a tarefa de articular paredões em que os membros do trio se enfrentariam entre si, como forma de garantir a eliminação daqueles personagens que eram tidos como favoritos ao prêmio. No sétimo paredão, esse plano obtém sucesso: Diego enfrenta Íris e vence a moça com uma margem de vantagem relativamente estreita. Duas semanas depois, ele enfrenta Fani, sua outra aliada, e mais uma vez sai vencedor. Desfeito o trio, Diego fica isolado na casa, mas derruba, um a um, os membros do grupo rival (Alberto cai no antepenúltimo paredão), até sagrar-se vencedor da sétima edição de BBB e sair da casa como herói.

Fundamental na história de BBB7 é a centralidade do conflito instaurado entre os dois grupos e o papel de destaque exercido por Alberto nesse confronto. A participação do personagem nessa disputa foi determinante para a constituição de seus *status* de vilão. Francamente melodramática, a narrativa de BBB apresentou o conflito em causa como um confronto que opôs uma "equipe do bem" a uma "equipe do mal", criando a figura de um vilão impiedoso (Alberto) e a de um herói (Diego), que sofreu com as constantes investidas dos rivais, mas, no fim, conseguiu restabelecer a justiça.

Nesse cenário melodramático, Alberto é apresentado como o representante máximo da maldade. Descrito pelo programa como um vilão poderoso e competente – personagem que, segundo o próprio apresentador de BBB, conseguiu mobilizar boa parte da casa a votar seguidamente contra aqueles que ele definia como seus inimigos –, Alberto emerge como principal responsável pela dor e pelas lágrimas de seus rivais, fartamente exibidas pelo programa. Como um dos atores da narrativa, suas ações instituem transformações que deságuam sempre no sofrimento de seus oponentes: a separação de Diego e Íris, um casal apaixonado, o envenenamento do relacionamento dos membros do trio,[5] os seguidos paredões que o herói é obrigado a enfrentar – três deles em embates frontais contra participantes de quem era amigo (Íris, Flávia, Fani). Em BBB7, Alberto encarna o papel de uma figura perversa e desagregadora, que não só impõe a dor ao outro, mas também festeja as imagens de transtorno e sofrimento por ele criadas.[6]

[5] Em várias ocasiões, Alberto busca se aproximar de Fani, instando-a a trocar de lado na disputa. O argumento é sempre o mesmo: se ela se aliasse a ele e seus companheiros, voltando-se contra Diego e Íris, teria menos chances de ser indicada à eliminação, uma vez que o grupo de Alberto estava em vantagem numérica na casa. A inconstância de Fani, que diversas vezes demonstra dificuldades em decidir qual partido tomar, motiva sérias discussões com Diego e, sobretudo, com Íris, de quem se dizia amiga, desde o início do jogo. O relacionamento desse trio, marcado pela amizade, não é desinvestido, no entanto, de rusgas e desentendimentos. Parte delas é retratada pelo programa como resultado direto do assédio de Alberto a Fani.

[6] Imagens do choro de Diego e Íris nas diferentes vezes em que enfrentam o paredão – e o consequente risco de separação – são, em diversas ocasiões, seguidas por cenas nas quais Alberto festeja esse sofrimento; as brigas do trio e as violentas discussões surgidas entre Fani e Íris provocam o riso e o deboche de Alberto, que propõe "um brinde à harmonia da casa!" repetidas vezes, nas ocasiões em que o dissenso se mostra mais agudo.

Confrontados por esse vilão melodramático, que posturas os telespectadores de *Big Brother Brasil* assumem? De antemão, como a história do programa mostra, sabemos que Alberto foi alvo de vigorosa rejeição pública, suscitando protesto e indignação entre larga parcela da audiência. Mas, de fato, quais valores sustentam as críticas que lhe foram dirigidas? Quais princípios axiológicos são acionados pelos telespectadores para justificar a feroz reprovação dirigida a Alberto? É isso que buscamos apreender no tópico seguinte.

Com a palavra, o público

Para conhecer os juízos manifestos pelo público a respeito da atuação de Alberto, tomamos como objeto empírico um fórum presente no *site* de BBB7, hospedado no portal Globo.com. O *site* em questão traz uma seção intitulada "Diário dos Brothers". Dentro dela, cada participante do programa tem um espaço próprio no qual pode postar textos relatando suas experiências no programa, seus anseios e suas impressões a respeito daquilo que acontece durante sua permanência na casa.

Em nossa pesquisa, analisamos os comentários postados no "Diário do Alberto", espaço no qual o personagem escreve depoimentos que serão posteriormente comentados por telespectadores do programa. Ao analisarmos esses comentários, buscamos apreender o que justifica a indignação expressa pelo público diante da conduta de Alberto no jogo. Procuramos enxergar nesses depoimentos as marcas de um *ethos* compartilhado pelo público, um conjunto de valorações e expectativas morais socialmente forjadas que orientam as respostas assumidas pelos telespectadores e explicam a indignação suscitada pelo personagem em causa.

Na leitura dos comentários do público, fizemos a opção metodológica de passar dos *argumentos* aos *valores*. A proposta é compreender quais das ações performadas por Alberto o público critica. A partir daí, buscamos perceber quais justificativas são mobilizadas para explicar tais reprovações. Focando nesse processo de justificação argumentativa, foi possível apreender quais valores os telespectadores mobilizam para sustentar seus juízos a respeito das posturas assumidas por Alberto Cowboy em BBB7.[7]

Do apoio à rejeição[8]

Nas duas primeiras semanas do programa, Alberto desponta como franco favorito a vencedor do prêmio de um milhão de reais oferecido pelo programa. Os depoimentos

[7] Para Spector e Kitsuse (1997), sempre que um indivíduo explica porque reprova a prática X ou Y, ele explicita a defesa de algum valor. Para Pierre Livet (2002), a resistência à realidade, acompanhada de justificativas, não é nada mais do que a manifestação de valores.

[8] Apresentamos aqui apenas um recorte da análise efetuada em nossa pesquisa. Os depoimentos analisados neste artigo remetem aos comentários postados na segunda, quarta e sexta semanas do programa, que foram selecionadas no intuito de apresentar ao leitor um panorama que reflita tanto o momento em que Alberto era um personagem querido pelos telespectadores, quanto a fase em que passa a ser alvo de rejeição popular.

postados no "Diário do Alberto" atestam a popularidade do personagem: boa parte dos telespectadores que se pronunciaram nesse ambiente assume torcer pelo participante e utilizam o espaço disponível no *site* do programa para elogiá-lo e enviar votos de boa sorte no jogo.

A leitura desses comentários mostra, em resumo, que, na fase inicial do programa, a popularidade de Alberto aparece assentada em três valores principais: o bom humor, a humildade e o ideal de mineiridade. No começo do jogo, Alberto é apresentado na narrativa de *Big Brother* como um sujeito alegre e divertido; nas cenas apresentadas ele aparece, via de regra, rindo e fazendo rir, parceiro dos demais confinados nos jogos e brincadeiras que marcam o início harmonioso de *Big Brother Brasil 7*. A leitura do público ressalta esse traço de caráter do personagem e confere relevo a seu bom humor e seu jeito brincalhão, elementos acionados pelos telespectadores para justificar a torcida e os votos de sucesso a ele dispensados. No *site* do programa, dois telespectadores afirmam: "Calboy tu é muitoo engraçado !! Te adorei logo de primeira !!" (Maura). "Vamo lah Alberto !! é so continuar sendo voce, um cara brincalhão, divertido, disposto a ajudar. A torcida é grande! Dale Alberto" (Eu).[9]

Soma-se ao apreço pelo bom humor/alegria de Alberto, a valorização da humildade do personagem, sujeito percebido pelo público como homem despretensioso e desprovido de afetações:

> **Viviane**
> vc vai mais longe do q eu pensava. vc tem participado muito bem aí dentro da casa. sua estratégia é maravilhosa. simplicidade e calma. torcemos por vc.nao se deixe levar por ambiçoes e o 1.000.000,00 será seu.
>
> **Josy**
> e ai alberto estou aqui no estados unidos e acompanhando quasi tudo que esta rolando na casa e vc e um cara que me cativou com sua humildade e carisma estou torcendo por vc.

A humildade e a simplicidade que os telespectadores percebem em Alberto casam bem com a imagem do mineiro simples, homem da roça, habituado à vida caipira que ele sempre buscou construir. Nos depoimentos analisados, a ideia de mineiridade aparece convertida em valor: para Nathalia, Alberto é "um mineiro de dar gosto"; Leo, por sua vez, afirma: "Adoro seu jeito assim, mineirinho de ser... é um charme!!!! Torço por vc!!!!". Dalton manifesta juízo semelhante:[10]

> **Dalton**
> rapaizz do céuuu... graças a deus botaram mais um peao nesse jogo..oiaaa assim se vai longe,nois aqui de uberaba uberladia franca tamu tudo torcendo pra vc..e

[9] Neste artigo, optamos por transcrever os comentários postados no *site* do BBB7 tal qual eles foram postados pelos usuários. Mantivemos, portanto, a grafia original de todos os comentários.

[10] A conversão da mineiridade em valor parece movida, sobretudo, pela força da identificação: são principalmente os telespectadores que se definem como caipiras ou como filhos de algum dos interiores do Brasil que enxergam a "caipirice" de Alberto como matéria prima para a produção de um ídolo, valor que faria dele um participante preferido entre os demais.

ó canta muito modão de viola ai que o povo vai gosta..abraçaoooo..fica com deus boa sorteeeee.!

Se, nas duas primeiras semanas de confinamento, Alberto parece gozar da simpatia do público, a situação começa a mudar à medida que surgem as primeiras rusgas com Íris e se acentua o antagonismo estabelecido entre ele e o trio formado por Diego, Íris e Fani. Nas semanas subsequentes, pouco a pouco, os comentários favoráveis ao personagem vão se tornando escassos, até se firmarem como decidida minoria no universo de depoimentos pesquisados. Obviamente, persistem as intervenções dos telespectadores que o apoiam. Entretanto, na mesma medida em que se intensificam seus esforços para eliminar os membros do trio, cresce e se torna largamente majoritária a parcela do público que manifesta o desejo de vê-lo fora do programa.

De forma geral, a indignação manifesta pelo público aparece assentada na ideia de que Alberto é "falso" ou "hipócrita", além de "maledicente" e "manipulador". Recorrentes, também, são as manifestações de telespectadores que se indispõem com Alberto por considerarem que suas ações concorrem para inviabilizar a realização amorosa de um casal apaixonado: Íris e Diego.

Os comentários postados no *site* de BBB na quarta semana do jogo demonstram a existência de um público indignado com a suposta insinceridade de Alberto. Adjetivos correlatos, pertencentes a um mesmo campo semântico, como "falso", "hipócrita", "mentiroso", "duas caras", "dissimulado" aparecem com grande frequência em nosso *corpus*. A ideia subjacente a todas essas intervenções é a de que as ações de Alberto não coadunam com suas palavras. Os comentários abaixo transcritos ilustram essa tendência:

> **GRAÇA**
> saaaaaaaaaaaaaiiiiiiiiiiiiiiaaaaaaaaaaaaaa daííííííííííí! falso, quer jogar??? jogue limpo c/ todos, não venha querer falar uma coisa e fazer outra! não entendeu o recado do bial ontem?????? o público percebe a sinceridade e autenticidade de todos aí, e uma coisa vc não é: autêntico! vive combinando votos, e em rede nacional não tem coragem de admitir qdo é indagado... aliás, não teve nem coragem de dizer à íris que achava-a falsa qdo ela te questionou... que homem é esse??? está decepcionando o homem do campo, que honra suas atitudes e não mente! jogar é válido, mas s/ falcatrua! tosco, tonto, e imoral!!!!!!!!
>
> **KEILA**
> vc é o cara mais falso q eu já vi na terra.... fica falando q a galera combina voto, mas vc é o q mais faz isso. Te detesto pra caramba... falso, nojento, manipulador, otário, ameba.

Graça manifesta o desejo de ver Alberto fora de BBB7, e a percepção de que o personagem não "joga limpo" parece justificar esse interesse. Segundo ela, seria justamente a falsidade de Alberto – que "fala uma coisa e faz outra" – que suja sua participação no programa e introduz a marca da "falcatrua". Para a telespectadora, Alberto não é um personagem honesto e deu provas de insinceridade ao negar em público que combina votos[11] e ao não assumir o fato de taxar Íris como falsa, quando interpelado pela moça. Nesse contexto, a telespectadora entende que Alberto é imoral por ser uma pessoa "inautêntica", que falta com a verdade reiteradas vezes. Ademais, sua suposta falsidade a leva a crer que o personagem nem mesmo mereça o título de caipira. Fazendo eco ao discurso tradicional que percebe no homem da roça uma figura eminentemente honrada, dona de uma "palavra que não tem volta", Graça considera Alberto uma vergonha para o "homem do campo".

Adotando um ponto de vista semelhante ao dessa internauta, Keila mostra ter outro motivo para considerar Alberto falso: segundo ela, o personagem acusa seus rivais de combinar votos, quando na verdade é ele quem mais faz isso. Outros telespectadores manifestam, ainda, a percepção de que a conduta de Alberto é marcada pela hipocrisia: para Fernanda, o personagem "joga nos outros defeitos que são próprios dele"; para Clara, em suas críticas, ele "acusa Íris de ser tudo o que ele é".

Os telespectadores justificam a indignação provocada pelo personagem fazendo referência, ainda, a outro importante desvio de Alberto: segundo os membros do público, Alberto é uma figura maledicente, que peca por passar boa parte de seu tempo "falando mal" de seus desafetos. Definido como "fofoqueiro" e "falador", Alberto é criticado por ser o principal detrator dos membros do trio. As internautas Ângela e Marcela reprovam o aspecto maledicente da conduta do personagem:

> **ANGELA-DF**
> seu escroto, vc ainda tem coragem de falar mal da íris, diego e fani? escroto fedido da alma, vc nem merecia estar aí e tomara, mas tomara mesmo que no próximo paredão vc esteja porque vou votar muito pra vc sair escroto.
>
> **Marcela**
> Eu acho que vc deveria falar um pouco menos. Vc é um pouco lingua solta. Acredito que você seja uma pessoa de bem mas, aí dentro vc tá avacalhando geral!!!!! Essa onda de falar mal por trás tá te prejudicando muito aqui fora! Vai por mim!!!!! Muda enquanto é tempo!!!!!! Abraços!

Em consonância com essas palavras, Jefferson, que também percebe Alberto como um personagem venenoso e maledicente, ironiza: "cuidado pra não morder a lingua hein... Num vai dar nem tempo de tomar o antidoto". Associando Alberto à figura bíblica da serpente, esses telespectadores, por conotação, ligam a imagem do personagem a tudo aquilo que é nocivo e traiçoeiro: para eles, a língua de Alberto carrega toda a "peçonha" do animal. De forma semelhante, Ângela se mostra indignada com as palavras de críticas que Alberto dirige contra Íris, Diego e Fani e promete expulsar o mal de BBB votando pela eliminação de um vilão que tem a alma corrompida ("escroto fedido da alma").

Assumindo um ponto de vista mais moderado, Marcela parece crer que Alberto é algo mais do que a simples encarnação do mal e pode, no fundo, ter um bom

[11] No episódio anterior, Pedro Bial havia perguntado, ao vivo, para todos os confinados, se algum deles combinava voto, e Alberto afirmou nunca ter feito isso.

caráter. No entanto, em tom de aconselhamento, ela adverte que sua "língua solta" está prejudicando sua imagem junto à audiência. Para ela, o participante exagera na maledicência ("vc tá avacalhando geral!!!"), e não chegará longe no jogo se não deixar de lado a "onda de falar mal dos outros".

Um outro conjunto de comentários está diretamente relacionado com o precedente. Nele, o público justifica a antipatia voltada a Alberto afirmando que o personagem é "manipulador" e responsável pelas intrigas que colocam os participantes do programa em conflito entre si. A "língua solta e envenenada" do personagem estaria instaurando a desarmonia na casa e influenciando vários dos concorrentes a se voltarem contra o trio. Um internauta anônimo condena o traço manipulador da conduta de Alberto:

> **Anônimo**
> Vc é um filhote de cobra rapaz, nunca vi uma pessoa com uma cara de pau dessas! vive a combinar voto p/ tirar a coitada da siri e ainda por cima abre essa boca podre p/ dizer que ela é a manipuladora. Sai daí seu lerdo!!!

Se, para os telespectadores, as ideias de "manipulação" e "combinação de votos" são correlatas, é necessário incluir nessa mesma categoria os depoimentos nos quais o termo "manipulação" não está presente, mas que, mesmo assim, acionam a ideia de que Alberto é responsável pela criação de "intrigas" e pela tentativa de "influenciar" os confinados contra seus inimigos no jogo. O internauta Lucas critica os esforços de Alberto no sentido de colocar os demais concorrentes contra Íris: "Cauboy, vc naum tem outro assunto naum a naum ser envenenar a casa td contra a Iris?", questiona. Para um telespectador anônimo, Alberto se comportou mal ao tentar manipular Fani para fazer com que se voltasse contra os demais membros do trio: "seu prego!!! ve se nao faz a cabeça da Fani pq isso e muito feio!!"

Mas, de fato, depois de apontarmos que a insinceridade de Alberto, ao lado do suposto acento maledicente e manipulador de sua conduta, são fatores preponderantes para a construção da rejeição de que foi alvo, o que podemos dizer a respeito dos valores que sustentam o julgamento popular? Foram vários os princípios normativos e axiológicos levantados pelos telespectadores que se manifestaram no *site* do programa.

O primeiro, e mais óbvio deles, pode ser inferido a partir da observação da primeira categoria criada para a análise dos depoimentos postados no dia 14 de fevereiro. A crítica à suposta falsidade de Alberto traz à baila a ideia de que sinceridade e honestidade são valores: na perspectiva adotada pelos telespectadores, quem diz a verdade é melhor do que quem mente; quem assume o real propósito de suas ações é melhor do quem o escamoteia por detrás de evasivas ou subterfúgios. Os depoimentos alocados em nossa segunda e terceira categorias (maledicência e manipulação) parecem, por outro lado, apontar para uma nuvem mais difusa e menos nítida de valores. Num primeiro impulso, os imperativos "Não manipule os outros", "Não combine votos" ou "Não se deve influenciar os julgamentos de alguém" poderiam ser tratados como normas, ou pelo menos como normas legitimadas pelo público em um jogo como BBB.

Não obstante, parece pouco razoável supor que seja esse o desvio que os telespectadores percebem na conduta de Alberto, uma vez que não faz sentido supor que o exercício da influência sobre outrem seja uma prática em si e por si mesmo moralmente condenável. Se assim fosse, nenhuma forma de debate seria possível; nenhum acordo entre homens, viável. O convencimento pela via da palavra é, em muitas situações, condição de possibilidade para o entendimento e o convívio. De fato, ao criticar o gesto "manipulador" de Alberto, o público parece efetivamente mais indignado com os resultados práticos desse feito do que com a ação em si. As "manipulações" levadas a cabo por Alberto contribuem para isolar um grupo minoritário (o trio formado por Fani, Diego e Íris) e deixá-lo à mercê do jugo imposto pela equipe liderada por Alberto – um conjunto majoritário de confinados articulados em torno de um causa comum (eliminar o grupo rival), que o próprio Alberto os teria convencido a abraçar.

Nesse sentido, o que desagrada ao público é a perseguição orquestrada contra o trio, que é percebido como depositário da virtude e, via de regra, caracterizado como um grupo inocente, que "não faz mal para ninguém" e que, portanto, não merece os ataques que lhe são dirigidos.[12] Se é assim, o que se percebe é que os internautas fazem um apelo por "justiça": é esse o valor que o vilão de *Big Brother* desrespeita por meio de sua conduta eminentemente conspiradora. Alberto procede mal por ser injusto, por vitimizar a virtude e a inocência, os puros e indefesos.

Já os depoimentos que colocam em causa a pretensa maledicência de Alberto reiteram o valor que o público confere às noções de *honestidade* e *sinceridade*, uma vez que o personagem é criticado por supostamente "agir pelas costas" ou "falar por trás", agindo de maneira dissimulada. A ideia de que Alberto atenta contra o valor *justiça* também se repete nesses depoimentos, uma vez que o rapaz afetaria, "com o veneno de suas palavras", personagens que a grande maioria dos telespectadores considera justos e, consequentemente, não merecedores das ofensas recebidas. Por outro lado, o público percebe que a postura maledicente do personagem, que de forma constante e reiterada busca levar seus oponentes ao descrédito junto aos demais confinados, contribui para criar um clima de desentendimento e animosidade na casa de BBB.

Nesse sentido, a indignação manifesta em face das intervenções desse vilão de "língua solta" é uma expressão do desgosto do público em relação à discórdia semeada pelo personagem. Paradoxalmente – já que brigas e conflitos constituem talvez um dos principais atrativos para a audiência do programa –, o público do BBB aciona a ideia de

[12] Embora, no presente artigo, não tenhamos tido a oportunidade de nos aprofundarmos nessa discussão, os depoimentos postados no *site* de BBB mostram que as críticas dirigidas a Alberto são acompanhadas por um firme apoio ao grupo com o qual ele rivaliza. De forma geral, na perspectiva do público, Fani e, principalmente, Íris e Diego, tendem a ser representados como os principais depositários da virtude no programa. Ainda que essa leitura não seja unânime, tais personagens são percebidos pela grande maioria dos telespectadores como figuras justas e de bom caráter. Nesse sentido, Alberto sofre críticas não apenas em razão *do que* faz ou de *como* procede, mas também em função de *contra quem* ele age. O principal equívoco de Alberto talvez tenha sido o fato de ter se indisposto de forma tão decidida contra personagens populares, a quem os telespectadores tendiam a associar as ideias de "bem" e de "inocência".

concórdia como um valor. O conflito surgido entre Alberto, Diego e Íris foi certamente uma das principais razões do sucesso de BBB7, talvez o maior trunfo de audiência do programa. Não obstante, nosso personagem cai em desgraça com os telespectadores por ser considerado o principal produtor das intrigas surgidas no programa, o maior responsável por incitar as desavenças que atribularam o jogo e dividiram a casa. A concórdia e o bom relacionamento entre os participantes do programa são tratados como um bem que Alberto desrespeita e destrói, um valor que ele põe a pique por intermédio de suas intervenções maledicentes e de sua conduta manipuladora.

Na sequência, na sexta semana do jogo, tem lugar um dos episódios mais dramáticos da narrativa de BBB7: a indicação conjunta de Íris e Diego à eliminação, com a consequente eliminação da primeira e separação do principal par romântico do programa. Nesse momento, Alberto, que aparece representado na história de BBB como o principal responsável pela articulação desse paredão, vê a indignação dos telespectadores se aprofundar ainda mais. Responsabilizando Alberto pela eliminação de Íris, o público adiciona um novo tópico à lista de desvios imputados ao personagem: a separação de um casal apaixonado. Ao comentar o assunto, alguns telespectadores afirmam que, desfazendo esse par romântico, o participante destruíra aquilo que havia de mais interessante em BBB7. Um internauta anônimo afirma que Alberto deveria se envergonhar "por ter acabado com o programa"; outro telespectador, que também não se identifica, manifesta um ponto de vista semelhante ao anterior e fecha seu comentário expondo a ideia de que o país inteiro sente a separação do casal: "como pode existir uma criatura tão falsa desse jeito? [...] vc acabou com o bbb. vc fez o brasil chorar!" Se, por um lado, esses comentários afirmam a popularidade de Diego e Íris, por outro, eles marcam o gosto do público em assistir ao romance do casal, tratado aqui como um dos principais atrativos do programa. Nesse contexto, segundo os telespectadores, a investida de Alberto contra o casal deve ser punida com rigor máximo: a eliminação sumária de nosso personagem emerge como o desejo primeiro dos telespectadores que se manifestam no *site*:

> **Lucas**
> Cara.... como vc consegue... usou todos da casa p/ por eles no paredão... agora viu q sua intenção além de ser idiota não valeu de nada.... a Íris saiu mais o brasil te odeia..... agora é arrumar sua traias e esperar ja na porta de saida do big... porque certeza vc vai sair..... a net vai congestionar de tanto q nós brasileiros vamos votar.... RALA CAWBOY!!!

A insatisfação manifesta pelos telespectadores, bem como sua intenção de intervir pela eliminação de Alberto, marcam a defesa pública de um princípio axiológico central na cultura cristã: o amor. A ideia da inviolabilidade desse valor é assegurada pelas inúmeras reprovações dirigidas ao personagem. Em seu depoimento, Deivid acusa Alberto de ter desfeito o "casal mais bonito do BBB" e afirma que o personagem pagará por esse erro ("você há de agüentar a pressão, pq escreve aí, vc eh o próximo a sair"). Tiago Sousa, por sua vez, demonstra a intenção de punir o personagem que separou Íris e Diego: "você sai, nem que eu tenha que passar dias na frente do computador votando". Na perspectiva do público, os gestos transgressores de Alberto aparecem agora também ligados à ideia da inviabilização da realização amorosa de um casal que se dizia apaixonado. O desrespeito do personagem ao amor da dupla aprofunda a indignação dos telespectadores e parece fazer crescer, ainda mais, o seu já forte índice de rejeição.

Ao fim de nosso percurso de análise, percebemos que a rejeição a Alberto está apoiada em diferentes valores, referências acionadas pelo público para justificar as numerosas críticas que lhe são dirigidas. Princípios diversos como sinceridade, justiça, concórdia e amor orientam os juízos emitidos pelos telespectadores e trazem à tona elementos constitutivos de um *ethos* partilhado pelo público do programa. Nosso trabalho, entretanto, não se esgota na apreensão desses valores. Mais do que elencar os princípios axiológicos que, na perspectiva adotada por esses sujeitos, Alberto teria desrespeitado, buscamos compreender a forma com que as intervenções dos telespectadores se inscrevem no próprio processo de constituição da cultura.

O mundo instituído, ou o "terceiro simbolizante" (Quéré, 1983), é uma matriz orientadora dos discursos e das práticas performadas pelos sujeitos, mas, ao mesmo tempo, existe como uma referência processual, construto permanentemente submetido à força constituidora das intervenções simbólicas dos diferentes agentes sociais. A partir de agora, passamos, então, a investigar a forma com que a palavra do público de BBB7, por mais banal e insignificante que se acredite que seja, pode tomar parte no processo cotidiano e ininterrupto de atualização desse "terceiro": a cultura. Para tanto, nos apoiamos nas contribuições de Pierre Livet (2002) e nas possibilidades analíticas abertas pelo conceito de "emoções coletivas".

Viver emoções em público

Os comentários apresentados mostram que os membros do público acionam valores básicos para justificar a reprovação manifesta em face da conduta de Alberto Cowboy em BBB7. Trata-se, em verdade, de princípios axiológicos primários, cuja legitimidade, em nossa sociedade, é atestada pelo próprio senso comum. Em certo sentido, não há nada de novo ou surpreendente em se falar que a sinceridade vale mais do que a falsidade, que a concórdia vale mais do que a discórdia, que a justiça vale mais do que a injustiça.[13] No entanto, antes de considerarmos que a palavra do público não faz nada além de (re) apresentar o senso comum, devemos nos perguntar: o que garante a firme legitimidade atribuída a esses valores? O que faz desses princípios referências cuja validade a maioria das pessoas, pelo menos em nossa cultura, reconhece?

[13] Não estamos afirmando aqui que esses valores são unanimemente disseminados ou praticados em nossa sociedade. Antes, afirmamos apenas que a consciência de sua legitimidade é algo amplamente partilhado, inclusive no próprio senso comum.

Se a legitimidade desses valores (sinceridade, concórdia, justiça, amor) é amplamente reconhecida, ela só o é porque, cotidianamente, no devir lento e conflituoso da vida social, interações comunicativas diversas concorrem para construí-la. Palavra a palavra, gesto a gesto, os sujeitos defendem, uns em face dos outros, a inviolabilidade desses princípios morais, referências partilhadas, tornadas senso comum. Ao abordarmos a palavra do público de BBB7, devemos, portanto, deslocar a perspectiva de análise: não se trata de enxergar nas intervenções desses agentes a mera expressão do instituído, mas de compreender que tais práticas são, *também*, parte do próprio processo social de legitimação desses valores.

Em acordo com essa perspectiva, Pierre Livet (2002) mostra que a experiência coletiva das emoções é um processo importante para a consolidação e legitimação social de valores. Segundo o autor, casos como o de BBB7 – em que as ações de um indivíduo suscitam um forte sentimento de ódio e indignação em um público ampliado – colocam em processo um movimento social de sedimentação de preferências axiológicas. O argumento do autor é respaldado por duas premissas básicas: 1) a experiência das emoções está intimamente ligada aos valores ou preferências defendidas por um indivíduo; 2) a partilha coletiva das emoções permite que os sujeitos percebam que os valores subjacentes às emoções são também coletivos e, por conseguinte, passíveis de legitimação pública.

Segundo o autor, as emoções podem ser definidas como

> a ressonância afetiva, psicológica e comportamental de um diferencial entre um ou mais traços percebidos (ou imaginados, ou pensados) da situação em causa e o prolongamento de nossos pensamentos, imaginações, percepções ou ações em curso. Esse diferencial é avaliado com relação às nossas orientações afetivas reais (desejos, preferências, sentimentos, disposições) sejam essas orientações ativas ou em condição de se ativar (Livet, 2002, p. 23).

Na concepção de Livet, portanto, as emoções surgem quando percebemos a existência de uma assimetria entre a situação em curso e o universo de nossas expectativas, ou de nossos valores. De acordo com o autor, se uma determinada situação se desenrola de acordo com nossas expectativas, não experimentamos nenhum tipo de emoção. Experimentá-las significa dizer que a situação em causa seguiu um rumo diferente daquele que imaginávamos ser o mais adequado. É a partir do diferencial estabelecido entre aquilo que o mundo efetivamente nos oferece e aquilo que esperamos dele que as emoções se estabelecem. No caso das emoções ditas positivas (como a alegria, por exemplo) esse diferencial aparece quando o desenrolar de uma situação específica se mostra mais favorável do que imaginávamos; já no caso das emoções ditas negativas (indignação, ódio, etc.), esse diferencial é resultado da frustração de nossas expectativas ou do desrespeito a nossos valores. Quanto mais profundo for esse diferencial, mais intensa será a emoção experimentada pelo sujeito.

Ainda de acordo com Livet, se um dado contradiz nossas expectativas sobre o mundo, nós somos levados a revisá-las de modo a fazer com que elas entrem em acordo com nosso ambiente. Para o autor, o processo de revisão é aquele que promove a transformação "das premissas ou inferências que nos conduzem a uma conclusão desmentida pelos novos fatos conhecidos" (Livet, 2002, p. 22). Nesse processo, problematizamos nossas considerações sobre o mundo e podemos, inclusive, transformar o nosso universo de expectativas ou de valores prezados. Uma vez que as revisões se processam, as emoções tendem a desaparecer, já que a assimetria verificada entre o mundo real e o mundo de nossas expectativas desaparece. Nesse caso, se processa aquilo que Livet denomina *accoutumance*: as emoções desaparecem porque as exigências do agente se transformam, entrando em acordo com os dados do mundo prático.

Não é sempre, no entanto, que as revisões se processam dessa forma. Em certas ocasiões, o reaparecimento contínuo das emoções não leva a seu desaparecimento. Os valores contrariados numa dada situação podem estar de tal maneira enraizados, que os agentes não conseguem revisá-los. Nesses casos, a emoção sempre ressurgirá quando nos confrontarmos com uma mesma situação adversa.

Nas ocasiões em que nenhum tipo de *accoutumance* se revela possível, nossas expectativas não se transformam; nossas pretensões, em maior ou menor grau, se mostram resistentes a deslocamentos. Em situações como essa, aponta Livet, nos confrontamos com o universo de nossos valores, de nossas preferências e expectativas mais bem-enraizadas. A experiência das emoções, nesse caso, desencadeia uma revisão que se processa no sentido inverso daquela apresentada anteriormente: o agente se sente mais inclinado a transformar o mundo adverso do que suas referências de valor. A revisão, nesse contexto, transforma o curso das ações dos sujeitos e os leva a atuar sobre o mundo, exercendo sobre ele algum tipo de pressão de reordenamento que o colocaria em maior conformidade com o universo de suas expectativas. O que se busca transformar, nesses casos, é o próprio mundo, e não as preferências ou expectativas axiológicas assumidas pelos sujeitos.

Se as emoções desencadeiam um processo de revisão no qual tendemos a transformar o mundo ou nossos valores, a partilha de emoções (ou as emoções coletivas) – a consciência de que mais pessoas além de nós experimentam os mesmos sentimentos em face de uma situação particular – colabora para levar o agente a considerar que suas expectativas são válidas, uma vez que são partilhadas por outros indivíduos. Nesse caso, a possibilidade de efetivação de *accoutumance* perde força: os agentes garantem uns para os outros que suas preferências são legítimas e, portanto, devem ser defendidas em face de um mundo desfavorável. Nesse caso, a vivência coletiva de emoções emerge como um fato que permite aos sujeitos sustentar valores que não são realizados no mundo e buscar formas de transformação da realidade que a tornem mais adequadas a um universo de expectativas axiológicas partilhadas. Como aponta Livet,

> nas emoções coletivas, as expectativas, objetivos e preferências são supostos, eles também, coletivos. As expressões da coletividade estão lá para confirmar que, uma vez que as emoções são partilhadas, as expectativas, os objetivos e as preferências, os valores também o são. A partilha de emoções, freqüentemente, é a única forma

disponível para que se perceba a convergência de objetivos e preferências (Livet, 2002, p. 125).

A partilha de emoções, dessa forma, implica o reconhecimento de que outros manifestam um mesmo tipo de sensibilidade a valores prezados por nós. Trata-se, pois, de um processo no qual valores passam a ser socialmente reconhecidos e legitimados no curso das transações efetuadas entre os sujeitos.

No caso analisado nesta pesquisa, as respostas oferecidas pelo público às intervenções de Alberto em BBB7 aparecem investidas de uma forte carga emocional. O ódio, o rancor e a indignação, tantas vezes exibidos pelos telespectadores, ganharam o espaço de visibilidade midiática ao serem publicadas no *site* do programa. Certamente, o terreno para a expressão dessa reação indignada foi mais amplo do que isso: essas emoções, muito provavelmente, se fizeram sentir também em conversas informais, nos pontos de ônibus, nos espaços reservados para a intervenção dos espectadores no rádio e na TV, no rumor das ruas.

Enquanto entidade de partilha, o público funda uma consciência compartilhada: a conduta de Alberto em BBB é condenável porque o personagem desrespeita valores básicos, dentre os quais se destacam o amor, a concórdia, a justiça e a sinceridade. Ao tornar pública a indignação provocada pela transgressão desses princípios, os membros do público informam uns para os outros – e também para os demais sujeitos que experimentaram essas mesmas emoções – que os valores aos quais esses sentimentos se ligam são valores legítimos, referências avalizadas por um coletivo ampliado. Entrando em contato com a reação do público, e percebendo, nas emoções manifestadas, ecos que reverberam suas próprias emoções, o sujeito percebe que os valores que ele entende desrespeitados não são uma mera preferência particular sua, mas sim princípios que encontram respaldo nas reivindicações de uma ampla coletividade, sendo, portanto, mais facilmente legitimáveis. Dessa forma, odiando em conjunto um mesmo indivíduo, indignando-se coletivamente com as mesmas práticas, os sujeitos validam intersubjetivamente os mesmo valores, construindo interativa e conjuntamente expectativas morais compartilhadas.

Referências

ANKER, E. Villains, Victims and Heroes: Melodrama, Media, and September 11. *Journal of Communication*, v. 55, n. 1, p. 22-36, mar. 2005.

BABO-LANÇA, Isabel. Problema público e processos de enquadramento: o caso Madeleiene McCann. *Trajectos*, v. 2, p. 48-64, 2007.

BROOKS, P. Une esthetique de l'étonnement: le melodrame. *Poétic*, n. 19, p. 340-356 , 1974.

DAYAN, D. Les médias visuels et leurs publics. *Les Cahiers du Collège iconique*. Paris: INA, 2002.

CEFAÏ, D.; PASQUIER, D. Introduction. In: ______. (Org.). *Le sens du public: publics politiques, publics mediatiques*. Paris: Press Universitaire de France, 2003. p. 13-62.

DEWEY, J. *Art as experience.* New York: Pedgree, 1980.

DEWEY, J. *The public and its problems.* Chicago: Swallow, 1954.

MEAD, G. H. *L'esprit, le soi et la société.* Paris: PUF, 2006.

LIVET, P. *Emotions et rationalité morale.* Paris: PUF, 2002.

ORTIZ, S. *Melodrama*: o cinema de lágrimas na América latina. Rio de Janeiro: Rio Fundo Editorial, 1992.

QUÉRÉ, L. Le public comme forme et comme modalité d'expérience. In: CEFAÏ, D.; PASQUIER, D. (Org.). *Le sens du public: publics politiques, publics mediatiques.* Paris: Press Universitaire de France, 2003. p. 113-134.

QUÉRÉ, L. *Des miroirs équivoques: aux origenes de la communication moderne.* Paris: Albier, 1982.

SPECTOR, M.; KITSUSE, J. *Constructing Social Problems.* Menlo Park: Cummings Pub., 1997.

"Quem sempre troca a Maria?": transgressão e permanência dos papéis de gênero na publicidade

Laura Guimarães Corrêa

Publicidade, instituições e valores

Na sociedade contemporânea, os discursos midiáticos proliferam através dos veículos de comunicação e do espaço urbano, na vida doméstica e pública. Textos e imagens informam, seduzem, distraem, assustam, ocupam olhos e ouvidos com os mais variados apelos. Os indivíduos estão constantemente interagindo com esses sistemas de significações partilhadas que situam e oferecem modos de ser e de agir. Por meio das diversas práticas discursivas que atualizam os valores e as crenças de uma dada sociedade, os sujeitos se constituem, nesse movimento que é também o de construção conjunta do mundo.

A publicidade é uma atividade profissional que visa à divulgação paga de bens, serviços e ideias. Como importante sistema simbólico, é uma das instituições culturais que constroem a realidade contemporânea, em caráter reflexivo: é construída e definida pelos fluxos e forças atuantes no mundo social.

É sabido que a publicidade vende muito mais do que o produto ou serviço anunciado, pois traz uma pesada carga simbólica e ideológica que não pode ser ignorada, mesmo num simples comercial de sabão em pó. A publicidade é entendida, aqui, de forma abrangente, como um sistema que apresenta uma inserção, um discurso e um lugar mais ou menos definidos na sociedade. Para entender a dinâmica da publicidade, é importante atentar para algumas de suas especificidades como discurso ligado a uma lógica comercial.

A publicidade presente na grande mídia pode ser classificada em dois tipos. Na *publicidade promocional*, produtos e serviços são anunciados visando geralmente a uma ação de compra. Já a *publicidade institucional* tem por objetivo fortalecer e valorizar a imagem de uma empresa e sua marca. É veiculada segundo a mesma lógica de inserção paga, mas não está focada no argumento de venda. A publicidade institucional procura relacionar uma marca a valores vigentes na sociedade, evocando, na maioria das vezes, as dimensões do afeto. Assim, os aspectos simbólicos e ideológicos tornam-se ainda mais evidentes, pois o produto fica em segundo plano.

Na abordagem publicitária institucional para as datas comemorativas, é possível perceber a ênfase na homenagem. Neste trabalho, investigamos esse tipo de publicidade institucional, que denominamos *publicidade de homenagem*, eleito para análise e reflexão acerca dos discursos relacionados às práticas de gênero.[1] A publicidade de homenagem tem por objetivo a valorização de uma marca por meio de tributos a determinado grupo da sociedade em função de uma data ou acontecimento especial.

O termo "homenagem" tinha como significado o "juramento de fidelidade, subordinação e respeito do vassalo ao senhor feudal" (Houaiss; Villar, 2001, p. 1546). Quem fazia a homenagem "se tornava *homem* de seu senhor" (Nascentes, 1955, p. 267). A homenagem surge, então, como reconhecimento de hierarquia e de dependência, marcando a relação entre o senhor e seu *homem* (camponês, soldado, trabalhador).

Hoje em dia, a homenagem não é mais feita a suseranos, mas alguns rituais persistem, rendidos a sujeitos variados, sob formas diversas. Na acepção contemporânea, "homenagem" significa demonstração pública de admiração e respeito por algo ou alguém. Trata-se do reconhecimento da importância e do valor de certa pessoa ou grupo.

A homenagem, que se concretiza em práticas, gestos e discursos rituais, tem sempre um caráter relacional. É pública, explícita, oferecida de forma que outras pessoas a vejam. Seletiva, a homenagem destaca determinados aspectos de cada grupo ou indivíduo que recebe o tributo. Dessa forma, a homenagem é feita a um personagem "ideal", do qual são destacadas as características e virtudes mais desejáveis e ocultados os aspectos considerados pouco adequados.

Grande parte das datas comemorativas no mundo capitalista apresenta relações estreitas com o consumo e a publicidade. Os comerciais que comemoram dias especiais, homenageando grupos e sujeitos, constituem discursos rituais que celebram pertenças e reafirmam valores das instituições.

Uma das razões atribuídas ao constante uso de estereótipos e valores consensuais e tradicionais na publicidade (e ao consequente pouco espaço para discursos dissonantes) é o alto custo de veiculação das peças publicitárias nos grandes veículos de comunicação. O uso de construções, narrativas e representações cristalizadas facilitaria o entendimento instantâneo necessário à suposta eficácia de um comercial televisivo de apenas 30 segundos ou de um anúncio de uma página de revista. Imagens e textos complexos ou ambíguos poderiam dificultar a rápida apreensão e adesão de um público numeroso e heterogêneo. Esse fato contribui para certo achatamento nos enunciados da publicidade: muita "novidade" e pouca mudança efetiva.

A publicidade é uma das instituições mantenedoras da sociedade de consumo, da qual é peça fundamental. Portanto, para a continuidade do *status quo*, é necessário que a publicidade incorpore a fala dos grupos mais poderosos. Na publicidade, utilizam-se textos e imagens que explicam, classificam, simplificam e ordenam os

[1] Tratamos mais detidamente da homenagem e da publicidade de homenagem na tese de doutorado Mães cuidam, pais brincam: normas, valores e papéis na publicidade de homenagem (2011).

grupos sociais. O discurso publicitário utiliza-se principalmente de construções sociais compartilhadas que fazem parte dos códigos culturais hegemônicos.

Apesar disso, as imagens e os comportamentos de grupos minoritários têm sido, em maior ou menor grau, incorporados aos produtos publicitários. Há uma assimilação de discursos dissonantes, ainda que bastante diluídos. A dinâmica publicitária exige que outras visões de mundo estejam presentes entre os discursos conservadores, já que alguma transgressão, mesmo que comedida, é necessária para garantir a atenção, a surpresa, o "novo" de que a publicidade precisa para sobressair-se em meio ao burburinho midiático.

Desde os anos 1960, pesquisas acadêmicas têm apontado para o caráter conservador da publicidade no que se refere às questões de gênero. Não pretendemos aqui retomar o tom de denúncia contra as práticas discursivas sexistas, mas investigar de que maneira esses discursos concretizam e atualizam valores relativos às emoções e papéis destinados a homens e mulheres na sociedade contemporânea.

Para Charaudeau, o sujeito falante tem direito à palavra ao evocar significados compartilhados e consensuais, ao reafirmar as verdades e as crenças do interlocutor e do grupo ao qual pertencem. São construções solidificadas, frases feitas, provérbios, leis incontestes, costumes de uma dada sociedade.

> A crença pertence a um domínio no qual já existe uma verdade constituída, que depende de um certo sistema de pensamento, e à qual o sujeito adere de maneira não racional. [...] Toda adesão a ideias preconcebidas, a rumores, a julgamentos estereotipados que aparecem sob a forma de enunciados mais ou menos fixos (provérbios, aforismos, máximas, mas também expressões idiomáticas, fraseologia *ritualizada* etc.) que circulam nos grupos sociais, participa desse fenômeno de crença. Pois, em todos os casos, através desses enunciados, o sujeito acredita estar aderindo a uma verdade universal, a um mundo de evidência que o tranquiliza (Charaudeau, 2006, p. 121).

Fartamente utilizado na comunicação publicitária, o discurso persuasivo reveste produtos e serviços de atributos emocionais, buscando a adesão de leitores/as, espectadores/as e ouvintes. A publicidade se vale dessa instância sedutora, de caráter emocional, para atrair e conquistar o público consumidor.

Entretanto, é preciso escapar da armadilha de pensar essa comunicação como unilateral, como uma imposição de cima para baixo, em que a recepção é passiva e as pessoas são vítimas da manipulação. O que ativa uma experiência emocional não é um sentimento solitário, algo que parte do interior do sujeito. O engajamento emocional se dá a partir de uma convergência de valores. Portanto, faz-se necessário questionar a concepção da comunicação midiática, e principalmente da publicidade, como produtora de emoções, como artífice da sedução. O sucesso de um filme publicitário depende da participação do/a espectador/a na sua realização como objeto que afeta.

Ao relacionar padrões de representação, fórmulas, clichês, verdades e crenças nas peças publicitárias, buscamos perceber as superfícies lisas dos valores, isto é, onde não há conflito, mas também – e principalmente – as asperezas, os pontos de contradição, de deslocamento, de transgressão. Dessa forma, as negociações intrinsecamente relacionadas à definição dos limites das instituições tornam-se mais claras.

Castoriadis afirma que as instituições cumprem funções vitais dentro de uma sociedade, mas critica a visão exclusivamente funcionalista: "a instituição é uma rede simbólica, socialmente sancionada, onde se combinam em proporções e em relações variáveis um componente funcional e um componente imaginário" (Castoriadis, 2000, p. 159).

Se utilizarmos o termo "instituição" no seu sentido alargado, abrangente, podemos pensar o Dia das Mães e o Dia dos Pais como instituições, como invenções do ser humano dotadas de significado, de simbologia, de objetividade, de rituais e práticas já historicizadas. À época desses eventos, há uma condensação dos discursos sobre maternidade e paternidade. Notam-se, em comerciais e anúncios publicitários, tentativas de definição do que é "ser mãe" e "ser pai".

A função imediata dessas datas comemorativas na sociedade capitalista parece óbvia: os eventos aquecem o comércio, numa lógica de deslocamento parecida com aquela que ocorre no Natal, quando os sentidos de solidariedade e comunhão são quase substituídos pela frenética compra e troca de presentes.

Quanto ao seu caráter simbólico, sabemos que os rituais do Dia das Mães e do Dia dos Pais – não apenas o ato de presentear, mas também as homenagens, as confraternizações familiares, os almoços comemorativos – são práticas que valorizam e reafirmam a importância das próprias instituições da maternidade e da paternidade. Dessa forma, essas datas (e seus rituais) podem ser vistas como instituições limitadas que funcionam como dispositivos de definição e reforço de instituições maiores: a maternidade e a paternidade, carregadas de significados que perpassam a história das sociedades.

Ao homenagear mães e pais, a publicidade associa a marca da empresa a valores positivos da maternidade e da paternidade. Vinculando-se a esses valores, o anunciante também reafirma normas e valores das próprias instituições que homenageia: a maternidade e a paternidade.

A publicidade de homenagem configura-se como uma estratégia discursiva que propõe, estabelece e designa lugares e papéis para mulheres e homens, ativando normas e valores relativos à maternidade e à paternidade. Utilizando os termos de Foucault (2009), a publicidade de homenagem é uma prática positiva do poder, que se exerce pela afirmação daquilo que mães e pais *são* e *fazem*, sugerindo, assim, também, por oposição, aquilo que esses sujeitos *não* podem nem devem *ser* e *fazer*.

Como qualquer instituição do mundo social, a maternidade e a paternidade são atravessadas por forças diversas e mudam parcialmente de significado ao longo do tempo. Para essas duas instituições, encontramos construções cristalizadas e duradouras, mas também espaços de questionamento e de transformação, que dependem do contexto sócio-histórico e das lutas discursivas que operam na sociedade.

Quando se pensa sobre relações familiares e de gênero, o privado se mistura com o público, aquilo que é considerado particular e doméstico reflete-se e configura o social. As novas e complexas conformações nas esferas do trabalho, da vida doméstica, da sexualidade, da reprodução e da família provocam questionamentos sobre o lugar de homens e mulheres na sociedade, bem como sobre a sua construção na mídia publicitária.

A seguir, analisamos dois comerciais para o Dia dos Pais, buscando evidenciar os valores, as expectativas e comportamentos normativos que as peças publicitárias vinculam às instituições da paternidade e da maternidade nos dias de hoje.

Pais e mães na publicidade televisiva

A televisão é, indiscutivelmente, a mídia mais poderosa em termos de abrangência, alcance e volume de audiência no Brasil. É também o veículo que detém a maior parcela dos investimentos publicitários, tanto na produção quanto na veiculação de comerciais.

Uma importante característica da televisão como dispositivo para a veiculação de produtos publicitários é a possibilidade de construção de curtas narrativas, ainda que limitadas pelos 30 segundos de um comercial. As especificidades do meio favorecem a sequencialidade, a criação de situações, bem como a dramatização das interações por meio de diálogos e gestos. Nos comerciais televisivos, esses recursos são frequentemente utilizados para "contar histórias", com início, meio e fim. O aspecto narrativo é importante para a construção da argumentação nesse meio, pois permite conduzir o/a espectador/a pela pequena história contada no comercial, que pode conter elementos de drama, comédia, aventura, suspense, entre outros. Nos dois casos analisados neste artigo, há certa linearidade na construção das narrativas.

O sociólogo Erving Goffman (1987) afirma que os ideais de gênero são construídos na dramatização, nas exibições (*displays*) disponibilizadas pelos indivíduos tanto na vida cotidiana quanto nas imagens comerciais. O autor não vê os comportamentos padronizados de homens e de mulheres como expressões que indicariam características naturais dos indivíduos. As exibições estão longe de ser instintivas; elas são socialmente aprendidas, padronizadas e determinadas, por mais espontâneas que pareçam.

Para o autor, se os *displays* de gênero são tratados como um comportamento expressivo "natural", oculta-se a necessidade de análise histórica ou social. Goffman reitera a importância da dramatização, da execução de papéis e da caracterização física dos indivíduos para a definição e o alinhamento aos ideais de masculinidade e feminilidade. Essas exibições, como coreografias comportamentais, são mais constituintes da hierarquia entre gêneros que reveladoras de qualquer essência. Segundo o autor, "não há identidade de gênero. O que existe é um esquema para retratar o gênero"[2] (Goffman, 1987, p. 8, tradução nossa).

[2] No original: "there is no gender identity. There is only a schedule for the portrayal of gender".

Para os retratos comerciais de situações sociais, presentes nas imagens publicitárias, o autor aplica o conceito de hiper-ritualização, que significa a simplificação e o exagero operados nas imagens fabricadas para a mídia com o objetivo de não deixar dúvidas quanto ao enquadramento, ou seja, quanto à definição do que está acontecendo naquela situação, gerando reconhecimento instantâneo.

Dois comerciais de televisão foram escolhidos pela relação direta e comparativa que estabelecem entre as duas instituições – a maternidade e a paternidade –, invocando mudanças e permanências relativas ao que é considerado adequado para esses atores e atrizes. As peças publicitárias invertem, subvertem e confirmam funções, lugares e emoções de pais e mães na dinâmica familiar, possibilitando a identificação de negociações e conflitos relacionados à definição das instituições da maternidade e da paternidade. Esses conflitos emergem ao relacionarmos padrões, verdades, crenças e contradições presentes nos comerciais.

A emoção no comercial. Não vai chorar...

No comercial de uma empresa de telefonia celular para o Dia dos Pais,[3] uma menina branca, de cabelos cacheados,[4] está em casa e escreve numa folha de caderno uma declaração de amor para o pai. Curiosamente, a menina não redige a mensagem, mas corrige uma declaração anterior escrita em caneta azul com letra de criança, riscando de vermelho a palavra "mãe" e substituindo-a pela palavra "pai". Enquanto ela escreve, ouve-se em *off*, na voz infantil:

> Pai, você é a pessoa mais importante que existe pra mim. Pai que nem você, ninguém mais tem no mundo, só eu e o Beto. Te amo. Essa carta eu escrevi para a mamãe, mas agora eu estou escrevendo para você. É para mostrar que eu amo você que nem eu amo a mamãe. Mas ó: não vai chorar que isso é coisa de mãe.

Ao fim do comercial, o pai, que está num *lobby* de hotel, sorri emocionado ao ler na tela do celular a mensagem enviada pela filha. Na assinatura, o locutor fala de uma promoção e um aparelho celular é mostrado sobre fundo escuro. A marca do anunciante aparece com o *slogan* "Claro. A vida na sua mão".

Primeiramente, o que chama a atenção no comercial é o fato de que a declaração de amor ao pai é uma adaptação de uma carta anterior. A peça sugere, assim, que o amor ao pai é uma espécie de arremedo do amor pela mãe. A homenagem da filha consiste em revelar a igualdade nos sentimentos, comparando o amor que sente pelo pai ao amor pela mãe. Não há um sentimento singular, diferente ou especial pelo pai, pois a carta mostrada é rasurada, corrigida, aproveitada. O texto da carta não fala de sentimentos de naturezas diferentes, e sim de uma igualdade desse sentimento.

---

[3] Veiculado no horário nobre da Rede Globo em agosto de 2007.

[4] A menina do comercial, Maisa Silva, à época com 5 anos, foi apresentadora mirim da emissora SBT.

Se, por um lado, a afirmação dessa igualdade, "eu amo você que nem eu amo a mamãe", revela e valoriza uma proximidade afetiva e um vínculo emocional entre o pai e a filha, por outro, o paradigma do amor filial continua sendo o do amor à mãe: o máximo que o pai atinge é ser amado como a mãe o é.

Outro ponto a ser destacado no comercial é a afirmativa final: a de que chorar é coisa de mãe (ou de mulher), uma "verdade" consensual, uma crença acionada e reafirmada nessa peça publicitária, que toma a forma de lei na fala da menina. A expressão dos sentimentos é considerada pela menina do comercial – e pelo senso comum – como algo da esfera feminina. A expressão "coisa de mãe" sugere uma desvalorização da manifestação emocionada do amor pela filha. Essa comoção, proibida pela menina, é manifesta timidamente pelo pai, nos limites consensuais da emoção e do amor paternos.

O que transparece no texto não é a falta de sentimentos no homem, já que a filha adivinha que o pai pode se emocionar. O que é afirmado, com sentido imperativo ("não vai chorar"), e, logo depois, com justificação normativa ("que isso é coisa de mãe"), é que a demonstração dessa emoção não é desejável ou apropriada para um homem/pai.

Michel Foucault, no segundo volume da *História da sexualidade* (2006), desenvolve uma problematização do sexo e do amor na Grécia Antiga. O filósofo afirma, neste livro, que o domínio de si, o domínio das emoções, era um valor para os gregos, valor que foi retomado e fortalecido posteriormente pelo cristianismo. Nessa concepção, o homem sábio é governante de seus desejos e paixões, capaz de moderação, de sobriedade e de temperança.

O descontrole e a expressão das emoções seriam então características das mulheres ou de um homem mais fraco, feminizado. Essa ideia parece estar presente até hoje, haja vista a advertência da menina do comercial. A expressão no rosto do homem na cena final confirma que o homem não chora, apenas ri enternecido com a fala da menina.

Reafirmam-se, assim, na publicidade os estereótipos do homem racional e da mulher emotiva, que correspondem às relações e analogias já bastante criticadas entre, de um lado, homem e cultura, e, de outro, mulher e natureza.

Evidenciam-se, no comercial da empresa de telefonia para o Dia dos Pais, dois movimentos distintos e quase antagônicos: aquele que afirma o amor como base da relação entre pai e filha e aquele que nega a expressão paterna desse amor. Pode-se dizer que um aponta na direção de uma igualdade entre gêneros no que concerne às emoções e relações familiares, o que poderia indicar uma mudança em concepções arraigadas sobre maternidade e paternidade. Outro movimento, na mesma peça, insiste na permanência de comportamentos tradicionais de gênero.

Para Pierre Livet (2002), as emoções evidenciam os valores a que somos apegados/as. Vistas por esse autor como "sondas" de valores, as emoções são reveladoras de uma cultura compartilhada, marcas de pertencimento a uma sociedade. Os sentimentos afirmados ou negados na publicidade por ocasião do Dia dos Pais revelam valores que permeiam as relações entre mães e filhos/as, pais e filhos/as, mães e pais, homens e mulheres. Essas construções da mídia reafirmam os laços, os desejos, as normas e as interdições da vida social.

Os valores não são universais para todas as sociedades, em todos os contextos. As diferenças culturais, históricas, econômicas, étnicas e geográficas refletem-se na aceitação, contestação ou (re)afirmação dos valores vigentes. Vemos representados com maior frequência na publicidade os valores que estariam em conformidade com a norma dos grupos hegemônicos, o que, contudo, não impede que movimentos de criatividade e transgressão possam emergir dessas representações midiáticas.

O cuidado no comercial. *Who cares?*

O segundo comercial que trata da maternidade através do tema da paternidade tem como anunciante uma indústria de meias, produto tido como presente tradicional do Dia dos Pais. No comercial de 30 segundos,[5] um homem jovem interage com uma menina de aproximadamente dois anos de idade, em ambiente doméstico. Os dois são loiros. O homem está de meias, sem sapatos, e cuida da criança, vestindo-a e trocando sua fralda. Mostram-se também cenas de brincadeira e manifestações de carinho entre os dois. No texto, em forma de diálogo, o pai pergunta e a filha, Maria, responde:

> [pai:] – Fala "papai".
> [filha:] – Mamãe.
> – Quem sempre veste a Maria?
> – Mamãe.
> – Quem sempre troca a Maria?
> – Maaamãe.
> – Quem é que todo dia dá beijinho nesse bumbum lindo?
> – Mamãe.

Ao fim do diálogo, a menina exclama "Mamãe!" e corre para os braços do pai, que está agachado ao lado de uma mulher jovem que aparece pela primeira e última vez no comercial. O locutor em *off* fecha com o texto: "11 de agosto. Dia dos Pais. Uma homenagem da Lupo aos pais que são verdadeiras mães". A menina completa: "Mamãe".

O comercial sugere que o cuidado pode ser uma função do homem, ao mostrar um pai executando, com alegria e destreza, um trabalho tradicionalmente feminino e materno. O homem do comercial cuida da criança nas cenas em que não há uma presença feminina ou materna, que é mostrada apenas ao fim da peça. Não fica claro no comercial se a mulher apresentada representa ou não a mãe da menina, mas, de qualquer forma, o cuidado parece ser uma atividade prazerosa, e não uma necessidade imposta pela ausência da mãe.

O uso das expressões "sempre" e "todo dia" nas falas do homem mostra, ainda, que as atitudes de cuidado e carinho são rotineiras, e não eventuais na dinâmica dessa

[5] Veiculado no horário nobre da Rede Globo em agosto de 2007.

família. Ao fim do comercial, a criança abraça o homem, mesmo quando a mulher está presente. Ao contrário do comercial anterior, o gesto indica uma preferência amorosa pelo pai.

De modo geral, em muitos comerciais que tematizam a paternidade, a relação do homem com as crianças aparece mais em momentos de lazer que de cuidado. Para os pais representados nos comerciais, as atividades domésticas ou com as crianças revelam-se como práticas "de fim de semana", ligadas muito mais ao prazer pontual do que às atividades cotidianas.

A dedicação da mulher na realização de atividades de cuidado – seja com pessoas ou com a casa – é um valor que perpassa os discursos publicitários que mostram relações familiares. A esposa/mãe não aparece apenas comprometida com esse trabalho, mas também demonstra prazer ao executar tais tarefas. O valor da família coesa e harmoniosa é representado pela alegria da mulher na sua boa ação desinteressada, ou melhor, mais interessada no bem-estar do marido, do bebê, das crianças e adolescentes da família. Esses enunciados, muitas vezes, vêm precedidos por expressões generalizantes e fixas, como: "Para fazer isso que *toda* mãe faz, ela não cobra nada".[6] Entre esses discursos cristalizados quanto aos papéis de gênero, o comercial da Lupo destaca-se por apresentar, nas imagens, um pai cuidador.

A peça publicitária revela-se interessante para a análise das práticas do cuidado infantil numa perspectiva de gênero. Podem-se notar dois movimentos diferentes e até antagônicos no comercial da empresa fabricante de meias. Por um lado, o comercial mostra o pai cuidando da filha, o que parece evidenciar uma mudança na tradicional divisão sexual do trabalho. Por outro lado, a resistência da menina em responder "papai" às perguntas sugere que esse trabalho não pode ser pensado dissociado da ideia de maternidade.

A resposta de Maria, sua insistente e única palavra, "mamãe", oferece o ponto mais contraditório e rico para a reflexão. Há uma quebra, um caráter quase *nonsense* nesse diálogo. As imagens mostram que o pai cuida, mas a menina responde "mamãe". Por que a contradição no comercial, se a publicidade costuma ser tão óbvia e clara para atingir seus objetivos?

Estereótipos, conflitos e padrões de comportamento emergem da "gracinha" da menina. O comercial mostra que, independentemente do que o homem faça, o cuidado está no âmbito da maternidade. Através dos tempos e em diversas práticas, discursivas ou não, a maternidade está intrinsecamente ligada ao trabalho e ao valor de cuidar. Ainda segundo o comercial, a recíproca é verdadeira: cuidar está ligado a ser mãe, à construção de identidades maternas. O paradigma do trabalho de cuidar corresponde à atividade da mãe.

O cuidado com os outros é um valor historicamente associado ao feminino e à maternidade, mesmo quando é prestado pelo pai. O homem do comercial executa

---

[6] Frase de um comercial da Telemig Celular para o Dia das Mães de maio de 2007.

tarefas de cuidado, tradicionalmente tidas como femininas e maternas, e, em vez de ser mostrado como um pai cuidador, é chamado de "mãe", tanto pela filha quanto pelo locutor.

O uso da expressão "pais que são verdadeiras mães" ao final do comercial sugere que a pessoa que cuida é a verdadeira mãe. A recíproca é também verdadeira: na visão proposta pela peça publicitária, o cuidado é aquilo que define e legitima o estatuto de mãe. O comercial fala de uma mudança comportamental ao mesmo tempo em que confirma valores tradicionais.

A reflexão sobre a divisão sexual do trabalho é fundamental para que pensemos nos papéis de homens e mulheres nesse início de milênio. Gilles Lipovetsky, em *A terceira mulher* (2000), trata dessas relações na sociedade ocidental contemporânea, lembrando que, até os anos 1950, aos homens eram destinadas tarefas do exterior e os papéis instrumentais. Às mulheres cabiam as tarefas do interior e os papéis expressivos.

O movimento feminista trouxe, a partir dos anos 1960, propostas e mudanças nas relações de gênero, mas, na esfera doméstica e na relação com os filhos, as transformações observadas são pouco significativas. O autor afirma que "por trás da aparência de permutabilidade dos papéis, reorganizam-se inscrições sociais diferenciais de cada sexo diante do trabalho e da família" (Lipovetsky, 2000, p. 241). A tão elogiada e valorizada conciliação atribuída às mulheres entre o trabalho fora de casa, o trabalho doméstico e o cuidado das crianças é, ainda, um fator de desigualdade entre os gêneros. O autor não acredita na visão otimista de que essa permanência da divisão sexual do trabalho seja um resquício da história, que irá desaparecer aos poucos. Ele afirma que se trata de um processo em pleno funcionamento nos dias de hoje.

Os questionamentos e as negociações referentes às atividades e papéis femininos e masculinos no cuidado das crianças surgem a partir da inserção das mulheres no mundo do trabalho extradoméstico, o que deixa uma lacuna importante a ser preenchida: a responsabilidade pelo trabalho antes executado por elas.

A divisão sexual do trabalho constitui, então, um dos temas mais caros ao feminismo contemporâneo, já que, nas sociedades ocidentais, nota-se a permanência da responsabilidade feminina nas tarefas domésticas e familiares, e o consequente acúmulo de atividades para essa parcela da população. Nota-se, não só nos grandes centros urbanos, como também nas periferias e nos países menos desenvolvidos, que a solução mais comum para esse problema tem sido delegar a outras mulheres os cuidados com a casa, com as crianças e com outras pessoas dependentes na família.

Patricia Paperman (2005) argumenta, ao defender a relevância das questões do *care*[7] em suas dimensões práticas e objetivas, que a vulnerabilidade e a dependência são características inerentes ao ser humano, isto é, fazem parte daquilo a que chamamos

[7] O termo care, do inglês, significa cuidado, atenção com o outro. Teóricos/as franceses/as que se dedicam a pensar o assunto optaram por não traduzir o termo, por entender que palavras como souci, soin ou sollicitude ofereceriam interpretações pouco adequadas ou pouco abrangentes ao sentido que gostariam de conferir ao care.

humanidade. A autora afirma que "as pessoas vulneráveis nada têm de excepcional"[8] (Paperman, 2005, p. 281, tradução nossa), isto é, elas não constituem exceção, e o seu cuidado deve ser pensado como uma responsabilidade de todos/as. A autora nos lembra que, em alguma fase da vida (seja quando crianças, convalescentes de alguma doença, cirurgia ou acidente, ou na velhice), dependemos dos cuidados de outras pessoas – familiares, amigos/as ou profissionais pagos/as para exercer tal trabalho.

Esse traço de vulnerabilidade do ser humano, que contrasta com uma autonomia hipervalorizada no mundo contemporâneo, tem sido resolvido no seio familiar e doméstico, na esfera do privado, e não como uma questão de necessidades e interesses públicos e universais. A autora lembra que o *care* (ou cuidado) tem sido invisibilizado ao longo dos tempos por estar nas mãos dos sujeitos menos privilegiados na sociedade: mulheres, pobres, imigrantes, não brancas.

Considerações finais

A partir da análise desses produtos midiáticos, percebemos que a publicidade pode explicitar os conflitos inerentes às instituições sociais. Vimos também que as pequenas transgressões podem funcionar como estratégias que viabilizam a permanência das instituições tradicionais. A observação da publicidade provoca, ainda, outras perguntas: quais são os modelos apresentados na publicidade de homenagem para a maternidade e a paternidade no Brasil contemporâneo? Quais são os limites na construção de imagens de mães e pais na publicidade? Pode-se falar da transformação dos papéis destinados a mães e pais através das construções textuais e imagéticas na publicidade?

É importante lembrar que os produtos publicitários não estão descolados da sociedade, assim como as práticas discursivas nunca têm uma única direção. A relação entre as duas instâncias é reflexiva, isto é, a mídia e a vida social se influenciam, se alimentam e se constroem mutuamente, por meio das constantes lutas discursivas e das negociações pelos significados.

Os comerciais, assim como outros produtos midiáticos, dotam as instituições da maternidade e da paternidade de sentidos, reafirmando antigas tradições e/ou propondo novos valores. Alguns dos valores acionados são bastante antigos e sólidos, outros são conflitantes e cambiantes. Na maioria das sociedades atuais, já não existem mais sistemas de valores completamente fechados, assegurados, fixos, que expliquem todas as esferas da vida.

Nos embates entre o velho e o novo, observamos discursos nos quais os sentidos se rearticulam, se contradizem, produzindo deslocamentos e deslizamentos nos papéis e estereótipos de gênero. A cultura midiática suscita inúmeras perguntas, que constituem desafios para a reflexão sobre as instituições da maternidade e da paternidade na

[8] No original: "Les gens vulnérables n'ont rien d'exceptionnel".

sociedade contemporânea. A observação e a interpretação dos comerciais televisivos pode nos trazer chaves para o entendimento dessa sociedade complexa, heterogênea e em transformação.

Referências

Referências bibliográficas

CASTORIADIS, Cornelius. *A instituição imaginária da sociedade*. Rio de Janeiro: Paz e Terra, 2000.

CHARAUDEAU, Patrick. *Discurso das mídias*. São Paulo: Contexto, 2006.

CORRÊA, Laura Guimarães. *Mães cuidam, pais brincam: normas, valores e papéis na publicidade de homenagem*. 2011. Tese (Doutorado em Comunicação Social) – Faculdade de Filosofia e Ciências Humanas, Universidade Federal de Minas Gerais, Belo Horizonte, 2011.

FOUCAULT, Michel. *História da sexualidade 2: o uso dos prazeres*. Rio de Janeiro: Graal, 2006.

FOUCAULT, Michel. Vontade e poder. In: FOUCAULT, Michel. *Microfísica do poder*. Rio de Janeiro: Graal, 2009. p. 1-14.

GOFFMAN, Erving. *Gender Advertisements*. New York: Harper & Row, 1987.

HOUAISS, Antônio; VILLAR, Mauro de Salles. *Dicionário Houaiss da Língua Portuguesa*. Rio de Janeiro: Objetiva, 2001.

LIPOVETSKY, Gilles. *A terceira mulher: permanência e revolução do feminino*. São Paulo: Companhia das Letras, 2000.

LIVET, Pierre. Émotions et rationalité morale. Paris: PUF, 2002.

NASCENTES, Antenor. *Dicionário etimológico da língua portuguêsa*. Rio de Janeiro: [s. n.], 1955.

PAPERMAN, Patricia. Les gens vulnérables n'ont rien d'exceptionnel. In: LAUGIER, Sandra; PAPERMAN, Patricia (Orgs.). *Le souci des autres: éthique et politique du* care. Paris: Éditions de l'École des Hautes Études en Sciences Sociales, 2005.

Referências audiovisuais

CLARO. *Claro Dia dos pais 2007*. Agosto de 2007. (Comercial para TV). Disponível em: <http://br.youtube.com/watch?v=XK4kUQLSwsg>. Acesso em: 30 out. 2008.

LUPO. *Lupo Dia dos Pais 2007*. Agosto de 2007. (Comercial para TV). Disponível em: <http://br.youtube.com/watch?v=zPqZxmtQIxk>. Acesso em: 30 out. 2008.

Parte 2

Em torno das redes

Dispositivos de comunicação, apropriações em rede e controle social

Delfim Afonso Jr.

Os artigos apresentados a seguir exploram indagações e resultados de pesquisa sobre o entrecruzamento de instituições, valores e formas culturais contemporâneas na configuração das interações comunicativas e das mudanças em curso do sistema midiático. Para pensar os valores na perspectiva da comunicação mediada por computador, das interações telemáticas e dos dispositivos e mediações sociotécnicas, os pesquisadores Janice Caiafa (UFRJ), Beatriz Bretas (UFMG) e Ivan Satuf (IMIH) debatem questões referentes a valores que transitam e fundam instituições midiáticas na internet, à produção de inscrições coletivas e colaborativas em rede e à emergência e interferência de determinados valores nas esferas pública e privada.

Os interesses dos autores no estudo das condições técnicas e sociais em que operam as novas formas de comunicação concentram-se nas modalidades de expansão, de acesso, de uso e de produção de conteúdos e interações no sistema midiático, com ênfase nas novas mídias e no ciberespaço. A multiplicação e a disseminação das tecnologias não explicam por si mesmas os pontos de virada nos modos de comunicação a partir dos anos 1990. Se, como argumenta Castoriadis (1982), os homens tentam pensar o que fazem e saber o que pensam, os textos aqui apresentados orientam suas reflexões para problematizar a busca pela ocupação do ciberespaço, para utilizar dispositivos técnicos e para ter visibilidade pública enquanto dimensões do fenômeno em sua gama contraditória de inovação que se mescla à reprodução de valores e conteúdos já conhecidos e institucionalizados na corrente principal das grandes mídias comerciais.

Sob a coordenação do PontoGris, equipe de pesquisa que estuda a comunicação mediada por computador e as redes e interações telemáticas no Grupo de Pesquisa em Imagem e Sociabilidade, os artigos que integram esta seção abordam a inter-relação instituição/valores/cultura no campo das formas emergenciais que se apresentam, com a implantação e o acesso às tecnologias de informação e de comunicação, a diferentes segmentos sociais no rol de mudanças que repercutem nos âmbitos nacional e internacional. A expansão e o acesso desiguais, através de redes e interações mediadas por tecnologias de base informática e de telecomunicações, podem ser apreendidos e entendidos em suas articulações com as formas dominantes da produção econômica capitalista e com os circuitos da produção, institucionalização e circulação dos valores e da criação cultural. Para entender as novas condições da experiência cotidiana e suas relações com o sistema midiático, já não nos basta reiterar a disseminação das tecnologias como fator exemplar e marco de uma virada virtual nos modos de comunicação que estão em curso e predominam a partir dos anos 1990. O barateamento do preço e a disseminação de tecnologias que alteram o consumo estão associados a uma produção de informação sobre os acontecimentos que afeta e reposiciona sujeitos e empresas jornalísticas na esfera pública. Indivíduos e grupos separados territorialmente experimentam outras formas de aproximação, reconhecimento, cooperação e colaboração no macroambiente que fomenta a abertura de oportunidades de negócio com lucratividade exponencial, reorientação e incremento de concorrência entre as grandes empresas conhecidas como *global players.*

Os pesquisadores convidados para discutir os valores na rede exploram e enfatizam impasses e desafios que visam a compreender e problematizar, nas engrenagens e articulações do sistema midiático, os riscos teóricos e políticos advindos do capitalismo na etapa da multiplicidade, da flexibilidade e da dispersão (Caiafa); a dimensão conversacional nos *blogs* jornalísticos (Satuf); e a mídia como instituição e as novas ocupações de espaços comunicativos na *web* através da produção de conteúdo por sujeitos comuns (Bretas).

Em sua intervenção, sob o título "Aspectos do múltiplo nas sociedades da comunicação", Janice Caiafa articula as dimensões do contexto, das tecnologias e da internet em perspectiva histórica para argumentar que o capitalismo que se engendra após 1945 produz um espaço aberto para garantir a liberdade do capital. No interior desse macrocenário, aborda as formas contemporâneas de controle da subjetividade, que se conjugam à lógica da exploração econômica e aos modos de captura pelo capitalismo dos valores de contestação e das lutas sociais. A conversão de ideias e práticas de luta dá suporte ao poder do capitalismo mundializado e se potencializa com as tecnologias da informática. A pesquisadora identifica um estado de coisas que turva o entendimento crítico de limites e posições. Em suas palavras, não está claro o que está se passando, o que exige de nós um esforço de pensamento para discernir e dissuadir o embaralhamento de categorias para que se venha a tornar claro o que ocorre. A produção da subjetividade limitada remete diretamente à questão do controle que hoje é exercido em escala por meio de computadores, lógica informática e redes. Isso quer significar que a técnica e as diversas formas de tecnologias precisam ser debatidas, na perspectiva de Deleuze, no contexto das sociedades de controle. Ao poder múltiplo, fragmentado, molecular correspondem teorias e modelos, como os de ciberdemocracia e de transcendência do corpo pela informação, e a concepção de um modelo informacional do mundo.

Caiafa argumenta que nossa época está marcada pela produção de uma loquacidade vazia em que a comunicação se apresenta como imposição e como cenário em que tudo parece manifestar-se e aparecer tão só para ser objeto de consumo. A exibição de si no ciberespaço e a volatilidade da informação pela circulação acelerada incrementam o que se pode entender, segundo ela, como exemplos da multiplicação e dispersão que vigem no capitalismo flexível. Assim como Deleuze e Guattari, a autora pensa que é preciso e é possível criar zonas de alguma sombra e silêncio nos fluxos de vigilância e de supercomunicação. O múltiplo pelo múltiplo, o imperativo do novo e a euforia com a comunicação ampla por computador não são garantia de que se pode construir um investimento potente de desejo na rede. E é isso que nos desafia e nos interroga, pois estamos imersos em um processo que implica aprender a fazer.

Em outro registro, Ivan Satuf retoma a questão das novas formas de interação e as condições efetivas de manifestação das práticas comunicativas no contexto das redes sociotécnicas e da comunicação mediada por computador. Como afirma o pesquisador, novas plataformas de publicação de conteúdo implicam a reformulação de questões em face dos processos comunicacionais. É o caso dos *blogs* jornalísticos, que afetam as antigas rotinas produtivas da imprensa e a trama de relações e interdependências entre os profissionais e seus públicos. Ao trazer à discussão autores como Hewitt, Mielniczuk, Primo e Träsel, Satuf desenvolve em sua intervenção um questionamento quanto às percepções e considerações que tecemos em face de um cenário midiático diferenciado em relação ao período recente de predominância das tradicionais redações de empresas jornalísticas.

Com base em sua pesquisa sobre o *Blog do Noblat*, um empreendimento midiático que opera novos modos de interação em processos comunicativos, Satuf destaca a conversação entre jornalista e internautas e destes entre si a partir dos protocolos viabilizados pelo dispositivo *blog*. Na perspectiva de um webjornalismo participativo e da produção aberta de notícias, como a formulam Primo e Träsel, o estudo de Satuf investiga como se propicia a apropriação do dispositivo pelo usuário enquanto noção que serve para caracterizar os fenômenos e práticas que os *blogs* como o de Ricardo Noblat parecem representar. Daí a afirmação de que está em processo uma alteração significativa no panorama midiático e informacional.

Ainda que tendências contraditórias possam ocorrer em torno dos modos de interação na rede, como o surgimento tanto de *blogs* independentes quanto de *blogs* de tradicionais grupos jornalísticos, que aumentam sua força de mercado e formação de opinião pela ocupação da "blogosfera" com as páginas de seus repórteres profissionais, os dispositivos midiáticos convencionais não permitiam uma troca síncrona. Se é possível identificar a presença da propaganda, a reprodução de notícias da grande mídia e a marca institucional de grandes nomes da comunicação como titulares em inúmeros *blogs*, a caixa de comentários do *Blog do Noblat* indicia o deslocamento do lugar do jornalista, que, antes operando o controle da informação, passa agora a selecionar no ciberespaço o que está em fluxo e interage e dialoga com seus leitores de modo singular.

Ao vivenciarmos a época em que a publicação de conteúdo no ciberespaço redefine o dispositivo de comunicação sob a forma de um *blog*, anota Satuf que, em vez de um lugar cheio de ações, mas vazio de interações, o cruzamento de vozes que aparecem na janela *pop-up* da tela do monitor faz emergir o que o autor nomeia como uma ensurdecedora conversação. Em sintonia com Primo, o pesquisador observa que, ao expandir as interações, a interferência da diversidade de opiniões e de posições fomenta um processo de conversação coletiva, na qual o jornalista está exposto, na qualidade de interlocutor, à diversidade de argumentos de seus internautas. Do estudo de Satuf sobre o *Blog do Noblat*, depreende-se que novos espaços conversacionais estão em curso no mundo das interações telemáticas, ainda que a cibercultura não suceda de modo linear à cultura das mídias tradicionais. A emergência dos leitores como sujeitos que tanto interpelam o jornalista quanto querem conversar com outros leitores do *blog* estabelece o dispositivo de comunicação como uma ferramenta de muitos e não de um único ator, no caso um profissional da mídia.

Na terceira intervenção sobre valores na rede, Beatriz Bretas aborda, com Aline Gonçalves e Rafael Cruz e Silva, os modos como as pessoas se apropriam dos dispositivos tecnológicos, sobre os valores da mídia tradicional que aparecem em novas práticas na internet e sobre os valores implicados na relação capital/consumo/mercado e que não estão de um lado externo à cibercultura. A opção de sua abordagem entende que só podemos extrair os valores constituintes das práticas comunicativas se temos em vista produtos e interações delimitados pelos seus próprios contextos históricos e sociais. Ao indagar a respeito da mídia como instituição, a pesquisadora privilegia as possibilidades de modelação das produções de conteúdo dos sujeitos comuns. Ao pensar a internet enquanto espaço de práticas de comunicação, há que questionar se, e em que medida, os indivíduos estão se apropriando da internet e se essas práticas poderiam ser identificadas como midiáticas.

Ao trazer à discussão autores como Castells, Descombes e Bauman, a pesquisadora opta por discutir a ocupação midiática da *web*, a assunção e elaboração de valores, a potência institucional e as interações em novos espaços midiáticos. Na perspectiva das instituições como sistemas conceituais que articulam e configuram modos de pensar, de agir e de produzir de discurso, pergunta-se sobre a institucionalização da mídia e da *web*. Realçando a noção de instituição como rede simbólica sancionada socialmente, enfatizam-se, na concepção de Castoriadis, o lugar do sujeito, as relações sociais e os sentidos compartilhados que têm na linguagem a referência institucional básica da vida humana coletiva. Para abordar a experiência das redes de comunicação, destaca o imaginário e o caráter mutável da instituição presentes em diferentes mídias, no espectro que vai do jornal impresso à TV e à *web*. Os usos e as apropriações das novas mídias pelos seus usuários se mostram como indicações que estimulam a pesquisa dos enlaces entre o imaginário social, das regras e rituais institucionais e dos modos de interação e de pactuação que vêm a viabilizar conversações coletivas e práticas colaborativas na dimensão das redes.

Na ampla diversidade e heterogeneidade de produtos midiáticos em circulação na rede, identifica-se ainda uma expandida gama de contratos e valores compartilhados. De pessoas comuns a empresas do mercado, a internet tem sido objeto de ocupação habitado por valores desconexos como a colaboração entre os sujeitos, a concorrência por audiência, a evidência do novo, a comunicabilidade e a experiência do fluxo. No embate que marca o universo reticular, através do confronto das técnicas de *marketing* com os antípodas princípios da cooperação e da interlocução, pontuam-se projetos e atos de indivíduos e corporações empresariais que apontam, nas palavras da autora, para uma apropriação dos sujeitos comuns pelo mercado e pelo capital. O *site* Fiz.TV foi escolhido como objeto empírico para problematizar a maneira como os sujeitos ordinários se posicionam segundo certas regras em curso na internet e como se produzem princípios e valores, transpostos ou não, reciclados ou não, das instituições tradicionais de mídia.

Enquanto nos turva a invisibilidade cinza e monótona de uma sociedade dos consumidores, como nos alerta numa citação de Bauman, Beatriz Bretas incita à inquietação que provoca saber que os recursos técnicos hoje disponíveis aí estão como meios para a realização de performances de sujeitos a serem consumidos. Há atos que se repetem e reinvenções, oscilações de perdas e ganhos institucionais, políticos e sociais. E para avançar em meio à época das interações e das fricções entre mercados, nações e pessoas, no entrejogo das temporalidades e das institucionalidades, a pesquisadora indaga-se e nos questiona, através da opção de pesquisa do PontoGris, sobre os modos de estar dos interagentes, as exposições de subjetividades e a reconfiguração de valores e sujeitos na expandida teia que institucionaliza as formas de comunicação emergentes.

Referências

CASTORIADIS, C. *A instituição imaginária da sociedade*. Rio de Janeiro: Paz e Terra, 1982.

Aspectos do múltiplo nas sociedades da comunicação

Janice Caiafa

Desde o período do pós-guerra, o capitalismo vem abandonando as manobras mais pesadas da fábrica e outros meios de confinamento e investindo cada vez mais num regime de mobilidade e de aparente abertura. Muitas bandeiras contestatórias, que eram usadas contra os circuitos mais rígidos, em que o poder predominantemente se exercia, parecem ter sido encampadas no contexto desta nova situação estratégica em que o controle mais eficaz opera na dispersão e a utiliza diretamente.

A valorização do capital no plano econômico e também o controle dos investimentos de desejo funcionam cada vez mais, paradoxalmente, deixando fluir. De fato, a valorização econômica e o controle subjetivo não representam dois momentos distintos. O investimento direto do desejo no econômico está no centro da organização de poder que o capital enseja (Deleuze, 2002). Esse acoplamento básico na lógica capitalista - que gera ao mesmo tempo desigualdades socioeconômicas e pobreza subjetiva - opera hoje com sucesso nos circuitos ágeis das operações financeiras, dos regimes abertos ou flexíveis de trabalho, dos processos instantâneos de comunicação e informação. É, aparentemente, o capitalismo da multiplicidade e, com certeza, da flexibilidade e da dispersão - mesmo que por vezes o capital tenha que proceder aos ajustes necessários para podar os excessos do regime aberto e prosseguir.

Uma confusão se produziu quando palavras e ideias que se sabia provir de um pensamento ou de uma prática política de crítica ao poder começaram a ser utilizados pelos portadores do capitalismo. Esses termos se inscrevem hoje numa espécie de nebulosa em que é difícil discernir limites e posições. Não é claro o que está se passando e é preciso um esforço de pensamento para se compreender esse efeito perverso advindo das novas manobras do capital.

Enfrentamos, ademais, riscos teóricos e políticos diante dessa confusão. Aqueles que ocupam postos-chave nessa estratégia de dominação - e que constituem, numa expressão de Deleuze, "a raça impudente de nossos senhores" - podem confortavelmente proclamar que foram eles que realizaram as reivindicações dos contestadores e revolucionários, ou que representam a expressão viva das filosofias da diferença. Há muitas apropriações possíveis nesse contexto. A própria produção de conhecimento entra, em algum grau, nessa nebulosa, e pensamentos em conformidade com a situação podem igualmente fazer uso desse vocabulário, que hoje produz por vezes ressonâncias vazias. A confusão pode sugerir um uníssono com o pensamento da diferença e com as lutas tão duramente travadas até hoje, que talvez agora tenham que se voltar um pouco mais contra as aparências de multiplicidade.

O capitalismo mundializado e dispersivo não representa o apaziguamento dos anseios dos que lutaram contra o modo de dominação que se apoiava num tipo de confinamento (regime que Foucault chamou "disciplinas").[1] A mundialização e a dispersão que servem de suporte ao poder são, ao contrário, uma conversão dessas ideias e práticas de luta. As conquistas obtidas contra aquele primeiro modo de sujeição se desenvolveram num outro plano, diferente do lugar em que se operou a conversão para o poder dispersivo, e, na medida em que foram bem-sucedidas, necessariamente escaparam também desse novo poder. No mesmo golpe, para se instalar, o poder flexível teve que neutralizar forças advindas daquelas lutas.

As tecnologias da informática e da cibernética, sobretudo em sua figura mais emblemática, a internet, estão no centro dessa cena. Os momentos históricos são marcados também pelas máquinas: as alavancas, os relógios ou, no capitalismo industrial da fábrica e da prisão, a máquina a vapor. Os humanos estão sempre se acoplando a suas máquinas. Não advêm daí apenas efeitos de dominação, mas, no capitalismo, a inovação técnica, apesar das linhas de criação que também enseja, tem servido para resolver crises e solidificar a organização de poder. Os computadores imbricados nos diversos e originais arranjos que são hoje possíveis têm desempenhado um papel importante no novo imperativo de inscrever sem centralizar, controlar na superfície múltipla que prescinde de um cerceamento mais evidente. Têm nos trazido também outras coisas, que estamos ainda no curso de buscar.

No mundo dos estudos e da universidade, houve, de início, muita euforia com o advento da comunicação ampla por computador. Posteriormente, esse entusiasmo não passou por completo, ao contrário, mas talvez tenha se tornado um pouco menos generalizada, por exemplo, a crença na conhecida tese defendida por Pierre Lévy (1993) de que algo necessariamente benéfico adviria dessa comunicação multidirecionada entre muitos ou todos.

Não deveríamos nos furtar às novidades do nosso tempo. Mas o entusiasmo pode nos impedir de compreender e mesmo de aproveitar os aspectos criadores que

[1] Michel Foucault (1977 e 2003) analisou as tecnologias de poder que se desenvolvem na sociedade moderna, por ele denominadas "disciplinas". Foucault se ocupou de identificar os mecanismos de poder infinitesimais que sustentam os efeitos globais de dominação em diversas sociedades e em vários períodos históricos. Nas sociedades disciplinares, o poder se exerce através de uma vigilância ininterrupta sobre o indivíduo e do controle minucioso do seu tempo. As típicas instituições disciplinares são a prisão – modelo para todas as demais – a escola, o hospital, a fábrica e outras semelhantes. O poder disciplinar é normalizador, ou seja, visa avaliar e produzir comportamentos conforme padrões de normalidade e adaptação, num processo que Foucault chamou de "ortopedia social". Esse tipo de controle produz um saber sobre os indivíduos; caracteristicamente, aquele que se desenvolve nas ciências humanas.

se produzem apesar dos imperativos que o presente necessariamente impõe. Não podemos nos colar totalmente ao presente, nos atualizar totalmente. Alguma irregularidade tem que ser introduzida na relação com o nosso tempo para começarmos a pensar (Caiafa, 2000).

Gilles Deleuze e Félix Guattari definiram dois tipos de espaço, cuidando para não lançá-los num plano de simetria ou oposição: o espaço estriado e o espaço liso (Deleuze; Guattari, 1980, p. 592-625). Em contraste com as marcas e os direcionamentos do estriado, o espaço liso é aberto, heterogêneo e multidirecional. Os autores mostram como esses dois tipos de espaços envolvem diferentes modos de ocupação e estão ligados a certas práticas sociais e políticas. As práticas mais vigorosas e contestadoras produzem espaços lisos, como o nomadismo, a viagem e as literaturas revolucionárias ou "menores".

É interessante observar como, na situação que se instaurou com as novas modalidades de exercício do poder, essas atribuições do espaço liso podem ser frequentemente aplicadas ao capitalismo flexível, com seus regimes mais "livres" de trabalho, seus projetos de incitação ao consumo acompanhados de declaradas pretensões à arte e ao pensamento, seus rasgos de generosidade ao acolher por conversão a diferença e ao auxiliar com algumas migalhas aqueles mesmos que ele esmaga.

Ocorre que os espaços lisos não são em si mesmos liberadores, indicam os dois autores. Deleuze e Guattari (1980, p. 625) recomendam que não se acredite que um espaço liso "basta para nos salvar". Mostram ainda que, se existe a distinção entre esses tipos de espaço, há, ao mesmo tempo, a mistura dos dois. Há constantemente relações e passagens de um ao outro. O aberto e o fechado, o múltiplo e o marcado não o são de uma vez por todas. Essas conversões mútuas, não menos que a distinção entre os dois procedimentos, investem os arranjos sociais concretos e produzem vários e diferentes efeitos. Este ponto pode ser útil para desdobrarmos o problema de que tratamos aqui, como veremos a seguir.

Poder contemporâneo

O capitalismo que se desenvolve depois da Segunda Guerra Mundial – e sobretudo a partir dos anos 1980 – produz à sua maneira um espaço aberto em que é preciso garantir, antes de tudo, a liberdade do capital. Trata-se de eliminar ao máximo as restrições à sua mobilidade para que se realizem a sua reprodução e a sua valorização, que ocorrem cada vez mais em escala mundial. Nesse contexto, o Estado foi sendo acusado de intrometido, lento e pesado. Sobretudo no chamado modelo anglo-americano (Sennett, 2008), a desregulamentação se impôs sobre qualquer possibilidade de pacto social, ensejando uma nova configuração do capital financeiro.

Esse caminho, contudo, não vem se dando sem tropeços. Na crise de 1929 foi preciso recorrer a uma intervenção do Estado tanto para regular esses mercados livres, ou seja, restringi-los um pouco ou administrar seu movimento, quanto para forçar alguma repartição de renda, objetivando garantir a perpetuação do esquema de poder. Em seguida, contudo, esse ajuste regulatório foi perdendo adesão, e a lição de que o excesso de mobilidade pode oferecer riscos ao próprio capital foi sendo esquecida. Hoje vivemos no rastro de uma outra crise, que eclodiu em 2008 e vem sendo comparada à de 1929, e que talvez siga o mesmo curso.

No regime de abertura aos fluxos financeiros, os capitais especulativos podem entrar e sair quando quiserem de um país, absorvendo lucros vultuosos e agredindo as economias nacionais se contrariados. Uma empresa estrangeira se aloja num país quando lhe apraz e, esgotada aquela fonte de exploração, abandona a presa e vai predar em outro sítio. O Estado procura não atrapalhar e se ocupa de ajudar na acolhida a esses visitantes descompromissados. A mundialização que nos foi legada é, em grande parte, esta da liberdade do deslocamento de capitais para a produção e a realização de mais-valias econômicas e subjetivas em nível internacional.

Para entender o regime de hipermobilidade, que cada vez mais caracteriza os circuitos do capital, podemos falar, a partir de Deleuze (1990, p. 246), num capitalismo de "rotação rápida". Os sistemas fechados das disciplinas operavam – e ainda operam, já que não se passa de uma vez por todas de um a outro regime – com o mecanismo mais simples de exploração, que consiste em investir o mínimo na produção e nos salários e obter o máximo de benefícios. O atual capitalismo faz isso também, mas a noção de "benefício" se sofisticou muito. A empresa moderna e dinâmica tem seus truques para obter retorno rápido.

Um bom exemplo disso, como mostra Sennett (2008, p. 43-44), é o fato de uma empresa poder se desorganizar totalmente como instituição só para se mostrar atraente aos investidores e valorizar seus títulos no mercado de capitais. Sennett utiliza a expressão de Bennett Harrison, "capital impaciente", para descrever essa busca por resultados de curto prazo. Ele observa que empresas como a Sunbeam e a Eron se tornaram "corruptas ou disfuncionais" ao tentarem aparentar uma "beleza institucional" para novos investidores. Os empregados são duramente atingidos pela desorganização, e, do ponto de vista institucional, a medida é um fracasso. O ganho imediato, entretanto, representa, nessa lógica, uma válida compensação para os desastres institucionais.

Nesse tipo de capitalismo, a capacidade de inovar dá dividendos. Mais perigosamente, essa forma de gestão da empresa moderna parece se propagar mais além, contagiando administrações públicas em geral e até, em alguma medida, as universidades. Essa crença na renovação como um valor em si é um atributo empresarial que se generaliza e marca a nova situação estratégica em que o poder utiliza a variação para se exercer.

Ao mesmo tempo em que é uma fórmula econômica, o imperativo do novo produz uma configuração subjetiva que impõe ainda muitas outras perdas – para a produção de conhecimento, para a arte e para a vida das pessoas. A fábrica, figura emblemática do capitalismo industrial, tinha alcance limitado e exercia sua violência num espaço restrito – mesmo que realizasse o modelo da prisão, que se generalizava também em outras instituições "de sequestro", como as denomina Foucault (2003). Em contraste, a empresa, que em alguma medida substitui a fábrica no capitalismo ágil e de rotação rápida, está presente como um modo de funcionamento e até como configuração subjetiva por toda a sociedade. Como observa Deleuze (1990, p. 245-247), os diversos meios (família, Estado, escola, etc.) tornam-se figuras deformáveis de uma mesma empresa, e todos nós somos chamados a ser seus gerentes. Os meios disciplinares são mais retilíneos e direcionados, enquanto a empresa é mais ágil, plural – ou mesmo múltipla e operacional em diversos níveis. Daí o contágio com as fórmulas empresariais hoje entre nós, que transbordam para muitos outros lugares, determinando os investimentos de desejo e se impondo como modo de vida.

Esses circuitos rápidos e flexíveis dependem também de uma outra manobra: uma espécie de ficcionalização que produz um aspecto quase quimérico do capital. As apostas no mercado de capitais operam com uma grande margem de ilusão. É o que Chesnais (2008) chama, a partir de Marx, de "capital fictício". O capital fictício é "a acumulação de títulos que são 'sombra de investimentos' já feitos" (Chesnais, 2008, p. 9). Essas sombras, na forma de títulos, adquirem "o aspecto de capital" para seus detentores e lhes rendem dividendos e juros. Em situações de crise, quantias desse capital podem simplesmente "desaparecer", revelando seu caráter fictício. De repente se percebe que elas não existiam. Chesnais observa que o Banco Central dos Estados Unidos, diante da crise de 2008, agiu criando mais capital fictício para manter a ilusão do valor do capital. Esse "inchaço excepcional" do capital fictício foi chamado por Gérard Duménil e Dominique Lévy (2003) de "emanação especulativa".

O excesso de ilusão pode fazer estourar a bolha, mas o circuito de investimentos vive de produzir essa ficção em situações normais. A desregulamentação visa a facilitar estas e outras manobras, e vê-se, então, como a agilidade do sistema, sua rapidez e flexibilidade resultam, na verdade, de truques bem urdidos.

É importante notar que esse fantasma, essa emanação, produz efeitos sólidos e concretos. As distorções da hipermobilidade e da rápida rotação do capital desorganizam o mundo do trabalho, atingem populações inteiras, destituindo-as da riqueza que produzem para engordar os bolsos de especuladores, e, no plano subjetivo, criam um tipo de subjetividade tosca, rudimentar, que identifica destruição e novidade e acredita na liberdade do dinheiro.

Avaliando a crise de 2008, Paul Singer (2008) descreve como, nos momentos de alta da economia real, o mundo dos investimentos financeiros se anima e os banqueiros começam a acreditar que os riscos dos empréstimos que fazem são pequenos e se entusiasmam. É quando todas essas manobras que descrevemos estão dando certo. Singer observa que, nesses momentos, o otimismo cresce e o entusiasmo se torna "contagiante".

De fato, as operações capitalistas dependem muito da adesão subjetiva dos bilhões de indivíduos que, de diversas maneiras, são mobilizados para promovê-las e que podem se integrar na tarefa a ponto de se tornarem partes ou componentes desses arranjos.

Deleuze e Guattari (1980) apontam que o capitalismo, ao destruir outros modos de produção e substituí-los, não constituiu um novo código social. Ele precisou abrir os códigos das sociedades tradicionais e realizar uma espécie de liberação para que os indivíduos ficassem disponíveis para serem explorados e encaixados na sua organização de poder. Não criou, contudo, novos códigos e, assim, deixou solta uma grande quantidade de energia desejante. Os códigos tradicionais dizem, por exemplo, quando um indivíduo deve se casar ou com quem. O capitalismo precisou contrariar essa rigidez prescritiva para triunfar. Uma certa liberdade relativa se produziu, mas apenas para satisfazer os axiomas sem os quais a lógica do capital não funciona. É fundamental, portanto, para o capitalismo, controlar esses fluxos de desejo que não estão cerceados por códigos sociais mais prescritivos de forma que sejam direcionados para a promoção do capital.

O capitalismo precisa lidar com essa energia desejante para não ser ele mesmo contrariado, recapturando-a a fim de encaixá-la em seu regime subjetivo. Essa é a principal operação do capital. No espaço liso que se produz no capitalismo é preciso criar obstáculos para que o desejo não seja livre. Assim, o "capital liso" (Deleuze; Guattari, 1980, p. 614) não cessa de suscitar, quando lhe convém, não só a intervenção do capital estriado através de imposições do aparelho de Estado (como na ocasião das crises financeiras), mas também novas marcas ou estrias que, embora não sejam da ordem da prescrição, obstam outros fluxos de desejo, marcando, e, portanto, impedindo à sua maneira.

Estamos acostumados ao uso de estranhas expressões para descrever o mercado de capitais, como "está nervoso", "acalmou-se". A subjetividade humana é um combustível importante para o sucesso desses jogos de riscos. Se a população, em larga escala e em toda a sua variedade, não se entusiasmasse mais com o capital, algum risco grave para ele certamente se produziria. Se começássemos a duvidar do imperativo da competição e do enriquecimento, se recusássemos as "alegrias do marketing" (Deleuze, 1990, p. 247), se questionássemos as atuais máscaras em que o novo se confunde com o recente nas contagiantes fórmulas empresariais, nosso entusiasmo poderia, talvez, ser direcionado para outros lugares. O desejo em algum grau à solta – que o capitalismo mesmo soltou para que servisse à sua axiomática – poderia ser investido em outra coisa muito diferente, contrariando a lógica do capital.

Novas redes flexíveis

Os vários períodos históricos e as diversas sociedades são marcados também pelas máquinas que inventam. No contexto do capitalismo contemporâneo, um certo tipo de máquina acompanha e em certo grau enseja esses desdobramentos que descrevemos. Trata-se das máquinas informáticas e cibernéticas, que realizam em grande parte o controle molecular do capital flexível.

Os computadores e seus programas têm permitido estocar e disponibilizar informação, interferindo na organização de instituições, empresas e nas vidas das pessoas.

A internet ofereceu e impôs um novo tipo de comunicação - instantânea e de amplo alcance - num circuito descentralizado e multidirecional.

Nas sociedades disciplinares, como indica Foucault (1977; 2003), o poder se exerce através de um conjunto de discursos e práticas - que constituem o que ele chamou de dispositivos - para assujeitar os indivíduos, produzindo corpos dóceis e "livres" (e, portanto, disponíveis para a produção), ao mesmo tempo que as subjetividades são normalizadas. O poder disciplinar, embora perpasse todo o tecido social, se exerce tipicamente a portas fechadas nas instituições encarregadas de vigiar o comportamento e de controlar o tempo dos indivíduos. Estes passam de internato a internato, sendo incluídos a cada vez na família, na escola, no exército, no hospital, na prisão. Para essa inclusão, os indivíduos são deslocados até ali, "sequestrados", e o controle é circunscrito ao local, embora os internatos funcionem de maneira análoga ao modelo da prisão.

Em alguns momentos, mais tardiamente, Foucault declarou que as disciplinas começavam a entrar em ocaso, como, por exemplo, na entrevista, de 1978, "La societé disciplinaire en crise" (Foucault, 2001).

Deleuze (1990) explora essa mudança chamando de "sociedades de controle" estas em que vivemos, em que o novo poder começa a substituir as disciplinas. Os internatos entram em crise e passam, em diferentes graus, para um regime mais aberto. Essa abertura resulta em parte das lutas travadas contra a sociedade disciplinar: questionando-se o poder médico e sobretudo a psiquiatria, desafiando-se as estruturas carcerárias, a autoridade escolar, etc. Mas, ao mesmo tempo, um outro tipo de poder, que não depende do internamento para se exercer, se desenvolve. Esse poder é tipicamente múltiplo, fragmentado, molecular. Deleuze diz que ele se exerce "ao ar livre". É o "controle", como o denomina a partir da expressão de Burroughs.

O poder vai investir agora em outros instrumentos, e esse investimento, ao contrário de ser a recompensa daqueles que lutaram contra as disciplinas, foi a forma encontrada para encaixar suas conquistas.

Era preciso desenvolver uma tecnologia de poder que pudesse de alguma forma incluir e reter, localizar e vigiar, sem depender da proximidade espacial e mesmo da presença material do vigiado. Os internatos se abriam, mas o poder aprenderia a controlar doravante num regime aberto. Nessas condições, pode ser mais difícil perceber que se está sendo controlado e essa ilusão de liberdade é um componente fundamental para o exercício do novo poder.

Agamben (2009) mostra que todo dispositivo precisa da subjetivação para poder governar os indivíduos; do contrário, se tornaria um mero exercício de violência - ou seja, é preciso produzir sujeitos integrados e contemporâneos do próprio dispositivo. O que me parece característico dos dispositivos postos em marcha no regime do controle é a quase invisibilidade da sujeição, de forma que o assujeitado tem grande dificuldade em perceber que não é tão livre.

Os circuitos mundiais de comunicação por computador preenchem hoje, em algum grau, essa função de controle. Funcionam tipicamente ao ar livre e têm uma enorme abrangência e penetração molecular. Inscrevem eficientemente os indivíduos nos amplíssimos e variados repertórios virtuais, ao mesmo tempo em que produzem constantemente adesão, ao tornarem o processo de assujeitamento menos perceptível.

Esses circuitos multidirecionados têm modificado muito nossas vidas, proporcionando e, ao mesmo tempo, impondo novas experiências. O mundo do trabalho se encontra totalmente desorganizado por novas obrigatoriedades que se apoiam em princípios informáticos e cibernéticos. Os novos regimes flexíveis de emprego - que apenas aparentemente liberam o empregado e podem tornar mais difícil reconhecer a exploração - dependem das ferramentas informacionais, como os softwares, e do imediatismo e da penetração das redes para funcionar. A nova forma de materialização da riqueza no capital financeiro - impaciente, fictício, liso/estriado, flexível - precisa dos circuitos múltiplos para a sua contabilidade. No domínio da arte e do conhecimento, surgem novos imperativos trazidos pelo regime das redes, sobretudo na figura da interação (Caiafa, 2000; Braga, 2001; Freire Filho, 2007; Primo, 2008).

Fazemos outras coisas com as nossas máquinas, mas não deveria nos escapar sua dimensão de controle. As novas facilidades que parecem proporcionar são providenciais para o exercício de um poder que não pode cercear espacialmente, e precisa incluir/registrar ainda mais exaustivamente que as disciplinas. Perceber essa dimensão de controle é passo indispensável para a busca das potências criadoras que ao mesmo tempo se apresentam. Em todo caso, é interessante notar que a adesão aos novos circuitos de comunicação, informação e controle depende de certas convicções que passamos a cultivar.

John Marks (2006) explora as origens da crença - característica do que ele chama, a partir de Jordan, "imaginário virtual" - de que a disseminação da informação na rede mundial de computadores seria em si um fenômeno positivo. O ciberespaço produziria transparência nas relações sociais e abriria a possibilidade de uma "ciberdemocracia". Ele mostra como a cibernética criada por Norbert Wiener emerge em parte como uma resposta aos horrores da Segunda Guerra Mundial e aos regimes totalitários como o estado soviético. Caracteristicamente, muitos desses despotismos dependiam do segredo. Essa constatação, além da percepção do colapso de valores que acompanhou esses acontecimentos, teria contribuído para a construção da crença de que a transmissão da informação seria em si mesma benéfica.

Seguindo Breton, Marks observa que o projeto de uma sociedade organizada em torno da comunicação se apoia num "modelo informacional do mundo". Nesse contexto, o grande temor é a entropia e o ruído nos sistemas de comunicação. As descobertas das leis gerais da comunicação deveriam, por sua vez, assegurar que a humanidade sobrevivesse a uma tendência natural à desordem. Assim, além de um modelo técnico, a cibernética é, afirma Marks (2006, p. 201) a partir de Day, "uma utopia social e comunicacional".

Wiener, junto com Shannon e Weaver, procuraram estabelecer leis gerais e naturais da transmissão de informação que se aplicariam tanto a sistemas tecnológicos quanto biológicos. Opera-se uma convergência, observa Marks, entre tecnologia e biologia. O vivo pode ser visto como uma encodificação de padrões informacionais. A biologia molecular contribuiu para esse princípio ao descobrir o DNA, estrutura fundamental da vida, e concebê-lo como um código informacional, o "código genético". Constrói-se a crença de que o vivo pode ser desmaterializado em padrões de informação. Marks lembra a aposta de Wiener de que um dia seria possível telegrafar um ser humano.

Com o advento da internet, tanto a perspectiva da utopia comunicacional, quanto a crença de que a informação nos permitiria transcender o corpo ganham força (Marks, 2006, p. 202).

Consideremos, por exemplo, a atitude, não rara de se encontrar entre nós, de tomar os contatos na rede de computadores como equivalentes às conversações face a face. Eles são por vezes autorizados a substituir reuniões políticas ou de trabalho em que questões decisivas podem estar em pauta. A comunicação epistolar não gerou jamais essa crença, e sequer o telefone, mesmo com as suas facetas mais recentes de múltiplas linhas. De fato, nos contatos na rede há muito mais recursos. É possível adicionar comentário a comentário – nos chats, nos e-mails, nos blogs –, e a qualquer momento que se queira. Essas novas facetas podem levar a concluir que se está conversando.

Os riscos são, em primeiro lugar, decorrentes dessa mesma qualidade: a de multiplicar os comentários. O acúmulo pode produzir o circunlóquio e muito mais o emaranhado do que a multiplicidade. Quando comparecemos a uma reunião, nos comprometemos, e, à ocasião, nossos gestos estão aparentes pelo próprio fato de termos conduzido nosso corpo ali. Já nos debates a distância podemos nos omitir a qualquer momento ou acumular exaustivamente comentários até esvaziar a discussão. A diversidade das observações pode desaparecer no turbilhão, e o descompromisso também contribui para que a alteridade não se produza. A crença de que seria possível transcender o corpo tem um papel particularmente perverso aqui, pois está acompanhada de um desejo de desmobilização.

É certo que a rede mundial de computadores possui um poder convocatório extraordinário de que se tem feito uso igualmente. Pode ser também interessante em alguns momentos recorrer à exposição que a instantaneidade e o grande alcance possibilitam, além de outros recursos que vamos descobrindo. Observamos, ao mesmo tempo, que há tanto mais chances de fazermos usos vigorosos dessas descobertas quanto tivermos superado o registro do entusiasmo e da adesão imediata.

Dentro desse campo de problemas, é interessante notar como nossa época está marcada pela produção de uma loquacidade vazia. Esta não ocorre só na rede, na qual, aliás, outros tipos de expressão certamente existem. Por outro lado, foi essa nova tecnologia que nos trouxe o modelo tanto da interação, deslocando e renovando antigas mídias, como a televisão, quanto da profusão ou acúmulo.

Hoje somos constantemente incitados a nos expressar, a ingressar nos circuitos da opinião. São as enquetes, os telefonemas para as emissoras de televisão, assim como os blogs e os twitters, que anunciam insistentemente o que os seus autores acham, o que fizeram ou o que estão fazendo. O imperativo de se expressar gera uma espécie de falatório em que as indicações tendem a perder sua especificidade. Acaba importando pouco o que se diz, e mesmo as afirmações mais vigorosas podem perder seu potencial de interferência. Tudo parece estar ali apenas para ser consumido. Sempre que se conseguem produzir outros acontecimentos, inclusive na rede, é porque conseguimos ultrapassar o circunlóquio e gerar algum pensamento.

Todos esses efeitos se realizam no contexto de um aparato grandioso de conexão a distância no qual o grande imperativo é certamente o de nos inserir em repertórios de inscrição. Na rede de computadores se realiza amplamente um novo tipo de controle ao ar livre.

As pessoas começam a perceber em algum grau esses aspectos limitadores dos circuitos flexíveis de nossa época. Vários pesquisadores estão escrevendo há algum tempo sobre esses problemas, inclusive no Brasil. Por exemplo, Fernanda Bruno (2004) tem explorado os processos de visibilidade e vigilância na produção da subjetividade contemporânea. Paula Sibilia (2008) tem estudado as situações de exposição de si nas redes de computador e explorado os vários aspectos dessa lógica da exibição no "capitalismo informatizado" (p. 123). Moatti (2008) se preocupa com os efeitos dessa circulação acelerada de informação sobre a investigação jornalística.[2]

Cabe-nos tentar entender essas novas imposições, inclusive para podermos aproveitar as novidades de nossa época, para podermos fruir do que afinal vem com tudo isso e pode se perder se aderimos imediatamente e sem crítica.

Falácias do múltiplo

Os passeios nesse domínio em que depositamos quantidades imensas de informação podem divertir-nos muitas vezes, mas também marcam o nosso percurso e nos expõem a um novo tipo de controle. Os roteadores funcionam, como seu nome já diz, seguindo e marcando as rotas. Não parece haver mais nada ou ninguém que não possa ser localizado, rastreado, roteado.

As fichas da escola ou do hospital tinham um alcance muito mais limitado. Nas redes de comunicação, a extensão da superfície de inscrição é enormemente ampliada. Os repertórios virtuais consistem num espaço constantemente disponível e que se materializa a qualquer momento. E, ainda, a conclamação à inscrição invariavelmente aparece como uma oportunidade. Parece que essas inscrições nada exigem, apenas proporcionam. Isso conquista a adesão das pessoas às próprias condições de sua localização e controle.

Diferentemente do poder normalizador das disciplinas, que inscrevia com a preocupação de avaliar como o indivíduo se conduzia, se comportava, objetiva-se

[2] Cf. também, por exemplo, Adghimi (2002), Bretas (2006), Cunha (2001), Ferraz (2009); Lemos (2010) e Sodré (2006).

agora a sua colocação numa superfície de consumo. Como indiquei em outro trabalho (Caiafa, 2008), não se trata mais do tipo psicológico, mas do perfil do consumidor. As empresas se aproveitam desses imensos arquivos para conquistar clientes. Esses recursos de penetração constante e minuciosa são, como se sabe, igualmente utilizados hoje para localizar os empregados e fazê-los produzir a qualquer hora, nas férias, na pausa obrigatória e legal que uma nova legalidade revoga.

A mobilidade permite nos deslocar, nos realocar, desde que não nos furtemos à inscrição. São colocações flexíveis, mas perfeitamente utilizáveis por aqueles que ocupam posições dominantes nessa superfície múltipla em que a partilha de poder pode ser apenas aparente. Ao nos inscrevermos ali, nos colocamos como *disponibilidade*, nos tornamos disponíveis como todo o resto: textos, imagens, etc. Como disponibilidade, nos expomos a essas utilizações.[3]

Esses recursos, de dimensão ampla e penetração molecular, são hoje a melhor forma de não só contabilizar a nova forma flutuante do capital, mas também controlar os investimentos de desejo. Encontramo-nos hoje extremamente mobilizados e absorvidos por essas operações, seja por imposição de nosso trabalho, seja por adesão. Nosso tempo tende a ser totalmente ocupado sem que seja necessário nos colocarmos na mira de um bedel ou de um delegado. Nossos investimentos de desejo são ainda mais facilmente dirigidos nessa situação em que acreditamos que a vigilância ocorre para nossa vantagem.

Não que não se possa construir um investimento potente de desejo na rede, mas não há dúvida de que a superfície flexível permite muitas manobras de controle. Essas manobras são igualmente possíveis em outras experiências que mobilizam essa aposta no múltiplo em nossa época.

Sennett (1998) analisa os regimes de gestão flexível no mundo do trabalho e mostra como é falsa a ideia de que haveria ali uma descentralização do poder de forma que as pessoas teriam mais controle sobre suas atividades. Há uma descentralização, mas os sistemas de informação proporcionam aos dirigentes uma visão muito abrangente da organização, de forma que é possível observar cada ponto da rede. A rede pode ser um "arquipélago", mas existe também um "continente de poder".

Nesse regime de trabalho, o controle é exercido através da imposição de certas metas para uma ampla variedade de grupos na organização. Cada unidade pode escolher a forma de atingi-las. Contudo, essas metas fixadas estão muito além da capacidade desses grupos e se encontram totalmente fora de sincronia com as realidades da oferta e da demanda. Os dirigentes no continente de poder pressionam mais e mais os grupos a produzir a despeito dessas realidades. "Harrison chama essa rede de relações instáveis e desiguais", escreve Sennett (1998, p. 56) – de 'concentração sem centralização'."

Na organização flexível raramente é dito ao empregado como realizar uma tarefa, mas este é constantemente pressionado a atingir o inatingível, sendo estimulado a

[3] Defini e explorei a figura da *disponibilidade* no contexto do poder contemporâneo em trabalhos anteriores. Cf. Caiafa, 2000 e 2008.

produzir mais e mais. Não há chefia imediata, o que também pode dar a aparência de liberdade, mas os dirigentes têm condições técnicas de controlar minuciosamente a produtividade desses grupos sobrecarregados que se encontram dispersos na rede. Sennett diz que a estrutura institucional não é mais simples, se comparada com a antiga fábrica. Ela é "mais convoluta". A multiplicação e a dispersão no capitalismo flexível não são garantia de liberdade.

De fato, os procedimentos do capital liso/estriado nos diversos circuitos multidirecionais, ao produzirem tantos efeitos perversos, dão lugar a um novo modo de subjetivação. Nesse modo de subjetivação, somos tomados como um conjunto de inscrições móveis, um *feixe de atributos* que não resulta sequer num indivíduo integral, como o que se produzia nas disciplinas. Somos assujeitados enquanto um *conjunto instável de inserções* numa superfície multidirecional, como pontos de cruzamento entre bancos de dados. Trata-se de um novo regime de subjetivação; é de uma outra forma que se é assujeitado nos dispositivos do controle. É uma subjetividade mais resumida, mais estreita ou rasa que aquela que emergia da normalização disciplinar. A maior dificuldade em se perceber assujeitado inscreve esses *indivíduos precários* de forma mais radical no dispositivo, numa aderência mais perfeita, como uma folha fina e lisa que vai se integrar ou se adaptar muito bem à superfície. É essa subjetividade adaptada, inacabada e constantemente rudimentar que resulta dos novos recursos de inscrição e que vemos emergir desses usos do múltiplo no contexto do poder contemporâneo.

No capitalismo contemporâneo, o espaço liso não cessa de vomitar o estriado, um suscitando o outro. O espaço liso que se produz de fato não nos salva. Seria preciso perceber essas conversões mútuas em que o poder pode concentrar, comandar e assujeitar numa superfície descentrada. O poder agora anuncia novas liberdades só para controlar melhor.

Escapes

Já se começa a perceber e a discutir o aspecto de controle dos circuitos ágeis com que o capital trabalha hoje. Considerar este ponto como problema é fundamental para as lutas no mundo do trabalho, por exemplo, que agora encontram tão pouco espaço, justamente porque o recurso à aparente divisão de poder mascara a exploração. No campo da arte e da produção de conhecimento é igualmente importante duvidar da celebração desse múltiplo desvitalizado e perfeitamente integrado no conjunto dos novos truques do poder.

No caso das redes de computador, a superexposição de que somos alvo também começa a ser objeto de pensamento, mas é longo o caminho para se descobrir como se furtar a esse novo tipo de esquadrinhamento que se apresenta inicialmente como benefício. Seria possível tentar informar o mínimo, fugir em alguma medida à insistência para que nos coloquemos, para que nos inscrevamos nesses repertórios? Deleuze (1990, p. 238) escreve que seria preciso criar "interruptores" ou "vacúolos de não-comunicação" para escapar ao controle. Precisamos de uma zona de alguma sombra e silêncio nos fluxos de supercomunicação.

Seria preciso talvez construir algum tipo de *recusa* ao poder contemporâneo, que vive também de anunciar que tomou conta de tudo e que se encarrega agora ele mesmo de produzir os espaços de contestação. Esse anúncio produz a crença - às vezes explicitada, mas de toda forma bem compartilhada - de que só é possível agir concedendo alguma coisa ao poder e operando dentro de seu domínio. A restauração da prática da recusa, contra a docilidade tão facilmente obtida hoje, me parece fundamental para a luta contra os dispositivos contemporâneos.

Em nossa época, há uma pletora de possibilidades que se abrem junto com os truques do controle e que poderíamos talvez aprender a explorar a nosso favor. Esse aprendizado é longo e árduo e exige uma espécie de pessimismo, antes de tudo, para se realizar.

Resta-nos tentar compreender a situação em que vivemos, na qual as novas estratégias de poder envolvem uma identificação com ideias e práticas contestatórias. Confundir-se com elas é uma de suas artimanhas. Muitas vezes, a conclamação a aderir às supostas benesses do capital flexível nos chega com a bandeira da multiplicidade e da diferença. Nos mais diversos contextos vemos o vocabulário do múltiplo entrar num regime de oficialidade. Contudo, se nos detemos, podemos perceber que, a rigor, não se gerou aí multiplicidade.

Deleuze e Guattari (1980) escreveram que apenas gritar "Viva o múltiplo!" não produz necessariamente multiplicidade, porque se trata de uma luta e de um trabalho. As multiplicidades são arduamente construídas.

Referências

AGAMBEN, G. *What's an Apparatus? and Other Essays*. Stanford, California: Stanford University Press, 2009.

ADGHIMI, Z. Informação on-line: jornalista ou produtor de conteúdo? *Contracampo*, Niterói, v. 6, 2002.

BRAGA, J. Interação e recepção. In: FAUSTO NETO, A. *et al.* (Org.). *Interação e sentidos no ciberespaço e na sociedade*. Porto Alegre: Ed. PUC-RS, 2001. p. 109-136.

BRETAS, B. Ativismos na rede: possibilidades para a crítica da mídia na internet. In: BRETAS, B. (Org.). *Narrativas telemáticas*. Belo Horizonte: Autêntica, 2006. p. 129-142.

BRUNO, F. Máquinas de ver, modos de ser: visibilidade e subjetividade nas novas tecnologias de informação e de comunicação. *Revista Famecos*, Porto Alegre, n. 24, jul. 2004.

CAIAFA, J. *Nosso século XXI*: notas sobre arte, técnica e poderes. Rio de Janeiro: Relume Dumará, 2000.

CAIAFA, J. Questões para a arte hoje. *Concinnitas, Revista do Instituto de Artes da UERJ*, Rio de Janeiro, v. 1, n. 12, Jul. 2008.

CHESNAIS, F. Como a crise de 29, ou pior... Um novo contexto mundial. *Jornal da Seção Sindical dos Docentes da UFRJ/Andes-SN*, Rio de Janeiro, ano X, n. 600, 21 Out. 2008.

CHESNAIS, F. A "Nova Economia": Uma conjuntura própria à potência econômica estadunidense. In: CHESNAIS, F. *et al.* (Org.). *Uma nova fase do capitalismo?*. São Paulo: Xamã, 2003.

CUNHA, G. Internet e mobilização social: a necessidade de uma filtragem qualificada. In: FAUSTO NETO, A. *et al.* (Org.). *Interação e sentidos no ciberespaço e na sociedade*. Porto Alegre: Ed. PUC-RS, 2001.

DELEUZE, G. *Pourparlers*. Paris: Les Éditions de Minuit, 1990.

DELEUZE, G. Sur le capitalisme et le désir (avec Félix Guattari). In: LAPOUJADE, D. (Org.). *L'Île déserte et autres textes*. Textes et entretiens 1953-1974. Paris: Les Éditions de Minuit, 2002.

DELEUZE, G.; GUATTARI, F. *Mille Plateaux*. Paris: Les Éditions de Minuit, 1980.

DUMÉNIL, G.; LEVY, D. Superação da crise, ameaças de crises e novo capitalismo. In: CHESNAIS, F. *et al.* (Org.). *Uma nova fase do capitalismo?*. São Paulo: Xamã, 2003.

FERRAZ, M. Do espelho machadiano ao ciberespelho: interioridade na atual cultura somática. *Revista Famecos*, v. 1, n. 39, 2009.

FOUCAULT, M. *Surveiller et punir.* Paris: Éditions Gallimard, 1977.

FOUCAULT, M. La société disciplinaire en crise. In: *Dits et écrits II*, 1976-1988. Paris: Quarto Gallimard, 2001

FOUCAULT, M. *A verdade e as formas jurídicas*. Rio de Janeiro: NAU Editora, 2003.

FREIRE FILHO, J. Sociedade do espetáculo à sociedade da interatividade? In: GUTFREIND, C.; SILVA, J. (Org.). *Guy Débord*: antes e depois do espetáculo. Porto Alegre: Ed. PUC-RS, 2007.

LEMOS, A. Mídias locativas e vigilância: Sujeito inseguro, bolhas digitais, paredes virtuais e territórios informacionais. In: BRUNO, F.; KANASHIRO, M; FIRMINO, R. (Org.). *Vigilância e Visibilidade*: espaço, tecnologia e identificação. Porto Alegre: Sulina, 2010. p. 61-93.

LÉVY, P. *As tecnologias da inteligência: o futuro do pensamento na era da informática*. São Paulo: Editora 34, 1993.

MARKS, J. Information and Resistance: Deleuze, the Virtual and Cybernetics. In: BUCHANAN, I.; PARR, A. (Org.). *Deleuze and the Contemporary World*. Edinburgh: Edinburgh University Press, 2006.

MOATTI, M. Comunicação em demasia mata a informação. *Revista Famecos*, Porto Alegre, v. 35, n. 1, Abr. 2008.

PRIMO, A. *Interação mediada por computador*: comunicação, cibercultura e cognição. Porto Alegre: Sulina, 2008.

SENNETT, R. *The Corrosion of Character: the personal consequences of work in the new capitalism*. New York; London: W.W. Norton & Company, 1998.

SENNETT, R. *A cultura do novo capitalismo*. Rio de Janeiro: Record, 2008.

SIBILIA, P. *O show do eu*: a intimidade como espetáculo. Rio de Janeiro: Nova Fronteira, 2008.

SINGER, P. Caindo na real. *Folha de S.Paulo*, São Paulo, 2 nov. 2008. Suplemento Mais!.

SODRÉ, M. *Antropológica do espelho*: uma teoria da comunicação linear em rede. Petrópolis: Vozes, 2006.

O *blog* jornalístico e a visibilidade da audiência

Ivan Satuf

O *blog* jornalístico como conversação

O surgimento de novas ferramentas de comunicação não significa apenas melhorias tecnológicas refletidas em processos imediatamente assimilados por especialistas e leigos, como a rapidez das trocas de informação (instantaneidade), o aumento da capacidade de armazenamento de dados (memória) e a possibilidade de fusão de conteúdos antes separados por limitações técnicas (convergência). Muitas análises têm como foco único a técnica, o que leva a constantes equívocos. Técnica e sociedade não são polos opostos, elas coexistem e se alimentam mutuamente. Muitas práticas são reordenadas pelas transformações técnicas (ou melhor, sociotécnicas).

Dentre diversas outras atividades, a prática jornalística sofre impactos significativos quando inserida na internet. Diversas plataformas de publicação de conteúdo reformulam questões e impõem a necessidade de atualização não apenas das práticas, mas também das formas como se encararam os processos comunicacionais. Como resume Neveu (2006, p. 76), "as habilidades de todo jornalista se desenvolvem e se constroem dentro dos limites de uma estrutura de interdependências com sua hierarquia, seus colegas e suas fontes". Do ponto de vista do trabalho jornalístico enquanto rotina produtiva é justamente essa "estrutura de interdependências" que parece ser afetada nos *blogs*. As grandes redações jornalísticas e suas especificidades dão lugar a uma prática diferente, uma vez que o blogueiro passa a ser figura central tanto na produção quanto na divulgação da notícia.

Nas tradicionais redações, a construção da notícia começa com a captação das informações iniciais pelo apurador, que passa imediatamente um relatório para o repórter, sendo este o responsável por começar a apuração mais detalhada do fato, acompanhado por fotógrafo ou cinegrafista, dependendo do veículo de divulgação. Em seguida, o repórter redige a matéria e a envia ao subeditor (ou ao redator), figura profissional que vai avaliar a matéria e iniciar a escolha de imagens para ilustrar as informações apuradas e redigidas. Somente então, o editor dá o formato final ao material, seja este uma página de jornal, uma matéria televisiva ou radiofônica.

Dependendo do meio, existem ainda outros tantos profissionais, como produtores e diagramadores. Bem diferente parece ser a rotina dos jornalistas nos *blogs*. As pressões explícitas e tácitas que existem entre colegas de redação dão lugar a uma aparente "solidão" do blogueiro. Este está afastado, ao menos a princípio, das diversas coações presentes nas redações. Contudo, chamamos de aparente solidão porque a comunicação praticada no *blog* instaura uma relação nova entre jornalista e audiência. Esta última pode participar do processo por meio de comentários. Esta visibilidade alcançada pelo público leva a processos comunicacionais antes impossíveis, dada a limitação técnica dos dispositivos.

Muitas pesquisas analisam as transformações da atividade jornalística no ciberespaço. Mielniczuk (2003) denomina o atual estágio de "webjornalismo de terceira geração", enquanto Varela (2007) recorre ao termo "jornalismo 3.0". São termos que enfrentam resistência, mas revelam algo novo: a conversação dentro de um dispositivo.

A primeira geração, ou jornalismo 1.0, caracteriza-se pela mera transposição para o ciberespaço de conteúdos produzidos para outros dispositivos. A segunda geração, ou jornalismo 2.0, assegura uma produção voltada para a internet, mas ainda fortemente amparada na instância produtora, sem grandes avanços na interação. A fase atual – seja ela denominada terceira geração ou jornalismo 3.0 – "socializa esse conteúdo e os próprios meios". Somente aqui o público foi, de fato, inserido no contexto comunicacional interativo: "quase não há ninguém que queira se manter informado e ficar calado" (Varela, 2007, p. 53). Primo e Träsel (2006, *on-line*) argumentam que "alguns *sites* noticiosos, inclusive, podem depender totalmente da intervenção dos internautas. Sem a participação ativa de um grupo em interação mútua, esses webjornais não têm qualquer função". Não se quer aqui anunciar o velho como novo. A atividade jornalística sempre se instituiu como conversação: "O jornalismo nasce da pulsão de falar o mundo, falar o outro, falar ao outro; da atração pela diferença, pela novidade, pelo distante; do enraizamento no mesmo, no próximo e em si que marcam a palavra humana desde sempre. Em síntese, o jornalismo faz parte do 'dizer' social" (França, 1998, p. 26).

Anteriormente, contudo, a conversação era extradispositivo. O que os *blogs* e novos dispositivos tecnológicos permitem é uma interação que de fato se inscreve no ambiente onde ocorrem as rotinas produtivas. A conversação aparecia como marca, sejam as aspas que caracterizam os dizeres de entrevistados, o tradicional "povo-fala" ou outros modos de apreender discursos vindos "de fora" da rotina produtiva. Agora, os diálogos estão dentro do dispositivo. É possível entrar e participar diretamente, não sendo mais necessário esperar o contato do jornalista.

Os *blogs* estariam, portanto, no emergente rol de "meios sociais de comunicação". Enquanto os veículos tradicionais se caracterizam pelo monopólio da voz pública a partir de uma difusão centralizada, alguns espaços advindos da comunicação mediada por computador "são meios participativos nos quais a informação, e por associação o jornalismo, define-se como uma conversação" (Varela, 2007, p. 54). Os leitores continuam consumindo informação, mas também produzindo significados ao agir diretamente no local de publicação do material jornalístico. Os *blogs* alteram o panorama midiático-informacional não apenas porque permitem a conversação interna entre leitores ou entre leitores e blogueiro, mas também porque podem se unir, formar uma rede com objetivos comuns.

Hewitt (2007) analisou alguns casos ligados à cobertura política recente nos Estados Unidos para defender a ideia de que os *blogs* mantidos por jornalistas e amadores podem agir taticamente em rede, como um enxame, para atacar adversários. "A energia destrutiva da blogosfera é terrível quando concentrada" (Hewitt, 2007, p. 30). Por isso mesmo, os *blogs* também levantam dúvidas constantes em relação ao estatuto profissional do jornalista. Se é tão fácil criar um *blog* e se este pode servir para tudo, inclusive para a prática jornalística, a atividade do jornalista está fadada à extinção? A resposta é não. O *blog* – e a própria comunicação mediada por computador como um todo – tensiona a atividade profissional, mas não dota qualquer um de um domínio do saber que é próprio da atividade jornalística. Wolton (2004, p. 375) defende que "quanto mais há informações, mais os filtros dos saberes e dos instrumentos culturais necessários a sua utilização são importantes".

O *blog* pode ser visto, então, como um debate permanente. Não se quer aqui afirmar que a interatividade é um recurso exclusivo das novas tecnologias da comunicação, o que seria desconsiderar vários dispositivos usados há muito tempo pela mídia para dialogar com o público, existindo, inclusive, semelhanças entre a participação do leitor no jornal e no *blog*. Em ambos, a audiência precisa ultrapassar a barreira imposta pelo grande volume de participações para ter seu nome estampado em espaço nobre. O *gatekeeper*[1] está presente tanto no jornal quanto no *blog*, mas a forma como os comentários se inserem neste último, e a caixa de comentários permanentemente aberta para novos discursos, possibilita uma troca síncrona (ou quase síncrona) entre os que ali se encontram. O jornalista já não está isolado em sua tarefa diária. Primo e Träsel (2006, *on-line*) argumentam que a própria concepção do jornalista como *gatekeeper* deve ser revista, já que não se trata mais de controlar o fluxo, mas de selecionar o que está em fluxo, função bem mais próxima da do *gatewatcher*:

> Devido à quantidade de informação circulando nas redes telemáticas, cria-se a necessidade de avaliá-la, mais do que descartá-la. Não é mais preciso rejeitar notícias devido à falta de espaço, porque se pode publicá-las todas. Nota-se um deslocamento da coleta de informação para a seleção da mesma. [...] É claro que alguém ainda precisa entrevistar as fontes e analisar dados, e a maioria dos profissionais que lida com o webjornalismo acaba por assumir ambos os papéis. O *gatewatcher* combinaria funções de bibliotecário e repórter. Do porteiro, passa-se ao vigia (Primo; Träsel, 2006, *on-line*).

[1] Segundo Wolf (2003), o conceito de *gatekeeper* foi elaborado para explicar a tarefa do jornalista de liberar ou bloquear as informações segundo critérios impostos pelo dispositivo.

A visibilidade do público

Uma mostra da visibilidade da audiência pode ser verificada no *Blog do Noblat*,[2] um dos canais de informação sobre a vida política nacional mais acessados. Dentre as hipóteses que podem ser levantadas para o sucesso de Ricardo Noblat no universo dos *blogs* está, certamente, uma real e imediata entrega do experiente jornalista à experimentação.[3] A forma de encarar as potencialidades da emergente ferramenta de comunicação, associada à credibilidade adquirida em vários anos de trabalho em instituições de prestígio regional e nacional, garantiram ao recém-criado *Blog do Noblat* uma crescente audiência qualificada e fiel.

Quem entra no *Blog do Noblat* pela primeira vez provavelmente desconhece o turbilhão de diálogos que atravessa cada uma das postagens. Está ali, aparentemente, apenas mais um *site* de notícias dedicado à cobertura da política nacional. Mas, se após ler um dos textos do jornalista, o internauta tiver a iniciativa de clicar na caixa de comentários, irá se abrir imediatamente um ambiente repleto de enunciados. Um olhar disperso e superficial poderá concluir, precipitadamente, que se trata apenas de mais um espaço cheio de ações, mas vazio de interações. De fato, parece haver dezenas – às vezes centenas – de frases soltas, sem qualquer ligação entre si. São textos curtos, grande parte escrita às pressas, com erros de digitação e tropeços gramaticais. Exclamações, interrogações, reticências, vale tudo para se expressar. Os comentários parecem fugazes e banais.

Realmente dá a entender que se trata do reino da individualidade: cada um por si, o importante é deixar sua marca. Mas aqueles que frequentam regularmente o *blog*, ou dispensam mais atenção ao que ali está, são capazes de observar o cruzamento de vozes. Aquela pequena janela *pop-up* que se abre em um espaço reduzido da tela do monitor guarda uma "ensurdecedora" conversação. Pode-se notar que muitas dessas vozes se dirigem diretamente a Ricardo Noblat, como se este fosse o interlocutor ideal para se expor argumentos diversos. Outros se atêm ao conteúdo do *post*, tenha sido este de autoria do jornalista ou uma republicação de material de um colaborador. Existem também aqueles que estão ali para reclamar, elogiar, falar mal. À primeira vista, estes sujeitos que não conversam com outros comentaristas parecem não participar do diálogo, mas são, de certo modo, responsáveis por enunciados que tocam os demais internautas.

Estão presentes também os que querem conversar com outros leitores. Estes podem passar longos intervalos de minutos, ou mesmo horas (algo realmente significativo no tempo extremamente comprimido das conexões no ciberespaço), para dialogar com

---

[2] http://oglobo.globo.com/pais/noblat/

[3] Não podemos desconsiderar o fato de Ricardo Noblat ser um jornalista bastante experiente, tendo passado por *Jornal do Comércio*, *Manchete*, *Veja*, *Jornal do Brasil*, *Correio Braziliense*, *A Tarde* e *O Dia*. Ainda dirigiu as sucursais da revista *Veja* em Recife e do *Jornal do Brasil* em Brasília, além de ter chefiado a redação do *Correio Braziliense* por oito anos.

pessoas que não conhecem nem sabem onde estão. Alguns interlocutores parecem até se reconhecer, mas a "intimidade" não passa de uma breve saudação a alguém cujo apelido foi identificado pela participação regular. O próprio Noblat faz menção a leitores habituais, como mostra o trecho inicial de um *post* publicado no dia 1º de junho de 2006: "O 'Coronel', leitor assíduo deste *blog*, escreveu ontem assim ao comentar uma nota..."

A alma do *blog*, sua constituição básica, está aqui. O que parece ser um *site* de um homem só é, na verdade, um *site* de muitos. As interações evidenciam o caráter conversacional do ambiente, cuja essência comunicativa está amparada nos encontros e nas trocas.

O jornalista frente ao leitor visível

Aos olhos do público, tudo o que está no *blog* vem de uma única fonte responsável por todas as etapas da produção. Qualquer erro ou acerto será imediatamente creditado (ou debitado) ao blogueiro. Em *post* publicado no dia 1º de junho de 2006, Ricardo Noblat acaba por revelar uma das principais características do dispositivo:

> É bem mais arriscado ser jornalista blogueiro do que simplesmente jornalista. Porque em um jornal, por exemplo, o erro tem vários pais – o repórter, o editor, o chefe da redação... Por ter muitos pais, ele não pesa nas costas de ninguém sozinho. Aqui, não. O erro só tem um pai. E quando ocorre, o mundo desaba na cabeça do responsável. Jornalista de jornal, rádio e televisão é protegido das críticas pelo pouco espaço que os veículos abrem para a opinião do distinto público. E pela distância segura que o jornalista mantém do distinto público. Aqui, não. As críticas são imediatas, duras e por vezes injustas. E nada ou pouca coisa separa o blogueiro dos leitores.

Mesmo que um *post* siga todo o receituário de uma notícia tal qual ocorre no jornal impresso, a centralidade do ato enunciativo, o impossível afastamento do blogueiro de seu *post*, faz com que a notícia ganhe roupagem de opinião, afinal, o conteúdo é consumido junto com a chancela altamente personalizada do *blog*. A relação leitor-blogueiro revela a brutal carga exercida sobre o nome do jornalista. Se Ricardo Noblat decidir se ausentar por um determinado período e delegar o *blog* a outra pessoa, o leitor vai continuar a assimilar todo o conteúdo como de responsabilidade única e integral do jornalista. Não adianta sequer anunciar a ausência e a troca temporária de comando (no caso de férias do titular, por exemplo), o nome e a interface do *blog* inevitavelmente chamam imediatamente para a figura de Noblat. Como dito anteriormente, todo o discurso do *blog*, mesmo que repleto de interações, tem uma aparente origem enunciativa única.

Ao invés de se caracterizar como um déspota em seu reino, Ricardo Noblat revela-se um mediador habilidoso. Ele sabe que sua audiência não pode ser tratada da mesma forma que a audiência do jornal. O jornalista passa a explorar a possibilidade de comunicação direta com os leitores e institui a "Calçada da Fama", seção em que publica, integral ou parcialmente, comentários deixados pelos internautas. Assim, o *blog* passa a ser um espaço de conversa, um ambiente de diálogo não apenas entre os leitores, mas também com a participação direta do jornalista, como no exemplo a seguir, quando o jornalista publica um comentário de um internauta e o responde logo em seguida:

> Enviado por Ricardo Noblat - 15.1.2007 | 21h20m
>
> **Calçada da Fama - Para Marcos Flávio**
>
> O leitor que se assina Marcos Flávio Fonntenelle Barros comentou em nota abaixo: "Noblat, já avisaram a este blog que apareceu um buraco de 80 metros em S Paulo?"
>
> Aproveito para avisar ao leitor e a demais interessados que este blog funciona de segunda a segunda. E que não costuma ignorar assuntos de grande impacto - como foi o caso do buraco.
>
> Aqui foram publicadas várias notícias e fotos a respeito. É só consultar o Arquivo do blog.

O jornalista publica informação, os leitores comentam, o jornalista seleciona e publica em forma de *post* alguns dos comentários, que são novamente comentados pelos leitores. Comprovamos aqui algo que já discutimos: a passagem do *gatekeeper* para o *gatewatcher*. Na caixa de comentários da postagem que nos serve como exemplo, encontramos três participações que se ligam e mostram como o diálogo é elemento constituinte do *blog*. Localizamos uma participação do próprio leitor Marcos Flávio, que estimulou o *post* "Calçada da Fama", um outro comentário deixado pelo internauta "Sarcástico", que mostra opinião divergente à de Marcos Flávio, e de um terceiro internauta, Luís Manuel Domingues do Nascimento, que se revela solidário a Marcos Flávio. Todas as participações têm como foco a linha editorial do *Blog do Noblat*:

> **Apelido: Sarcástico - 15/1/2007 - 21:46**
> Marcos Flávio Fonntenelle Barros --- Pois é poderia ter ido dormir sem está, não é? É o caso de pessoas que tem preguiça de verificar primeiro antes de falar.

> **Nome: Marcos Flávio Fonntenelle Barros - 16/1/2007 - 1:41**
> Noblat, eu só queria que os comentarios sobre o BURACO tivessem o mesmo destaque e contundencia de outras noticias, onde nem vitimas humanas registraram. O padrão deve ser um só para todas as notícias.

> **Nome: Luís Manuel Domingues do Nascimento - Email - 16/1/2007 - 0:05**
> Os Vários do Noblat Desde que aconteceu o acidente que resultou na abertura de uma cratera na Linha 4, do Metrô, de São Paulo, com quase oito vítimas e danos para a população vizinha ao canteiro da obra, o Blog de Noblat só informou algo sobre o assunto quatro vezes, sendo duas fotos com breves comentários e duas notícias transcritas de dois jornais (Jornal do Brasil e Diários de São Paulo), nas quais o leitor foi orientado acessar a reportagem através de um link. Neste sentido, procede a reclamação do leitor Marcos Flávio Fonntenelle Barros ao ironizar a minguada cobertura que o Blog do Noblat tem dado ao fato e as suas repercussões e implicações. O que não procede é a defesa proferida pelo dono do blog: "Aqui foram publicadas várias notícias e fotos a respeito. É só consultar o Arquivo do blog." Consultado o arquivo, verificou-se que as VÁRIAS do Noblat pertencem a uma noção de matemática muito comedida e que potencializa as dezenas algumas unidades que não dão conta da quantidade de dedos de uma mão.

Além de estimular as trocas ordinárias entre os leitores, o *blog* também age diretamente sobre o estatuto da mediação jornalística ao permitir uma relação direta e em grande medida íntima com a audiência. É um tipo de mediação que simultaneamente convoca o leitor e confere credibilidade ao jornalista. Dentre os vários casos observados, citamos uma publicação do dia 30 de junho de 2005:

> **Quem quer fazer perguntas a Jefferson?**
> O interrogatório de Jefferson irá longe. Quem quiser fazer perguntas a ele, que faça no espaço de comentários a esta nota. Perguntas objetivas. Que tenham a ver com o que se discute na CPI dos Correios. Tenho como encaminhar as melhores a deputados ou senadores que estão inscritos para interrogar Jefferson. Quem sabe não conseguiremos dessa forma melhorar o nível da discussão na CPI.

Mais do que uma simples jogada promocional, os *posts* que convocam o público podem, de fato, fazer com que o internauta integre a relação jornalista-fonte-acontecimento, como ocorreu no dia 7 de julho de 2005, quando o senador Heráclito Fortes leu a pergunta de um leitor do *blog* durante o depoimento de Fernanda Karina Somaggio à CPI dos Correios:[4]

> O SR. HERÁCLITO FORTES (PFL - PI) - Sr. Presidente, peço a palavra pela ordem.
> O SR. PRESIDENTE (Delcídio Amaral. PT - MS) - Senador Heráclito Fortes.
> O SR. HERÁCLITO FORTES (PFL - PI) - Sem querer abusar da paciência de V. Ex[a], peço um minuto para falar em respeito a quem nos ouve. <u>Recebi um pedido de um ouvinte do *Blog do Noblat* que está assistindo à reunião, de maneira atenta, de Fortaleza e quer que eu pergunte à Sr[a] Karina se ela conhece o Sr. Ivan Guimarães, que foi Presidente do Banco Popular no Governo Lula</u>. (grifo nosso)

[4] Nota taquigráfica do depoimento de Fernanda Karina Somaggio à Comissão Parlamentar de Inquéritos (CPI) dos Correios, no dia 07/07/2005. Disponível em: <http://www.senado.gov.br/sf/atividade/Comissoes/consComCPI.asp?com=1328>. Acesso em: 15/11/2007.

Ao convocar os leitores, o *Blog do Noblat* consegue até mesmo vencer concorrentes de peso, como grandes portais. Pesquisa da agência FSB Comunicações[5] revelou que *sites* e *blogs* são consultados todos os dias por 47,2% dos deputados federais, com a maior audiência para o *Blog do Noblat* (24,4%), seguido do UOL (22,4%), Portal Terra (9,8%) e *blog* do Josias de Souza (9,3%). É uma audiência extremamente qualificada que busca no *blog* aquilo que ele traz de melhor: a união entre os fatos mais relevantes cobertos pela mídia e os bastidores da vida política. Por isso, o jornalista impôs seções fixas que dão ao veículo uma forma característica, que pode ser facilmente reconhecida pelos frequentadores. A "Frase do dia", que fica logo abaixo do cabeçalho da página e acima do *post* mais recente, destaca uma frase geralmente proferida por um personagem de relevância do noticiário, convidando o leitor a pensar, questionar, argumentar. A "Música do dia" abre para o internauta-ouvinte um *player* com um arquivo de áudio acompanhado de informações sobre o porquê da escolha da música. A "Foto do dia" e a "Obra-prima do dia" mostram imagens importantes da cobertura jornalística e/ou históricas. Também diariamente o leitor é convocado a enviar endereços de *sites* ou *blogs*, que são publicados como dica.

Assim, o "dia" do *blog* é cheio de marcas que fornecem aos que participam da conversação um ambiente rotineiro, conhecido, familiar, para que se sintam seguros e estimulados a publicar novos comentários. Como analisado anteriormente, a "Calçada da Fama" também constitui uma marca característica do *blog*, sempre visando à participação e ao diálogo.

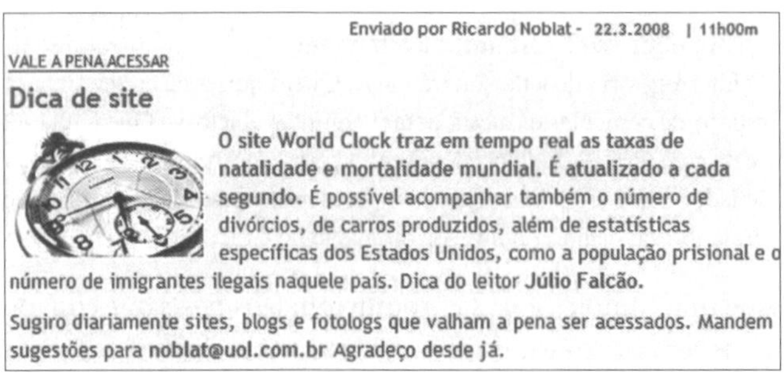
Enviado por Ricardo Noblat - 22.3.2008 | 11h00m

VALE A PENA ACESSAR

Dica de site

O site World Clock traz em tempo real as taxas de natalidade e mortalidade mundial. É atualizado a cada segundo. É possível acompanhar também o número de divórcios, de carros produzidos, além de estatísticas específicas dos Estados Unidos, como a população prisional e o número de imigrantes ilegais naquele país. Dica do leitor Júlio Falcão.

Sugiro diariamente sites, blogs e fotologs que valham a pena ser acessados. Mandem sugestões para noblat@uol.com.br Agradeço desde já.

Ao fixar marcas, o jornalista convida o internauta a se identificar com o ambiente e assimilar as vias de participação. Tal como conceituou Certeau (1994), "o espaço é um lugar praticado". O lugar é a ordem distributiva dos elementos que coexistem, enquanto o espaço é o "cruzamento de móveis": "Assim a rua geometricamente definida por um urbanismo é transformada em espaço pelos pedestres" (Certeau, 1994, p. 202). Podemos transpor tal concepção para o *blog*, já que, ao organizar os elementos no espaço delimitado da tela do computador, ao seu modo, o jornalista cria uma espécie de cumplicidade cotidiana com os leitores, que se sentem "em um lugar conhecido" e

[5] Disponível em: <http://www.comunique-se.com.br/Conteudo/NewsShow.asp?idnot=43040&Editoria=8&Op2=1&Op3=0&pid=264990&fnt=fntnl>. Acesso em: 21/03/08.

criam um efervescente espaço comunicativo. A interface e seus elementos só conformam o *blog* na medida em que há a ocupação do lugar pelo público leitor. Justamente por ser um ambiente aberto, o *Blog do Noblat* não está livre de pessoas que enviam comentários desrespeitosos, insultos ou até mesmo xingamentos.

As conversas efêmeras

Além das conversações estabelecidas com o jornalista, os leitores também interagem entre si. Os leitores que participam dos debates no *Blog do Noblat* devem atentar para as características do dispositivo, como a troca síncrona a distância. Os leitores se encontram no momento de troca, mas não podem compartilhar nada além de palavras digitadas na tela do computador. Vale ressaltar que a interação no *blog* limita significativamente o escopo de deixas simbólicas justamente pela condição de separação física entre os interlocutores. O dispositivo conforma a participação, que, por sua vez, está restrita à capacidade de expressão verbal de cada enunciador. Sendo assim, o estudo comunicacional de um *blog* jornalístico é o estudo dos atos de fala – são atos de fala limitados pelo aparato tecnológico responsável por instaurar regras de codificação digital. As regras impostas pelo código binário são, sobretudo, observáveis na interface gráfica que delineia o contexto espaço-temporal das ações dos sujeitos envolvidos na conversação. À exceção do "dono do *blog*" – em nosso caso o jornalista Ricardo Noblat –, todos os outros atores presentes na cena comunicativa só podem usar a escrita verbal para interagir.

Ao dialogar com outros leitores, é necessário dar resposta rápida para não se perder o momento da troca, uma vez que a possibilidade de desconexão é grande. O seguinte diálogo, retirado da caixa de comentários do *Blog do Noblat*, ajuda a compreender tais dinâmicas comunicacionais:

> **Apelido: danamite - 09/03/2007 13:03**
> Eduardo escreveu uma frase pronta da cultura machista. Agora... Algumas mulheres tiranas com suas oponentes mulheres... indignadas? Contradições?
>
> **Nome: Eliana Salgado Marconi - Email - 09/03/2007 13:07**
> danamite - 09/03/2007 13:03
> Tiranas porque discordam das convicções políticas? E mesmo que fosse, o que uma coisa tem a ver com a outra?
>
> **Apelido: danamite - 09/03/2007 13:10**
> Nome: Eliana Salgado Marconi - Email - 09/03/2007 13:07
> Porque este argumento... as mesmas já dirigiram para Dana. Portanto... Contradições? Queres que eu acredite que algumas mulheres não são machistas?
>
> **Nome: Kika Albuquerque - 09/03/2007 13:11**
> Eliana Salgado Marconi - Email - 09/03/2007 13:07
> Eliana, nada precisa ter a ver com coisa alguma. Eles acham que basta pegar idiotices prontas, encher de aspas e de reticências, ou até mesmo com grosserias (caso do Eduardo). Vá a datas anteriores e procure UMA só postagem da comentarista em

questão que DIGA ALGUMA COISA concreta e útil. Sempre os comentariozinhos medíocres e patrulheiros. Não passa disso, e jamais passará.

Nome: Eliana Salgado Marconi - Email - 09/03/2007 13:13
Kika Albuquerque - Exato! Mais uma vez você acertou em cheio.

Apelido: danamite - 09/03/2007 13:14
Taí... O "chapéu" serviu...

Nome: Eliana Salgado Marconi - Email - 09/03/2007 13:15
danamite - 09/03/2007 13:10 - ok, ok. Mas provavelmente as machistas não se mostraram indignadas.

Três pessoas trocam sete mensagens em um intervalo de doze minutos. A princípio, apenas "Eliana Salgado Marconi" e "danamite" conversam entre si, mas "Kika Albuquerque" entra no debate a partir de uma mensagem que não foi encaminhada a ela. "Eliana" prontamente identifica o novo participante e envia uma resposta dois minutos após a mensagem de "Kika". Em seguida, "Eliana" retoma o debate com "danamite". Pode-se aferir a dupla face da interface gráfica como dispositivo conformador das interações no *blog* jornalístico. Se por um lado a interface propicia a publicação instantânea de novas mensagens e permite agilidade no diálogo, por outro lado a mesma interface desfavorece as trocas caso os envolvidos não demonstrem agilidade em responder. Em caso de demora, os comentários são "empurrados" para baixo no espaço limitado da janela de comentários e fica comprometida a retomada da conversa.

O dispositivo exige rapidez e influencia diretamente sobre a qualidade das mensagens. Estas são curtas, carregadas de marcas de oralidade na estrutura verbal – a resposta está rigidamente inscrita em códigos verbais, não há entonações orais possíveis – e pouco reflexivas. Na verdade, existe pouco espaço para a reflexão durante os debates travados entre os leitores, uma vez que o aprofundamento das argumentações exige tempo, e a velocidade das trocas no *blog* não beneficia o embasamento.

Conclusão

Ao conferir visibilidade à audiência, o dispositivo *blog* permite a emergência de novos padrões de consumo e interação na produção jornalística. O jornalista não deve ser apenas aquele que detém informações privilegiadas, mas também um profissional capaz de assumir o papel de mediador entre diversos sujeitos que se encontram num determinado espaço e tempo.

O público visível impõe ao jornalista uma nova forma de encarar os processos. A presença de uma conversação possibilitada pela interface gráfica requer instrumentos que, ao mesmo tempo, estimulem a participação e ordenem os atos de fala. Muitas vezes, a interatividade é encarada como uma característica intrínseca ou como mero componente comercial da internet. É como se a "interatividade" fosse a novidade a ser divulgada aos quatro cantos pelos agentes de *marketing*. Mais do que isso, a interatividade no interior de um dispositivo tecnológico como o *blog* tensiona as relações e obriga tanto os profissionais quanto os consumidores a tomar novas atitudes para avançar os aspectos comunicacionais e usufruir de toda a potencialidade da nova ferramenta.

Em suma, ao jornalista cabe respeitar a audiência enquanto parceira de um processo amplo de informação e debate de ideias. Por sua vez, a audiência tem o direito de participar, mas também deve obedecer a certas regras para que possa desfrutar da emergente visibilidade.

Referências

CERTEAU. M. *A invenção do cotidiano*: artes de fazer. Petrópolis: Vozes, 1994.

FRANÇA, V. *Jornalismo e vida social*: a história amena de um jornal mineiro. Belo Horizonte: Editora UFMG, 1998.

HEWITT, H. *Blog*: entenda a revolução que vai mudar seu mundo. Rio de Janeiro: Thomas Nelson, 2007.

MIELNICZUK, L. *Jornalismo na web: uma contribuição para o estudo do formato da notícia na escrita hipertextual*. Salvador: UFBA. Tese (Doutorado em Comunicação Social) - Faculdade de Comunicação, Universidade Federal da Bahia, Salvador, 2003. Disponível em: http://www.facom.ufba.br/jol/producao_teses.htm. Acesso em: 03 out. 2007.

NEVEU, É. *Sociologia do jornalismo*. São Paulo: Edições Loyola, 2006.

NOBLAT, R. *Blog do Noblat*. Disponível em: oglobo.globo.com/pais/noblat/.

PRIMO, A.; TRÄSEL, M. *Webjornalismo participativo e a produção aberta de notícias*. In: VIII Congresso Latino-americano de Pesquisadores da Comunicação, 2006, São Leopoldo. Anais, 2006. Disponível em: http://www6.ufrgs.br/limc/PDFs/webjornal.pdf. Acesso em 28 jun. 2007.

VARELA, J. Jornalismo participativo: o jornalismo 3.0. In: ORDUÑA, R. *et al*. *Blogs*: *revolucionando os meios de comunicação*. São Paulo: Thomson Learning, 2007. p. 41-98.

WOLTON, D. *Pensar a comunicação*. Brasília: Editora UnB, 2004.

Práticas comunicativas na *web*: o valor da visibilidade das pessoas comuns

Beatriz Bretas
Aline Gonçalves
Rafael Cruz e Silva

As instituições midiáticas, como a história demonstra, estão em permanente transformação marcada pela diversidade de meios e de processos comunicativos criados ao longo do tempo. A trajetória da comunicação tradicional corporativa, que abrange, dentre outras modalidades, veículos jornalísticos, redes de rádio e televisão, além das organizações ligadas ao *show business* e ao entretenimento, é recente e não conta com mais de dois séculos. A organização da produção comunicativa sob a forma que conhecemos hoje é uma realidade criada em fins do século XIX e desenvolvida durante o século passado, contendo heranças das criações de linguagens e de meios milenares.

A internet está tendo um papel significativo nas mudanças atuais relativas ao sistema midiático,[1] não só pela oferta das potencialidades da digitalização das informações, mas, sobretudo, pelo alargamento das possibilidades de emissão estendidas às pessoas comuns. Isso significa que contingentes de indivíduos que eram vistos apenas como audiência, ou recepção, tornam-se produtores de conteúdos. É este o foco para o qual nosso olhar se dirige: a interação de pessoas comuns que, cada vez mais, passam a tornar públicos textos escritos, vídeos, fotografias, etc., a partir do desenvolvimento de ferramentas de publicação da *web*.

Conceber a mídia como instituição significa a escolha de um caminho para pensarmos sobre as possibilidades de modelação das produções dos sujeitos comuns. Na tentativa de aprofundar a compreensão sobre modos de composição e funcionalidades do sistema midiático nesta primeira década do milênio, nosso trabalho se fundamenta na noção de instituição como forma de rastrear e identificar valores que emergem nessas novas configurações das ocupações de espaços comunicativos na *web*. Os estudos que temos desenvolvido no Grupo de Pesquisa sobre Interações Telemáticas - PontoGris - abrangem perguntas nessa direção. Pretendemos respondê-las no exame de casos empíricos concernentes a práticas comunicativas de indivíduos comuns, de modo a compreender como esses sujeitos estão se apropriando da internet, e indagando se

[1] O sistema midiático caracteriza-se como o conjunto de organizações midiáticas e suas práticas, incorporando conceitos e modos de orientar a percepção do mundo, agregando coisas e ideias.

essas práticas poderiam ser identificadas como midiáticas. Que valores e normas fundamentam esses fazeres? Qual é a dimensão institucional presente nesses modos da comunicação digital? Concordando com a afirmação de Castells (2003) sobre o fato de a internet ter sido conformada pela atuação colaborativa dos sujeitos, nossa busca visa a alcançar a compreensão dos valores da colaboração, cuja realidade pragmática aponta para possibilidades de construção coletiva e compartilhamento social do conhecimento.

O rendimento da noção de instituição volta-se, então, para a compreensão da força do sistema conceitual que dispõe e ordena essas práticas e para as relações entre sujeitos que se colocam nos jogos de linguagem, de modo a revelar padrões de interações, procurando os traços da mídia na linguagem dos produtos e observando a duração dos laços produzidos em ambientes da *web*, nos quais ocorrem atos comunicativos propiciados por quaisquer pessoas.

A proposta deste trabalho é desenvolver uma discussão sobre a ocupação midiática da *web*, percebendo aquilo que é valor ou que tem importância a partir dos códigos de conduta em alguns tipos de interações telemáticas. Para isso, evidenciamos aspectos de contratos, normas e leis estabelecidos de modo tácito ou explícito entre os sujeitos. A força desses códigos estaria, então, ligada à potência institucional dos novos espaços midiáticos, permitindo-nos compará-los com as formas comunicativas mais cristalizadas. Tudo isso nos leva a pensar sobre os princípios e valores que pautam a mídia tradicional e corporativa caracterizada como instituição, tais como credibilidade da informação, novidade, indução de emoções, interesses públicos e mercadológicos, ética, etc. Estes valores (e outros) estariam sendo considerados na constituição das novas formas midiáticas? Quais são as diferenças e as semelhanças entre as formas tradicionais e as praticadas na internet?

Longe de conseguir responder a tudo isso, vamos recuperar nossas reflexões sobre o conceito de instituição e seus desdobramentos para refletir sobre as maneiras pelas quais a mídia se apresenta na internet, trazendo em seguida a análise do empírico constituído na esfera do *site* Fiz.TV, no qual qualquer internauta pode participar da produção de conteúdo. Neste lugar da *web*, seguindo determinadas regras, qualquer pessoa pode fazer *upload* de seu vídeo digital, e este será votado e comentado pelos visitantes do *site*, concorrendo à veiculação em canais de TV por assinatura e ainda sendo remunerado pelas emissões.

A institucionalização da mídia e da *web*

A partir do desenvolvimento da telemática, os contornos do sistema midiático no que se refere à organização das emissões são alterados, abrigando a expansão da produção comunicativa de empresas e organizações de diferentes naturezas e finalidades, que passam também a exercer funções midiáticas, ampliando sua autonomia para a distribuição de material informativo e para interlocução com seus públicos. Além disso, a criação de novos tipos de estruturas, como os *sites* dos mecanismos de busca na internet, acabam por desempenhar funções antes prerrogativas de empresas de comunicação de massa. O Google talvez seja o melhor exemplo de um *search engine* que se tornou um meio de comunicação poderoso, capaz de proporcionar acesso a variados serviços de informação e comunicação para milhões de usuários e, ao mesmo tempo, de oferecer ambiências para a emersão de conteúdos diversos. Entre outras coisas, tornou-se, sem dúvida, mídia para a veiculação de publicidade que chega diretamente aos potenciais consumidores dos produtos anunciados.

Tudo isso configura a cena da comunicação no âmbito global e aponta para movimentações e rearranjos do mercado, que não ignora a emergência de novas forças concorrenciais. As empresas jornalísticas, por exemplo, passam a enfrentar a luta com muitas outras fontes de informação, que podem ser acessadas de modo gratuito, como o caso de *blogs* de jornalistas ou pessoas de grande reputação, o que as leva a repensar e renovar as práticas usuais para tentar garantir a audiência. No entanto, é importante ponderar que a escolha dos leitores é também motivada pela credibilidade e confiança em versões *online* de veículos tradicionalmente constituídos, como demonstra a posição de empresas como Universo Online, pertencente ao Grupo Folha, e o G1, das Organizações Globo, que figuram no *ranking* dos *sites* mais acessados no Brasil.

Para Descombes (1996), as instituições são sistemas conceituais que conformam maneiras de pensar e modos de agir. Apresentam uma dimensão discursiva que as torna suscetíveis de serem objetivadas, pois toda instituição é também um discurso que permite a fala sobre ela, possibilitando a manifestação do espírito objetivo. Os indivíduos, que são agentes institucionais, agem sob o modelo e as regras prescritos institucionalmente, partilhando a forma lógica pela qual a instituição se exprime, isto é, tendo em comum uma linguagem ou um código capaz de expressar valores e normas de conduta.[2] As instituições do sistema midiático podem ser observadas a partir desses parâmetros, como o caso da imprensa, cujo discurso sobre si, que dá a dimensão de sua abrangência, já comporta seus princípios funcionais e explicita as relações entre produtores, anunciantes e leitores. Assim, o material jornalístico veiculado no jornal, na TV ou na *web* apresentará formas reconhecidas que devem apresentar modos comuns de apropriação.

Cada instituição é um discurso sobre si e também uma materialidade, pois, além do aspecto virtual do conceito que lhe informa, é do mesmo modo constituída por atributos que lhe garantem uma existência física, possibilitando aos indivíduos que a experimentem como realidade objetiva (Berger; Luckmann, 1978). Por exemplo, a televisão, além de ser uma noção abstrata expressa discursivamente pela linguagem, é um complexo sistema físico de edificações, componentes humanos e maquinaria diversa. No caso da internet, é interessante observar a propaganda institucional do portal de conteúdo UOL, um dos mais longevos da curta história da *web* no Brasil, que expressa a sua materialidade como realidade concreta na mostra das várias

[2] Trata-se de uma espécie de máquina capaz de armazenar e recuperar informações por meio de associações, à maneira de uma rede de hipertextos. Dessa forma, o estudo da linguagem jurídica possibilitaria a compreensão sobre a instituição das leis, raciocínio que pode se estendido para a análise dos meios de comunicação.

interfaces gráficas assumidas desde 1995, quando se apresentava como Folha Web, numa versão eletrônica do jornal *Folha de S. Paulo*. Também são destacadas fotos da redação e dos estúdios com vistas a proporcionar ao internauta uma visão dinâmica e corporificada de agentes humanos na produção cotidiana de informação. Toda essa argumentação da empresa na conquista de seu público pretende demonstrar a existência de um mundo em operação por detrás das telas dos *browsers*, que carrega toda a complexidade da vida real.

As ideias de Castoriadis (1982) acerca da noção de instituição são particularmente interessantes e se encaixam como operadores conceituais para a nossa reflexão. O filósofo entende que uma instituição equivale a uma rede simbólica sancionada socialmente, sendo, portanto, carregada de sentidos compartilhados que se expressam pela linguagem, vista como a mais básica das instituições, capaz de conferir existência às relações humanas: "não podemos jamais sair da linguagem, mas nossa mobilidade na linguagem não tem limites e nos permite tudo questionar, inclusive a própria linguagem e nossa relação com ela" (p. 152). O caráter social é ressaltado para conferir à sociedade o lugar de sujeito das instituições, pois estas são instituídas pela sociedade. Ao mesmo tempo, as instituições permitem que a sociedade exista ao exercerem funções vitais como as ligadas à produção, à educação, à gestão da coletividade e à comunicação, que coloca os homens em relação uns com os outros.

A dimensão reticular, "onde se combinam em proporções e em relações variáveis um componente funcional e um componente imaginário" (Castoriadis, 1982, p. 159), descortina a perspectiva mutável da instituição, que pode transformar os sentidos ao longo de sua trajetória. Castoriadis critica a visão positivista que só observa a dimensão racional das instituições, entendendo-as como formas fechadas. A crítica parte da premissa que vê as invenções e as criações como tarefas inerentes ao ser humano e à construção histórica, o que proporciona a abertura da rede simbólica e faz surgir o que não estava dado. Para isso, as criações dependem da capacidade de imaginar e do imaginário, visto como "capacidade elementar e irredutível de evocar uma imagem". (p. 154). Tecnologias de comunicação, como o cinema, o rádio e a televisão contaram com a imaginação e o imaginário para se tornarem realidades, e a própria visão da *web* como rede de hipertextos pôde ser antecipada a partir do dispositivo Memex, imaginado por Vannevar Bush em seu artigo "As We May Think", publicado em 1945.

Podemos compreender a invenção de meios de comunicação que foram apropriados pela sociedade como emergência de novas instituições tributárias da linguagem. O jornal impresso, o rádio, a fotografia, o cinema, a televisão, a *web*, etc. operam diferentes linguagens para possibilitar interações, cada um apresentando graus diversos de institucionalização. Muitos dispositivos midiáticos,[3] entretanto, não alcançam esse patamar, diante da velocidade da obsolescência de vários meios,

[3] A ideia de dispositivo midiático ultrapassa sua compreensão como suporte físico e incorpora a noção de matriz que orienta a produção de sentido ao ordenar a inscrição de enunciados e indicar a conduta da recepção (Mouillaud, 1997; Vaz; Antunes, 2006).

marcada principalmente pelos processos da digitalização.[4] Se observarmos a quantidade de novos suportes que foram experimentados nas três últimas décadas, podemos ver claramente o desuso de muitos, como os disquetes e as fitas de vídeo, até pouco tempo amplamente utilizados para armazenamento de dados e de imagens em movimento, dando lugar a novos modos de relação com produtos midiáticos. A comunicação, como necessidade humana, a cada dia promove novas invenções que tentam se institucionalizar.

As instituições contam com um aparato normativo que informa as práticas dos indivíduos no seu âmbito, apresentando ordenações, ou indicações de formas de condutas, condizentes com normas e leis expressas pela linguagem e pela comunicação. Junto a isso, imprimem rituais que se registram na sua dimensão simbólica para serem compartilhados socialmente. A institucionalização[5] da *web*, em processo, conta com a ação do imaginário social para dar procedimento à expansão da rede simbólica, combinada com o desenvolvimento da tecnologia digital, que lhe serve de sustentação para propiciar atos comunicativos dos atores.

O constante desenvolvimento de interfaces gráficas amigáveis em diferentes dispositivos telemáticos, como os computadores e os telefones celulares, são tentativas, muitas vezes bem-sucedidas, de tornar o usuário mais familiarizado com o ambiente que proporciona o meio para a interação comunicativa. Isto consiste em apontar regras de uso a serem apropriadas pelos sujeitos, de modo a serem incorporadas nas bases de conhecimento individuais, tornando-se padronizadas e naturalizadas. As regras não se verificam somente no âmbito da organização dos signos nas interfaces gráficas, mas constituem espécies de contratos de comunicação encontrados em diversos tipos de comunidades virtuais, que estabelecem, por meio de seções, ou tópicos, intitulados como "Termos de uso", as condições de participação em conversações coletivas, com vistas a realizar os propósitos das interlocuções (Bretas, 2008).

É interessante submeter a linguagem à noção de instituição formulada por Castoriadis, já que podemos observá-la enquanto uma complexa rede simbólica de significantes, de significados e de sentidos. A linguagem, compreendida como código, orientado por determinados padrões, que permite a expressão dos indivíduos, materializa-se por dispositivos que apresentam e colocam em circulação sistemas conceituais, que constituem a face simbólica da instituição. Além disso, é legitimada socialmente e põe em ação um estado de coisas no mundo, para produzir interações sociais e compartilhamentos coletivos de seu repertório. Como código, conta com ordenações e regras que se alteram sempre que a sociedade conforma novas orientações para as condutas dos sujeitos em relação, promovendo a comunicação mediada por

[4] Bauman (2008) identifica na contemporaneidade os pilares axiológicos de uma cultura consumista, que evidenciam a desvalorização da duração e a valorização da efemeridade, erguendo "o valor da novidade acima do valor de permanência" (p. 111).

[5] Para Berger e Luckman (1978) os processos de institucionalização tipificam e padronizam as ações dos atores envolvidos.

diferentes linguagens que possibilitam interlocuções, presenciais ou não, síncronas ou assíncronas, diferidas e/ou difusas (Braga, 2006). Assim, a instituição da linguagem é sempre processual, gerando transformações de formas e conteúdos que também podem criar contornos próprios e configurar novas instituições. A comunicação, que atualiza as virtualidades do código, é a funcionalidade da linguagem posta em ação. A linguagem se coloca a serviço da realização de interações comunicativas.

A compreensão das instituições sociais, nas quais a mídia se faz presente, deve contar com uma análise sócio-histórica do fenômeno, já que "todo simbolismo se edifica sobre as ruínas dos edifícios simbólicos precedentes, utilizando seus materiais – mesmo que seja só para preencher as fundações de novos templos" (Castoriadis, 1982, p. 147). Elias (1994) também dá amplo destaque à constituição histórica dos indivíduos. Durante o processo civilizador, os sujeitos vão desenvolvendo espaços diferentes de atuação e comportamento e, em todos os momentos da sociedade, seu passado ganha dimensão. Isso quer dizer que a história está entranhada nos nossos atos, o tempo todo. O desenvolvimento da sociedade é histórico e não pode ser pensado de outra forma:

> o que vemos, até onde nos é possível divisar no passado, é uma cadeia ininterrupta de pais e filhos, os quais, por sua vez, se tornam pais. E não se pode entender como e por que os indivíduos se ligam numa unidade maior, uns através dos outros e com os outros, quando se oculta de si mesmo essa percepção. Todo indivíduo nasce num grupo de pessoas que já existiam antes dele. E não é só: todo indivíduo constitui-se de tal maneira, por natureza, que precisa de outras pessoas que existam antes dele para poder crescer. Uma das condições fundamentais da existência humana é a presença simultânea de diversas pessoas inter-relacionadas (Elias, 1994, p. 26).

O caráter histórico das instituições remete à ideia de uma duração, algo marcado por uma permanência relativa, pois as configurações reticulares estão em constante movimento de produção de padrões que se renovam em maior ou menor escala ao longo do tempo. O contexto que abriga o sistema midiático contemporâneo é marcado pelos movimentos de convergência digital,[6] à medida que as representações cada vez mais são traduzidas por *bytes*, implicando transformações para os tradicionais meios de comunicação de massa.[7] A internet, compreendida como ambiente ou infraestrutura que abriga a reunião de vários dispositivos midiáticos, também se encaixa no sistema ao apresentar características e funções inerentes ou similares aos meios de comunicação institucionalizados, que proporcionam uma dimensão pública de compartilhamento de sentidos. Ao agenciar uma diversidade de canais, constrói novos cenários, pois a

[6] Convergência digital significa aqui a utilização de uma única infraestrutura tecnológica para serviços diversos que antes requeriam canais independentes, como as emissoras de televisão e jornais impressos, que hoje podem ser acessados pela internet.

[7] Sofrendo a influência dos meios telemáticos, a televisão vem se apropriando de códigos da *web*, assim como veículos jornalísticos impressos, que tentam dar visibilidade a certos trechos das matérias, inserindo caixas de textos e linhas pontilhadas que funcionam na remissão de notas explicativas sobre os conteúdos, de modo a funcionarem como hipertextos. Na verdade, tais procedimentos são estratégias mercadológicas na captação do leitor cujo perfil e habilidades encontram-se em mutação.

convergência digital produz renovações no modelo de comunicabilidade[8] e abre possibilidades para a gestão da comunicação por novos atores (Martín-Barbero, 2009).

Ainda que reconheçamos a efemeridade das criações de meios na *web*, marcada pelo aparecimento/desaparecimento de suportes, aplicativos e gêneros, podemos pensar na historicidade dessas invenções como processos de institucionalização que devem dar condições à comunicabilidade. Manovich (2009) utiliza a expressão "remix" para designar práticas culturais que se valem da composição e colagens de produtos comunicativos já existentes para moldar novas formas, dentre as quais se observam produções criadas por usuários de internet , como os vídeos no YouTube, ou no Fiz.TV. Todas essas replicações e criações de sentidos advêm de reinstitucionalizações ou de tentativas para tal. De qualquer maneira, não é fácil asseverar sobre o grau de institucionalização de novas práticas comunicativas, o que aponta para a necessidade de examinar as situações específicas e compreendê-las numa perspectiva sócio-histórica.

A internet põe em circulação diferentes produtos, possibilitando a difusão restrita e a difusão em massa dos mesmos. Isso significa que, pela internet, podemos transmitir mensagens de maneira ampla ou para uma audiência específica, sendo oferecidas, portanto, modalidades diversas de abrangência e compartilhamento. Assim, vemos a *web* como instituição em processo que tem entre suas funcionalidades o propósito de tornar-se ambiente de objetivação de outras instituições que se fazem discurso no ciberespaço, entre elas as midiáticas. Dentro destas encontram-se os dispositivos apropriados por pessoas comuns, que se classificam como *blogs*, fóruns, listas de discussão, *sites* de relacionamento, dentre muitos outros.

A cultura de instituições midiáticas anteriores, com seu legado de valores, técnicas e tradições, está presente nas novas configurações referenciadas como provedores de acesso e de conteúdo, *search engines* e *sites* de organizações diversas que assumem funções informativas e comunicativas para e com o público. Ao mesmo tempo, novos elementos e contingências são incorporados em movimentos de renovação e estandardização dos processos. O que caracterizaria espaços da *web* como instituições midiáticas dependeria, então, de sua dimensão valorativa e normativa identificada com aquilo que convencionalmente se designa como mídia, da chancela social conferida, assim como de sua trajetória histórica, observada por uma ótica de *path dependence*.[9] O *site* de compartilhamento de vídeos YouTube, empreendimento pertencente à

[8] A comunicabilidade diz respeito à qualidade daquilo que é comunicável, bem como à disposição de se comunicar.

[9] De acordo com Sewell Jr. (1990), a sociologia histórica introduziu as ideias de temporalidade que eram estranhas ao pensamento sociológico anterior. Assim, numa análise sobre modos temporais utilizados, o autor destaca a temporalidade do acontecimento, em que o curso da história é determinado pela sucessão de um enorme contingente de eventos. Essa maneira de abordagem assume que tais eventos são normalmente *path dependents*, ou seja: o que aconteceu num determinado ponto do tempo afetará os resultados e efeitos da sequência de eventos que ocorrerão mais tarde, em outro ponto do tempo. A concepção da temporalidade do acontecimento admite que as relações sociais sejam caracterizadas por *path dependence*, por causalidades heterogêneas e contingência global.

Google cujo *slogan* é “Broadcast yourself”, ilustra essas considerações, ao trazer em seus produtos associações diretas com outros meios já institucionalizados, como o cinema e a televisão, ao mesmo tempo que modela outras possibilidades de interação.

A heterogeneidade de produtos midiáticos em circulação na *web* remete a uma enorme diversidade de contratos e valores compartilhados por organizações e corporações de diferentes naturezas, assim como por atores individuais, demarcando espaços igualmente variados que expressam princípios de mercado, de sociabilidade, de trabalho e de lazer, entre outros. Tais princípios evocam desde o que é importante nas transações comerciais, como honrar pagamentos, até a solidariedade, valor ético que promove a cooperação nas relações sociais. As ocupações da internet pelo mercado e pelo capital são facilmente encontradas na *web*, passando pela indústria de *hardware* e de *software* e incluindo também a criação de infraestrutura e ambientação para as interações dos atores individuais. Ao incorporarem para si a condição midiática, as empresas ali instaladas concorrem na busca pela audiência, valor caro aos habituais veículos de comunicação. O valor da colaboração, que move atos de pessoas comuns, torna-se um alvo a ser conquistado, de modo a atrair mais pessoas para o consumo de suas ideias e produtos.

A valorização da novidade, qualidade do novo, parece ser mais forte na internet que em outros meios. Sob o signo da velocidade das mudanças tecnológicas, *softwares* e *hardwares* tornam-se superados em pequenos intervalos de tempo, e a competição manifesta-se cada vez mais acirrada. “A socialização virtual segue o padrão do *marketing*, e as ferramentas eletrônicas desse tipo de socialização são feitas sob medida para as técnicas mercadológicas”, conforme as palavras de Bauman (2008, p. 19). O bombardeio dos apelos de vendas no mercado virtual captura os internautas ávidos de consumo de bens materiais ou simbólicos. Com o grande afluxo de jovens à rede, a ideia de que são um *target* almejado pelo mercado de consumo não produz estranhamento. Os apelos, então, usam e abusam de formas estéticas ligadas à juventude, igualmente observadas na realidade material, que também conduzem a sedução de outros segmentos.

Mas, além do condicionamento do mercado sobre os consumidores, abre-se uma brecha para a manifestação individual, para o encontro com o outro. É nessa direção que os atores individuais parecem construir seus *locus* de interação, seja na construção de *blogs* ou na participação em conversas nos *sites* de relacionamento e comunidades virtuais, operando, ou não, a institucionalização de criações midiáticas. A linguagem aí praticada requer atitudes cooperativas dos interlocutores, vistas num primeiro momento como esforços de leitura e de conversação, para que as interações possam ocorrer. Parret (1987) examina o princípio de cooperação como princípio axiológico, que constitui ou diz respeito a um valor. Esse princípio, que se materializa por recursos expressivos, pertence a categorias éticas, sendo legitimado e sancionado por meio de categorias estéticas. Para salvaguardar o ser-em-comunidade, somos movidos por uma necessidade que nos impõe obrigações de cooperar. Seria uma necessidade “que é motivada pela comunicabilidade e pela vida em sociedade” (Parret, 1987, p. 32).

O Fiz.TV ou a apropriação dos comuns pelo mercado

De acordo com a definição encontrada no próprio *website*, o Fiz.TV "é um canal de TV que tem como proposta ser uma vitrine da produção livre de vídeos no Brasil. Um novo espaço para quem tem talento e produz".[10] O ambiente se coloca como uma plataforma da produção de vídeos brasileiros, mas guarda características de um canal de TV, com uma programação minimamente definida. Além disso, disponibiliza um *blog* no qual se verificam indícios de formação de comunidade de participantes.

Em funcionamento desde junho de 2007, o Fiz.TV é mais um produto do Grupo Abril, uma das principais empresas sul-americanas de comunicação.[11] Neste ambiente, os sujeitos são interpelados a criarem e enviarem seus vídeos, que, após passarem por filtros envolvendo a escolha popular e um sistema de *ranking*, podem ser transmitidos em canais a cabo de televisão em São Paulo. O *website* também pontua os produtores para remunerá-los em dinheiro por seus vídeos exibidos na televisão. O enquadramento do Fiz.TV como *mash-up*,[12] marca evidenciada pela "cultura remix"[13] propalada por Manovich (2008), parece ser adequada, pois num mesmo *site* há a ocorrência de vários aplicativos, como os sistemas de publicação de vídeos e de votação, além do *blog*.

A estratégia adotada pelo Grupo Abril por ocasião do pré-lançamento do Fiz. TV foi a de não explicitar em detalhes as vinculações empresariais do empreendimento. Uma das principais formas de divulgação foi o canal aberto MTV Brasil (que também pertence ao Grupo Abril), no qual eram transmitidas vinhetas nos intervalos dos programas. Um dos vídeos demonstrava como poderia ser a previsão do tempo narrada por um apresentador que simulava um fã do estilo musical metal, e, ao final, aparecia apenas a logomarca do canal com o endereço do *site*, sem maiores informações. Assim, percebe-se que, num primeiro momento, a opção foi de não buscar credibilidade e adesão pela reafirmação de uma instituição midiática já tradicional (o Grupo Abril), mas sim por valores reconhecidos na internet, como a inovação, a espontaneidade, o humor, a liberdade de expressão e a colaboração.

Na mesma direção, a figura que representa o moderador do ambiente, cuja alcunha é Sr.Noir,[14] usado como elo entre o Grupo Abril e os sujeitos que colaboram

[10] Disponível em http://fiztv.abril.com.br/f/home/fiztv. Acesso em: 29 de setembro de 2008.

[11] O Grupo Abril, fundado em 1950, emprega cerca de 7.400 pessoas. É formado pela Editora Abril (revistas), Abril Digital (que reúne Abril.com e Abril no celular), MTV, Fiz.TV e Canal Ideal (TVs segmentadas), TVA (parceria com a Telefônica), além das Editoras Ática e Scipione (Abril Educação). Possui também a maior gráfica da América Latina. A título de exemplificação, apenas em 2007, a Editora Abril publicou 311 títulos, e seis das dez revistas mais lidas no Brasil são do Grupo, sendo a revista *Veja* considerada quarta maior revista semanal de informação do mundo. Disponível em http://www.abril.com.br/br/imprensa/conteudo_275580.shtml. Acesso em: 2 de outubro de 2008.

[12] O termo refere-se à combinação de vários aplicativos e recursos de diferentes fontes em um só lugar da *web*.

[13] Manovich argumenta que as práticas contemporâneas denominadas como "remix" guardam uma relação direta com as tecnologias e mídias digitais, permitindo a mistura de linguagens e formas de mídias diferentes em uma só.

[14] Pronuncia-se "senhor no ar", personagem do jornalista Fabio Basso Montanari.

no *site*, no início, não aparecia claramente como um funcionário do Grupo, o que gerou no *blog* discussões a respeito da sua real identidade. As produções enviadas pelo Sr.Noir, por exemplo, eram colocadas na mesma sessão do *website* em que estavam os vídeos criados por "anônimos" e participavam do sistema de pontuação. Com o passar do tempo, porém, o Sr.Noir foi se apresentando como funcionário da empresa, principalmente ao postar produções que mostravam os bastidores do Fiz.TV, nas quais apareciam os demais empregados que trabalham diretamente com o *site*.

Os esforços de institucionalização do novo ambiente são observados a partir da menção às referências feitas por outros veículos de mídia a respeito da iniciativa. A questão da percepção do Fiz.TV enquanto espaço midiático em consolidação surge, ainda, nas discussões entre os sujeitos no *blog* moderado pelo Sr.Noir. Um dos tópicos mais comentados deste espaço, intitulado "De tão ruim é bom..." tem como tema principal a congratulação a um dos usuários mais assíduos no *website*, Cleber Drago, por ocasião de uma crítica positiva dada a suas produções divulgadas em um jornal, como mostra a postagem inicial do moderador:

> É, gente. Já não é a primeira vez que alguém do FIZ vira notícia. Depois de Felipe Reis ter duas matérias sobre *Conversas de Elevador* no *Estado*, o felizardo agora é o Cléber Drago. Isso mesmo. O jornalista Gustavo Miller fez quase uma declaração de amor às obras do Drago. Digo quase porque a frase "de tão ruim é bom" é de Miller. Repasso o *link* só pros muito curiosos, já que pra ler essa matéria você terá que se cadastrar no *site* dos caras (há opção pra cadastro gratuito). O tinyurl da reportagem cai direto aqui. Boa, gente, boa! A mídia está de olho no FIZ. Arruia. (e tem dedal na geladeira).[15]

Pelo texto capturado, observa-se, também, que há uma euforia por parte do moderador, ecoada nos comentários que aparecem neste tópico, comemorando a aparição do Fiz.TV na mídia tradicional. Daí é possível inferir uma das intenções da organização: a de ser uma mídia renovada que consegue reconhecimento e visibilidade com a realização de produções diferentes das que já existem na TV convencional.

Focando os *blogs* dentro de uma tipologia midiática, Primo (2008) classifica como micromídia digital[16] aqueles em que as falas do blogueiro não dependem da aprovação de outros, como de algum editor, por exemplo. Por isso mesmo, o proprietário do *blog* pode deixar de postar periodicamente e não precisa se preocupar tanto com a audiência. Por outro lado, os *blogs* de nicho estariam associados a anunciantes e corporações, envolvendo compromissos mútuos referentes à dinâmica e ao conteúdo das postagens e comentários. O *blog* do *site* Fiz.TV se enquadraria,

---

[15] http://fiztv.uol.com.br/blog/?p=434. Acesso em: 2 de junho de 2008.

[16] Para especificação desta tipologia, Primo fez uso de uma proposta presente no trabalho de Thornton (1996). O autor havia criado o termo micromídia para denominar os meios de baixa circulação e pequenos públicos. Mas Primo cria a subcategoria micromídia digital, pois acredita que "se tamanho da audiência e pequena circulação poderiam caracterizar experiências com meios analógicos como rádios livres, o acesso global a *blogs* desafia o uso da dimensão do público na tipificação de veículos" (Primo, 2008, p. 2).

portanto, mais neste nível midiático, já que certamente faz parte de estratégias do Grupo Abril para ampliar sua atuação na internet e, numa segunda etapa, na televisão. Este grande diferencial do Fiz.TV, de ser criado e gerenciado por uma das grandes corporações midiáticas do país, não pode ser esquecido ao se discutir a credibilidade do produto.

No Fiz.TV, os usuários que obtêm as melhores pontuações no *ranking* das votações recebem quantias em dinheiro, além de poderem competir em concursos patrocinados por empresas que oferecem prêmios como câmeras digitais ou viagens. Na sessão "Dinheirinha" há um esclarecimento, em vídeos e textos, do que se deve fazer para ganhar dinheiro pelo *website*, normatizando formatos, durações e remunerações dos materiais enviados. Há, ainda, a relação dos usuários que receberam quantias durante o mês, como forma de dar concretude às promessas de pagamento pelo trabalho. O texto introdutório diz: "Chega de lutar contra o sistema! Ele está trabalhando por você e funcionando cada vez melhor."[17] A ambiguidade de sentidos aparece no discurso, pois o termo "sistema" tanto pode se referir à estrutura informática que permite os procedimentos no *site*, como adquirir um tom contestatório de referência às corporações midiáticas hegemônicas.

As produções videográficas enviadas pelos colaboradores do *site* ajudam a construir o Fiz.TV, pois realizam os preceitos expressos pela proposta, que está "muito mais ligada aos usuários do que aos padrões"[18] da TV tradicional. O próprio nome do canal na *web*, que se constitui por um verbo de ação na primeira pessoa, designa a importância atribuída a quem participa efetivamente da manutenção do ambiente *online*. Os produtores possuem perfis variados, podendo ser encontrados pequenos coletivos, estudantes de comunicação, grafiteiros, skatistas, ou seja, qualquer um, ligado ou não a atividades profissionais próprias da comunicação. Da mesma forma, as produções são diversas e heterogêneas, mas observam-se associações com trabalhos da televisão, nas quais se verifica uma tentativa de seguir regras de formatação e linguagem próprias de seus produtos, sejam eles ligados ao jornalismo, à publicidade, à ficção, etc. As temáticas também são diversificadas e abordam desde o cotidiano e a vida em família dos autores, incluindo festas e viagens, até a cobertura de eventos e a produção de pequenos dramas.

Além de publicar os vídeos, os produtores mais engajados e frequentes se esforçam para manter boas relações com os administradores do *website* e com outros produtores, como forma de se fazerem conhecidos, de divulgarem seus trabalhos e de construírem boa reputação, o que pode auxiliá-los a angariar boas votações. É o caso de Ambrosio, que se apresenta como mágico e produtor de eventos. Ele já disponibilizou mais de 300 vídeos no Fiz.TV, num movimento frenético de construção de visibilidade para ganhar a mídia de massa. Como essa visibilidade depende da cooperação de outros sujeitos, Ambrosio deve levá-los em consideração e utiliza para tal táticas persuasivas

[17] Disponível em: http://fiztv.uol.com.br/dinheirinha. Acesso em: 30 de outubro de 2008.

[18] http://fiztv.uol.com.br/f/home/fiztv. Acesso em: 10 de novembro de 2008

para clamar pelos valorosos votos, publicando vídeos em formato de anúncios publicitários, nos quais o objeto da venda é ele mesmo. A meta é o alcance da condição de celebridade, categoria que pode identificar indivíduos institucionalizados.

O vídeo intitulado "Vote Ambrosio: I've got the power" é exemplar na demonstração das pretensões e dos propósitos do autor ao colocar-se como personagem central. Sua imagem aparece supostamente disseminada por diferentes espaços midiáticos institucionalizados, como nos gigantescos painéis visuais que assolam o cenário urbano e cuja funcionalidade é reconhecida pelos habitantes da cidade na venda de produtos ou ideias. A primeira tomada incrusta o retrato de Ambrosio na íris de um olho humano, metaforizando seu desejo de ser capturado pelo olhar do outro. Ao som de "The Power", *hit* do grupo de música eletrônica Snap! em 1989, a fotografia do produtor de eventos aparece em capas de revistas internacionais, nas vestimentas de celebridades como Gisele Bündchen, nas telas de TV e cinema, culminando com sua imagem pintada e exposta num cavalete dentro de um museu. As imagens a seguir registram algumas dessas cenas:

Imagens recortadas do vídeo "Vote Ambrosio"[19]

O autor expõe a própria imagem cujo olhar interpela por uma resposta. Também mostra-se onipresente ao grafar a marca indelével de seu nome em todas as tomadas, o que condiz com as trucagens de um mágico. A tecnologia digital manejada pelo produtor e protagonista do vídeo permite-lhe esta prática de remixagens, na qual associa-se a ícones de significação social compartilhada, o que demonstra seu esforço de vinculação a diversas instituições midiáticas ou construídas pela mídia.

[19] http://fiztv.uol.com.br/f/Video/assista/16170. Acesso em: 30/10/2008.

Apontamentos finais

Na perspectiva de uma crítica de mídia, entendemos que só podemos extrair os valores constituintes das práticas comunicativas se temos em vista produtos e interações delimitados pelos contextos históricos e sociais que lhes abrigam. Ao observarmos esforços de institucionalização efetuados por novos meios e por novos agentes na produção comunicativa, que têm na internet um *locus* privilegiado para sua manifestação, não podemos deixar de apontar a força do capital e do consumo na configuração do imaginário social, mesmo entendendo que são múltiplas as determinações que operam na configuração das escolhas da sociedade.

Bauman (2008), ao caracterizar a sociedade contemporânea como "sociedade de consumidores", observa o mercado como espaço proeminente das interações, no qual a vida dos indivíduos e as relações humanas moldam-se a partir de padrões das transações mercantis. Para ele, o grande segredo dessa sociedade é o fato de que os próprios consumidores constituem as mercadorias dos negócios. Dessa maneira, a condição de visibilidade dos sujeitos é fundamental para sua distinção dentre milhões que utilizam artifícios de toda sorte para imprimirem suas marcas e torná-las aceitas e desejadas. As leis de mercado teriam assim a potência de se transformarem em preceitos de vida: "A tarefa dos consumidores, e o principal motivo que os estimula a se engajar numa atividade incessante de consumo, é sair dessa invisibilidade e imaterialidade cinza e monótona, destacando-se da massa de objetos indistinguíveis" (Bauman, 2008, p. 21).

Nesse contexto, as modificações do sistema midiático, afetado pela digitalização e pela comunicação telemática, atreladas ao consumo, não podem ser negligenciadas, pois seus meios são desenvolvidos para a realização das performances desses sujeitos a serem consumidos. Mais do que estabelecer para essas considerações aqui apresentadas o valor de constatação fechada ou de vaticínio, entendemos que a importância da reflexão sobre esses cenários reside, principalmente, nas possibilidades de aberturas e transformações que constituem o caráter processual das instituições.

Referências

BAUMAN, Z. *Vida para consumo: a transformação das pessoas em mercadoria.* Rio de Janeiro: Zahar, 2008.

BERGER, P.; LUCKMANN, T. *A construção social da realidade.* Petrópolis: Vozes, 1978.

BRAGA, J. *A sociedade enfrenta sua mídia: dispositivos sociais de crítica midiática.* São Paulo: Paulus, 2006.

BRETAS, B. Pessoas comuns e ocupações midiáticas do ciberespaço. *Logos*, Rio de Janeiro, v. 29, p. 47-60, 2008.

CASTELLS, M. *A galáxia da internet: reflexões sobre a internet, os negócios e a sociedade.* Rio de Janeiro: Zahar, 2003.

CASTORIADIS, C. *A instituição imaginária da sociedade*. Rio de Janeiro: Paz e Terra, 1982.

DESCOMBES, V. *Les institutions du sens*. Paris: Minuit, 1996.

ELIAS, N. *A sociedade dos indivíduos*. Rio de Janeiro: Zahar, 1994.

MANOVICH, L. *Software takes command*. Versão Nov. 20, 2008. Disponível em: http://lab.softwarestudies.com/2008/11/softbook.html. Acesso em: 20 nov. 2008.

MARTÍN-BARBERO, J. Diversidad cultural y convergencia digital. *Alambre*, n. 2, mar. 2009. Disponível em http://www.revistaalambre.com/Articulos/ArticuloMuestra.asp?Id=36.

MOUILLAUD, M. Da forma ao sentido. In: MOUILLAUD, M.; PORTO, S. (Org.). *O jornal: da forma ao sentido*. Brasília: Paralelo, 1997. p. 29-35.

PARRET, H. *A estética da comunicação: além da pragmática*. Campinas, SP: Editora da UNICAMP, 1997.

PRIMO, A. *Internet blogs como micromídia digital: elementos para o estudo do encadeamento midiático*. Trabalho apresentado no GT Comunicação e Cibercultura - Compós, 2008. Disponível em: http://www.compos.org.br/data/biblioteca_416.pdf.

SEWELL JR., W. *Three temporalities: toward a sociology of the event*. *Paper* apresentado na conferência The historic turn in the humam sciences, University of Michigan, 1990. Disponível em: http://deepblue.lib.umich.edu/bitstream/2027.42/51215/1/448.pdf.

VAZ, P.; ANTUNES, E. Mídia: um aro, um halo e um elo. In: GUIMARÃES, C.; FRANÇA, V. (Org.). *Na mídia, na rua: narrativas do cotidiano*. Belo Horizonte: Autêntica, 2006. p. 43-60.

Parte 3

Em torno do impresso

Novos valores impressos

Elton Antunes

Ao se propor uma reflexão sobre "novos valores impressos", a mesa 1 do Colóquio Cis poderia parecer, à primeira vista, uma roda de bibliófilos a tratar da exasperante questão do fim do livro (e do jornal, e do papel, e do impresso...). Entretanto, em vez de voltar-se para suportes, o debate verteu para aspectos que envolvem uma cultura que alimenta um complexo de práticas midiáticas e organiza instituições cruciais da sociedade contemporânea. Fundadora e estruturante, a cultura do impresso foi tomada como vetor de um conjunto de normas, valores e regras que historicamente desenharam instituições como o jornalismo, e pensar hoje a cultura do impresso ajuda a abordar domínios institucionais que presenciam momentos de grande instabilidade e redefinições. Foi assim que as intervenções olharam para diferentes expressões dos discursos jornalísticos, buscando compreender aquilo que vem marcando suas continuidades e descontinuidades. Enfim, o que está em jogo no impresso não é apenas o "meio de comunicação".

Fernando Resende, em "Falar *para* as massas, falar *com* o outro: valores e desafios do jornalismo", busca tensionar ainda mais o estado de crise do jornalismo, com o cuidado de indicar o quão delicada é tal operação para uma prática social cujo imaginário está fortemente assentado em noções como "real", "referência" e "verdade". Para além do estabelecido, o que se apresenta como emergente? Do referencial informativo de transmissão de saberes, o jornalismo estaria buscando apoiar-se agora fortemente em uma visada relacional. Tal movimento implicaria uma multiplicação das instâncias enunciativas do discurso jornalístico, práticas discursivas e narrativas "apagadas" nas formas hegemônicas e historicamente consolidadas do jornalismo impresso, mas fundamentais para ampliar a compreensão do fenômeno midiático.

O impresso, até então, na leitura do saber tradicional do jornalismo, era o lugar do estável, do normativo. À instabilidade respondia-se com demanda de mais focalização e didatismo, com o intuito de, no "repouso" da página impressa, continuar a organizar o caos do mundo. Lugar privilegiado de um locutor autorizado, o jornalismo acena ainda com métodos para assegurar a verdade do fato, calcada no valor da informação.

A partir de incursões na análise da dimensão jornalística presente nos quadrinhos de Joe Sacco, Resende insurge-se então para pensar os textos jornalísticos não como lugar de afastamento do outro, mas como *locus* de uma certa hospitalidade para escutar e acolher outras lógicas e narrações. O jornalismo não seria o lugar da plenitude da significação, mas da admissão de certa vulnerabilidade, de reconhecimento de uma falta essencial. Assim, o jornalismo não é lugar do sentido impresso, estabilizado, mas de operações de imprimir sentido.

A estratégia de abordagem de Ronaldo Henn é diversa. Em "Padronização do jornalismo e memória coletiva", o pesquisador indica como valores dominantes no sistema jornalístico reiteram a marginalização e o silenciamento de amplos segmentos sociais. Aqui, na repetição e reiteração de determinadas práticas e saberes, a instituição jornalística imprime uma dada forma à semiosfera contemporânea. Amparado numa abordagem semiótica estruturada principalmente em noções de Yuri Lotman, Henn busca evidenciar como o jornalismo opera entre a conservação e a transformação, em processos contínuos de tradução cultural. Construtora privilegiada do chamado espaço semiosférico, a instituição jornalística se apresenta como vetor fundamental na produção de uma memória social.

Por meio de operações típicas como estabelecimento de critérios de noticiabilidade, hierarquização e construção de enquadramentos, o discurso jornalístico opera concomitantemente por meio de indicação de realidades relevantes que "cabem" no sistema midiático, e do silenciamento de realidades semióticas outras, que exorbitam esse mesmo sistema. Henn, nesse sentido, reivindica uma reinstitucionalização do jornalismo em busca de valores que deem conta de um "espaço polifônico com alternância e equivalência das vozes de todos os setores da sociedade".

Paulo Bernardo Vaz busca refletir sobre os novos valores do impresso no coração mesmo da cultura impressa: a página. No artigo "Páginas: eterna página", o autor busca tratar dos valores que se inscrevem no lugar da página jornalística a partir da maneira como a articulação de textos e imagens instituem visibilidades, legibilidades e inteligibilidades. Tais dimensões produzem-se nas figurações do "leitor pensante" e do "leitor especulador". O primeiro funda-se em gestos que se confrontam com elementos tipográficos, iconográficos e gráficos na página que, em sua "ex/posição" e sua "dis/posição" material, admitem "dis/cursos" de leitura variados e variáveis que qualificam a página como unidade significativa da cultura do impresso.

O leitor especulador, por sua vez, é apresentado por Vaz em suas múltiplas acepções. Se percorre a página estudando-a do alto com atenção, esquadrinhando-a e refletindo, também o faz de maneira curiosa, "bisbilhotando" o alheio, e refletindo-a como em um espelho. O leitor especulador apropria-se do texto, e Vaz procura saber que mundo é esse em que leitor e texto se coproduzem e partilham continuamente. É o mundo da página, em que se joga a permanência/invenção de valores. Com uma rápida caracterização histórica, mostra então como evitar determinadas abordagens do impresso que podem induzir-nos a armadilhas teóricas. Vaz se afasta, por exemplo, de uma visão que postularia que os objetos impressos, acossados pelo espetacular desenvolvimento do aparato tecnológico dos meios de comunicação, teriam sido rebaixados a objetos menores no concerto midiático que ajuda a conformar a "experiência contemporânea". Seu marco é outro: a cultura do impresso atravessa uma tormenta que não sabe como e onde termina. Por isso, para além da discussão do fim dos seus objetos típicos, sempre alicerçada no suporte papel, percebemos que o "impresso" deve merecer considerações que levem em conta a natureza sincrética dos textos midiáticos, que combinam vários tipos de expressão. Numa perspectiva crítica de investigação das técnicas gráficas – em sentido abrangente de formas que organizam o discurso – é preciso tomar como ponto de partida relações em cruzamento, o fusionar de diferentes expressividades para a constituição de um sentido comum. A página reapresenta-se assim em todo seu esplendor; é a página que diz da e diz-se instituição.

Tal instituição, articulada ao problema da construção da memória, é a estratégia analítica mobilizada por Renné França em "Passado reimpresso: instituição e memória nos 40 anos da revista *Veja*". Debruçado sobre um mesmo objeto, França trabalha a ideia de que as páginas da revista funcionam como lugar da partilha de significados que alimentam o fundo comum da memória social. O autor mostra como a produção da memória nos domínios institucionais deve operar concomitantemente com a naturalização de valores e sua permanente celebração: esquecimento e lembrança se coproduzem. Memória e instituição, nesse sentido, não se antecedem nem lógica nem cronologicamente, mas, segundo França, "encontram-se interligadas: uma depende da outra, ambas partilhando significados que se pretendem coletivos".

Dessa forma, o autor pode realizar uma análise que articula imagem e imaginação para composição da memória e sustentação da instituição. As imagens aos 40 anos se apresentam assim como 40 anos de imagens. Acontecimentos flutuando na memória, seminais na experiência pública, galvanizados na vida cotidiana e nos diferentes domínios do social, são resgatados pelas páginas da publicação. As páginas são lugar de encontro, o passado que atravessa a visada do presente.

A análise de uma situação de comunicação específica, a revista semanal de informação, permite também a Vaz, agora com Ronei Sampaio, mostrar essa paginação do mundo, atualizando "formas, cores e valores do imaginário, inserindo suas imagens num *continuum* caracterizado tanto como um reservatório quanto como uma matriz de produção de novas imagens". Em "A construção simbólica de *Veja*: um país imaginado", os autores mostram como esse olhar que deambula pelas páginas não o faz sozinho. No interior de uma rede simbólica, a revista é tomada pela força de uma instituição que vai tecendo ao longo da história significados que conferem autoridade ao seu modo de dizer o mundo. Estilo e linha editorial combinam-se para reiterar papéis e valores, fazendo emergir uma legitimidade de "paginação" do social. Ao analisarem materiais utilizados pela revista *Veja* ao comemorar seus 40 anos, os autores mostram a página como um "olho" especular que mobiliza uma memória social e ao mesmo tempo constitui e reflete um imaginário.

Por diferentes caminhos, os trabalhos aqui alinhados reiteram o investimento teórico que o GrisPress e seus interlocutores vêm fazendo ao se dedicarem à pesquisa das formas de mediação permitidas pelos dispositivos associados ao universo do impresso. Cada meio irá constituir o discurso de informação jornalística da atualidade segundo modalidades específicas que regem sua economia enunciativa. As distintas teorizações sobre os fenômenos comunicativos apontam hoje como fundamental a percepção dos produtos de informação midiática na sua composição articuladora de diversas matérias significantes. Composto de distintos materiais que organizam o discurso – *layout*, textos, fotografias, títulos, etc. – a reflexão em torno do impresso não tem que padecer de nostalgia por uma "época de ouro". Seu mundo não é apenas o da lentidão, do aprofundamento, da reflexão. Tal "condição" do impresso só pode aparecer numa análise contrastiva com outros meios. Com facilidade esquece-se que nos primórdios da invenção dos sistemas de impressão já se temia que os homens se tornassem menos atentos em razão da abundância de livros.

O impresso está necessariamente articulado ao tema da escrita, o que faz com que muitas das suas questões apareçam como derivações dessa problemática. Uma das mais recorrentes é a ideia de que a escrita, por um lado, é uma extensão da fala, sua otimização, e por outro que representa a fala (Parret, 1995; Olson, 1997). Esse paradigma fonocentrista esquece a dimensão da escrita como técnica gráfica e que, quando dizemos "o impresso", tratamos, na verdade, de uma sinestesia que faz fusionar diferentes técnicas em um sentido comum. A linguagem do impresso pertence ao sistema visual e combina linguagem verbal escrita, linguagem gráfica, linguagem fotográfica, etc. Esse sentido comum se dá, dentre outras dimensões, pelo arranjo plástico dos elementos verbo-visuais em estratégias que visam a assegurar a constituição de uma identidade das publicações.

Em geral, as mudanças na forma visual das notícias, por exemplo, mantêm uma relação complexa no quadro dos diferentes suportes midiáticos. Contemporaneamente, tende-se a atribuir à televisão e à internet pesos significativos na configuração gráfica dos jornais impressos, por exemplo. As diferentes abordagens teóricas apontam uma articulação de elementos da cultura, da tecnologia e sociais para compreender as diferentes mudanças que tais meios enfrentam. Apontam inclusive para tendências no desenvolvimento de elementos de linguagem, não mais exclusivos de um ou outro meio, e sim, muitas vezes ligados a discursos específicos, como o discurso da informação jornalística. Títulos, por exemplo, saltaram das páginas dos jornais para barras dinâmicas que "rolam" horizontalmente na tela da televisão. Ícones que povoam *websites* organizam a leitura no jornal impresso. Algumas dessas tendências se impõem com maior vigor na reformulação das páginas: o incremento das relações entre as novas tecnologias da informação e a atividade jornalística, as mudanças no sistema midiático que levam um texto hegemônico de um *medium* a provocar mudanças no outro, e as pressões do mercado consumidor. Tais condições têm feito com que o impresso passe a admitir novas articulações entre a linguagem verbal escrita, a linguagem fotográfica, a linguagem gráfica e a linguagem diagramática, com ênfase em uma plasticidade gráfica.

Se noutros momentos e contextos os veículos eletrônicos e digitais foram avaliados pelo olhar de uma cultura letrada, agora parece ser o universo do impresso que é submetido, por um lado, ao viés de uma cultura do audiovisual, e, por outro lado, à "montanha-russa" das inovações tecnológicas que chegam juntamente com o crescimento de um "mundo digital". Parece-nos então ser este um momento propício para a pesquisa dessa cultura aparentemente "moribunda". Esse pode ser um bom pressuposto para avaliar com parcimônia os ganhos e perdas da passagem de um "estado a outro" e, com isso, superar um tipo de fala "messiânica" que "impõe um falso confronto entre fim e começo, estabelecendo polaridades entre as culturas impressa e digital que se valem de antinomias inexistentes" (Beiguelman, 2003, p. 10).

Referências

BEIGUELMAN, G. *O livro depois do livro*. São Paulo: Peirópolis, 2003.

OLSON, D. *O mundo no papel: as implicações conceituais e cognitivas da leitura e da escrita*. São Paulo: Ática, 1997.

PARRET, H. *De la semiótica a la estética*. Buenos Aires: Edicial, 1995.

Falar *para* as massas, falar *com* o outro: valores e desafios do jornalismo

Fernando Resende

Apontamentos

A leitura de Joe Sacco nos leva, de forma contundente, à Faixa de Gaza. Com os seus quadrinhos, a presença do repórter na cena e sua narrativa atenta às espacialidades, experimentamos o horror da guerra. Para Edward Said, que faz o texto introdutório, aqueles acontecimentos são descritos "com precisão quase assustadora e, paradoxalmente, de forma delicada" (Said, 2005, p. XI). Trata-se, dirá Said, de uma experiência que temos através dos "gibis em sua objetividade implacável" (p. VIII).

Se "o homem é um ser em estado crísico", como diz Morin (1973), pensar o jornalismo em tempos de crise – se o concebermos constitutivo de um campo tecido pela história e pela cultura – não deveria significar muito mais do que levar em consideração processos de mudança que ocorrem ao longo dos tempos. No entanto, tal exercício de reflexão, por nos colocar às voltas com processos relacionados às institucionalizações e legitimações de campos de saber e práticas, provoca indagações e incertezas acerca de rupturas e continuidades. No que diz respeito ao jornalismo, este é um gesto que se torna ameaçador, particularmente, por se tratar de lugar no qual seus saberes e práticas são devedores de uma realidade como referência.

Contudo, há que se ressaltar a necessidade de promovermos diálogos em torno da crise que não se limitem a rechaçar possíveis rupturas e reiterar continuidades, visando exclusivamente à sustentação de legitimidades e valores cujos pilares estão fincados em formas de ver o mundo que precedem o atual estágio em que nos encontramos. A "sociedade informática emergente", dirá Flusser, nos impõe um engajamento político cujo propósito deve ser o de "injetar 'valores' nas formas emergentes" (Flusser, 2008, p. 67). No entender desta proposta de reflexão, está em questão a necessidade de reconhecermos a demanda pela compreensão e aceitação de um "nível de consciência novo" – próprio da história da cultura (Flusser, 2008) –, que nos coloca interrogantes sobre valores dados como estabelecidos.

Não se trata de abandonar saberes construídos, mas, antes, de complexificá-los, acolhendo a acepção de que modos distintos de apreender o mundo provocam novos níveis de consciência e demandam do homem reavaliações acerca dos instrumentos de que ele dispõe para nomear as coisas do mundo. Trata-se, particularmente em relação aos campos da comunicação e do jornalismo, de compreender que as formações culturais[1] são fundantes no que se refere ao ato de estar-no-mundo e que modos e lugares distintos de carregar informações revelam formas também distintas de representar e compreender o mundo. Nesse sentido, a mudança das linhas escritas para as imagens, que hoje, de forma contundente, narram e explicam os acontecimentos e as experiências, é significativa, pois traz à tona diferentes modos de produção de sentido e, nesse mesmo bojo, outras formas de produzir experiências e narrativas.

Esta reflexão, ao partir desses pressupostos, procura chamar atenção para o recorte de dois quadros histórico-culturais distintos nos quais estão engendrados modos possíveis de compreender o jornalismo. Recortes conceituais, pois não se trata de pensá-los como momentos estanques, cumpre ressaltar; seus princípios e características se cruzam, podendo enfatizar ora uns aspectos, ora outros. O primeiro – que institui o gesto de *falar para as massas* – diz respeito à concepção e à experiência de uma lógica industrial de produção de informação, cuja base simbólica é a cultura da escrita. O segundo – que apresenta ao jornalismo o desafio de *falar com o Outro* – marca inscrições técnicas e simbólicas que apontam para uma base, de natureza distinta, que dá ênfase à necessidade de tratar o jornalismo como próprio de um campo de relações enquanto "lugar de confluência de vozes e sentidos" (Benetti, 2007). Da perspectiva deste modo de conceber o jornalismo, não há como evitar, na atualidade, a demanda pelo enfrentamento com o Outro, sendo este para quem, de quem e por quem fala o jornalismo (Resende, 2003).

No recorte deste ensaio, são relevantes tanto os gibis de Sacco como o gesto implacável que Said, neles, reconhece. A narrativa em quadrinhos produzida por quem se autoproclama "repórter-quadrinista" materializa uma característica proeminente no contexto atual: a coexistência de instâncias midiáticas de enunciação de cunho jornalístico cujo propósito parece ser, junto com o jornalismo tradicional, desvelar os acontecimentos. Do mesmo modo, a menção à objetividade e à precisão como características inscritas nos quadrinhos de Sacco é também crucial. Em ambos os sentidos, este ensaio propõe a possibilidade de serem renovadas nossas condições de reflexão sobre o jornalismo.

Assim, além de nos colocar diante do dilema de reconhecer ausências[2] que foram construídas enquanto o jornalismo se consolidava como forma de conhecimento e

[1] Santaella (2003, p. 24-25) trabalha com a ideia de eras culturais divididas em "seis tipos de formações: a cultura oral, a cultura escrita, a cultura impressa, a cultura de massas, a cultura das mídias e a cultura digital". Sem entrar no mérito da categorização sugerida pela autora, o que interessa a esta reflexão é sua proposta de que tais eras sejam compreendidas como formações, transmitindo "a idéia de que não se trata [...] de períodos culturais lineares, como se uma era fosse desaparecendo com o surgimento da próxima".

[2] Para Santos (2002), diante da premência de partirmos para uma efetiva compreensão do "paradigma emergente", há que se reconhecer que, do ponto de vista epistemológico, há saberes que a modernidade construiu como "ausentes". Nesse sentido, reconhecer as ausências significa fazer tais saberes virem à tona, na perspectiva de uma epistemologia pragmática.

prática, esta reflexão nos impõe um gesto proativo no sentido de apresentar perspectivas que possam nos conduzir ao conhecimento de práticas discursivas e narrativas que ampliem nossos modos de compreender o jornalismo. Trata-se de nos havermos com uma visão crítica acerca dos modos de produção de conhecimento que marcam o quadro dominado pela cultura do jornalismo impresso e ainda de nos posicionarmos diante da premissa de que os instrumentos utilizados – incluindo os valores e os nossos modos de acolhê-los no campo – talvez precisem passar por um processo de ressignificação. Os quadrinhos de Joe Sacco como pano de fundo, o que eles podem significar para o jornalismo em crise no quadro histórico-cultural que ora experimentamos, e as observações de Edward Said são aqui "pre-textos" para enfrentarmos os dilemas.

Quando o sentido é o impresso

O propósito de problematizar o nosso modo de olhar e acolher valores no jornalismo pode se valer tanto dos quadros histórico-culturais quanto da tematização do problema da objetividade. Em 1997, o jornal *Folha de S. Paulo*, com vistas a um jornalismo que se apresentasse distinto, lançou seus princípios determinantes para um projeto editorial. Para aquele jornal, o final do século passado apresentava uma cena caótica, "uma balbúrdia informativa" em meio à qual a utilidade dos jornais somente cresceria "se eles [conseguissem] não apenas organizar a informação inespecífica, aquela que potencialmente interessa a toda pessoa alfabetizada, como também torná-la mais compreensível em seus nexos e articulações [...]".[3]

Percebemos, hoje de forma distanciada, que estava já em pauta o esforço de se pensar um estado de crise, ainda sem que o problema fosse tomado com a atual veemência, o que não impedia a *Folha* de ser enfática: "[...] o jornalismo terá de fazer frente a uma exigência qualitativa muito superior à do passado, refinando sua capacidade de selecionar, didatizar e analisar". Apesar de alertar para a demanda de um texto que não se pautasse pelo "estritamente informativo", a *Folha* pedia "parcimônia e cautela, seja para que não se perca a base objetiva de informação, seja para que o leitor não fique à mercê dos caprichos da subjetividade de quem está ali para, antes de mais nada, informar com exatidão".

As proposições, conforme se pode constatar, primam por uma ênfase normativa, o que é produto explícito de um quadro histórico-cultural e de um modo já consolidado de ver e conhecer o jornalismo. Um modo que reverbera, é interessante observar, as proposições feitas 16 anos antes, em 1981, quando, segundo lemos em um *box* junto à mesma matéria de 1997, "surgia [...] a primeira sistematização de um projeto editorial". O texto, na época, fixava três metas: "informação correta, interpretações competentes sobre essa informação e pluralidade de opiniões sobre os fatos". A conformação

[3] Todas as referências e citações do Projeto Editorial da *Folha de S. Paulo* encontram-se em "Caos da informação exige jornalismo mais seletivo, qualificado e didático". *Folha de S. Paulo*, Caderno Brasil, 17/08/1997.

das propostas, reiteradas e evidenciadas pelo próprio jornal, faz com que pensemos em um contexto no qual as ideias de didatização, tratamento mais compreensivo e focalização mais precisa nada mais faziam do que reforçar modos de conceber uma prática – a jornalística – cuja função seria organizar o caos, explicando ao homem os acontecimentos do mundo.

À luz desses preceitos, a informação é o elemento esclarecedor, por princípio, e, em um âmbito socioeconômico de dimensão estendida em termos temporais, a lógica industrial e o crescimento em relação ao número de leitores são dados que se casam com a legitimação do impresso como instância de enunciação "privilegiada" na qual prevaleceria a verdade do fato. A televisão, a partir da segunda metade do século passado, aponta suas projeções iniciais, é certo, mas é o imaginário em torno da cultura da escrita como símbolo do registro (Certeau, 2002) que predomina como um fator relevante e que, de forma simbólica e bastante significativa, corrobora o que a cultura do jornalismo impresso construiu como duas de suas perspectivas epistemológicas centrais: a ênfase na problemática do conteúdo – "o que dizer" é a pergunta primordial a ser respondida (Resende, 2002) – e a ideia de que o valor da informação se mede pelo viés quantitativo.

Walter Benjamin (1985), no seu texto fundamental sobre a era da reprodutibilidade técnica, ao diagnosticar o seu tempo, já apontava para o fato de que as legendas das fotos em jornais se tornavam obrigatórias enquanto "indicadoras de caminhos" para o leitor. Tratava-se, também naquele momento, da instalação de um "nível de consciência novo" – distinto daquele a que se refere Flusser sobre o momento atual –, em que "o mundo [passava a ser] concebido como informação" (Eagleton, 2005). Sob essa ótica, ao jornalismo competia organizar o processo de construção de sentidos a partir de valores – ser apartidário, sério, impessoal e objetivo, somente para citar alguns – que contribuiriam para a institucionalização de outros valores centrais, como, por exemplo, a credibilidade e a autoridade. Assim, é ao jornalismo como um todo, prática em ascensão que naquele momento segue adquirindo escala industrial, que se agrega o compromisso de falar para as massas o que é o acontecimento.

Este modo de instauração dos valores atende à premissa de que é necessário trabalhar para a manutenção da neutralidade do campo perante as outras instituições com as quais o jornalismo precisa dialogar. O baixo índice de autonomia e a necessária sustentação de uma heteronomia no campo (Bourdieu, 2005) são fatores também preponderantes, que, neste quadro histórico-cultural, contribui para que as problemáticas relativas à linguagem sejam minimizadas. Ao jornalismo cabe falar para o Outro, partindo do princípio de que a lógica é ceder a palavra. A construção da fala jornalística, sua tessitura e suas complexidades são problemas que subjazem a valores que lhe são supremos. O grau de objetividade, por exemplo, é o que atesta sua credibilidade perante os outros campos e, assim, a objetividade como valor é mais relevante enquanto método – já atestava Lipmann em 1922 – do que enquanto conceito. Neste quadro, diante da premência de falar para as massas, não nos é permitido perguntar o que é ser objetivo, mas, sim, como empregar as normas da objetividade.

Enfrentar os dilemas do encontro com o Outro

Sob a perspectiva do conhecido "jornalismo tradicional", a objetividade, como um ritual estratégico (Tuchman, 1999), pressupõe, antes de tudo, um afastamento do repórter, de modo a fazer com que o fato possa ser apresentado com imparcialidade. E é assim que técnicas de neutralização, como o uso de aspas, por exemplo, passam a intervir no processo de enunciação. O pressuposto da objetividade, sob essa ótica, ativa longos debates que tratam da questão, muitas vezes, à luz da verdade que se deve fazer revelar nos enunciados. Não há, quando as discussões se dão nesta direção, uma problematização dos modos possíveis de narrar os fatos, mas um esforço de reiteração de valores – no caso, a verdade – que teoricamente preservam os limites do campo. Nesse sentido, as considerações de Said tocam na problemática da enunciação jornalística de modo contundente, pois são feitas a partir de uma prática narrativa de cunho jornalístico cujo processo de enunciação se faz distinto do legitimado pelo discurso hegemônico em torno da objetividade e porque vêm de um autor cujo pensamento se pauta pela necessidade de reconhecermos as marcas do Outro.

Quando conformada ao quadro histórico-cultural descrito, a questão da objetividade parece antes se localizar em uma problemática enraizada na base epistemológica do jornalismo: a concepção de que bastaria um olhar lançado à produção para que se resolvessem os modos de operacionalizar seu discurso e sua narrativa. A necessidade de se abrir à ideia de uma hermenêutica que, como diz Paul Ricoeur, não fosse "só a confrontação de um sábio e do texto, mas também a confrontação com as interpretações coletivas que animam o texto" (Ricoeur, 2002, p. 19) faz parte de um arcabouço teórico cuja tarefa de construção cabe aos estudiosos do campo.

Nesse sentido, a inscrição dos estudos da recepção, tanto na comunicação quanto no jornalismo, a apropriação das teorias construtivistas, da enunciação, da narrativa e do discurso, além da diversidade de abordagens metodológicas que visam ao conhecimento dos procedimentos da linguagem, são dados de grande relevância. Eles contribuem para uma problematização mais alargada de aspectos fundantes e para um aprofundamento do conhecimento sobre o campo.[4]

Do ponto de vista teórico, de um vasto e complexo universo, o que se faz necessário prevalecer ao problematizarmos a questão da objetividade talvez possa aqui ser contemplado através das ideias de Schutz (1973), que, ao tratar das incertezas que perpassam o processo de comunicação e dos níveis de estranheza que se inscrevem no "mundo da vida", nos ajuda a complexificar o que, da perspectiva da produção, circulação e consumo de informação, muitas vezes, se apresenta de forma simples e definitiva. Com Schutz, por exemplo, nos é possível entender que o "mundo da vida" – este de que fala o jornalismo – não pode ser compartilhado de modo tão objetivo quanto se pressupõe.

[4] Em Benetti e Lago (2007), é possível se haver com um conjunto de pesquisas que apresentam importantes percursos que têm sido feitos nos estudos do jornalismo. Do mesmo modo, em Resende (2008a), encontra-se uma reflexão sobre esses percursos.

A filosofia schutziana da linguagem, que compreende uma "intradutibilidade relativa" entre os diversos âmbitos de significado, nos leva a crer que "é na manutenção das estranhezas mútuas e das desconfianças recíprocas que pode assentar uma reciprocidade de expectativas que não se confunda com a idealização do entendimento" (Correia, [s.d.]). Este modo de compreender as dificuldades que há entre o desejo de cumprir as metas da objetividade e a obrigatoriedade de representar os acontecimentos do mundo nos faz comprometidos com o dilema da objetividade, não na perspectiva de um encontro harmonioso entre as partes envolvidas, mas, antes, no que diz respeito ao que a ideia de objetividade jornalística ajudou a ocultar: o fato de que o ofício do jornalista é narrar e compartilhar o presente.

A tentativa de entender os dilemas acerca do ato de compartilhar o "mundo da vida" através da escrita – uma proposição teórico-metodológica que possivelmente viabilizaria a reflexão acerca de um encontro com o Outro – tem sido enfrentada por outros campos em diferentes tempos e por razões distintas. O discurso histórico, por exemplo, desde o início do século XX, tem procurado se haver com os dilemas que envolvem o ato de narrar o passado. Sabe-se, com Ricoeur (1994), que o passado que se apresenta nos documentos não se detém na narrativa histórica, pois, nela própria, os documentos podem ser esgarçados. A antropologia, com Geertz (2002), faz incursões semelhantes quando se indaga acerca da escrita como seu lugar de ofício e produção de conhecimento.

Em se tratando do jornalismo, é grande o risco de que as concepções teóricas que complexificam as relações entre as partes fiquem enclausuradas no pensamento e que se justifique sua não aplicabilidade diante das amarras que, no quadro histórico-cultural descrito, sustentam suas legitimidades. A brecha entre teoria e prática no jornalismo é também um dado histórico; ela é produto e, ao mesmo tempo, ajuda a gerar desacertos que marcam a dinâmica dos capitais simbólicos (Bourdieu, 2005) que se entrelaçam no campo.

Assim, esta reflexão sugere que apartar-se das condições e dos pressupostos que nos são apresentados pelo quadro atual é não só sustentar um modo de produzir conhecimento que gera e reitera dicotomias, como também de legitimar formas de afastamento do Outro – um dos dilemas do jornalismo que, de modo distinto de outros tempos, aprendemos a conhecer na atualidade. É preciso ressaltar que, no âmbito desta discussão e de uma abordagem que visa a acolher as problemáticas da linguagem, o Outro, muitas vezes simplória e fisicamente representado pela figura do leitor, é, antes, um signo de alteridade. Um signo que se configura a partir das relações de conflito e diferenças que se inscrevem no próprio processo de enunciação.

Quando imprimir é atribuir sentido

A era da reprodutibilidade técnica, retomando parte dos prognósticos de Benjamin, tem também significado para o homem a construção da ilusão de que, através das máquinas, seria possível tudo ter. Para Benjamin, "Cada dia se torna mais imperiosa a necessidade de possuir o objeto fazendo-o mais próximo na imagem, ou melhor, na cópia, na reprodução. [...] A orientação da realidade para as massas e, destas para aquela, é um processo de amplitude ilimitada, tanto para o pensamento como para a intuição" (Benjamin, 1985, p. 170).

O desejo de tudo ter, ou tudo ver, podemos assim pensar, gera a ilusão de que a técnica nos oferece uma realidade mais intensa e, por esta razão, as máquinas fazem do nosso anseio para captar o concreto, algo mais plausível e materialmente mais justificável; "a dança em torno do concreto", para Flusser (2008), é o verdadeiro significado da história da cultura. As formações culturais, mais particularmente a partir da entrada da escrita e, mais veementemente com o avanço tecnológico que temos atravessado, são decisivas ao nos oferecerem recursos para prosseguirmos no encalço de tocar a realidade. Uma perspectiva filosófica, mas também material, que corrobora as ilusões construídas – dar a ver o acontecimento – e as ausências sustentadas no campo do jornalismo.

Uma hipótese, aqui lançada, é que tal natureza ilusionística e a atual proeminência das máquinas estejam também contribuindo para que o homem contemporâneo se indague a respeito do que é visto e queira se haver com perspectivas menos restritivas, seja porque as máquinas passam a ser mais acessíveis, ou mesmo porque o uso que delas se faz torna evidente as faltas ali produzidas. Esta hipótese quer nos fazer pensar que obliterar as problemáticas que dizem respeito ao ato de narrar o presente, no intuito de oferecer o mais limpo e verdadeiro possível, no quadro histórico-cultural de hoje, pode também contribuir para que se deflagre, no jornalismo, a incompetência que, cabe ressaltar, não lhe é particular: no âmbito da linguagem, a ideia de tudo dar a ver não se coaduna com a certeza de tudo ter sido visto.

A crítica feita por Flusser a respeito dos nossos modos de viver e apreender o universo das imagens técnicas[5] lhe permite apontar duas tendências que nos cabe considerar: (1) aventar "o rumo da sociedade totalitária, centralmente programada, dos receptores das imagens e dos funcionários das imagens"; e (2) considerar "o rumo para uma sociedade telemática dialogante dos criadores das imagens e dos colecionadores das imagens" (Flusser, 2008, p. 14). Sem acreditar que uma tendência necessariamente exclua a outra, esta reflexão se faz valer da ideia de que os fazeres que nos têm sido apresentados no quadro histórico atual, que são de natureza jornalística e que apresentam formas distendidas de narrar o acontecimento, possam ser produtos de instâncias de enunciação midiática que tanto se esforçam para transmitir informação quanto para construir diálogos. Assim, enquanto parte de uma "sociedade telemática dialogante", eles seriam formas "novas"

[5] Aqui interessam as considerações que Flusser (2008) faz sobre o imaginário construído em torno do "universo das imagens técnicas", por oferecer características centrais para o que reconhecemos como "quadro histórico-cultural atual". Nesse sentido, não é relevante, no recorte desta reflexão, a especificidade da concepção de "imagens técnicas" desenvolvida pelo filósofo.

– ou, antes, um modo nosso de vê-los, acolhendo o "nível novo de consciência" –, fruto tanto da demanda do homem de seguir dançando em torno do concreto quanto do alto nível atual de acessibilidade aos recursos tecnológicos.

A questão da representação do Outro enquanto problema do jornalismo, se compreendida neste quadro, estaria nascendo de um tiro saído pela culatra: o próprio avanço tecnológico e as demandas pela representatividade produzem fazeres e, ao mesmo tempo, almejam tornar realizável a ideia de que a comunicação e, certamente o jornalismo, sejam espaços onde possam coexistir sujeitos em relação (França, 2006). Assim, as problemáticas referentes a um falar com o Outro fazem parte de um quadro abrangente no qual práticas e conhecimentos sofrem alterações. De fato, quando a compreensão do próprio processo de massificação demandava revisões, devido a mudanças socioculturais que nos atravessavam, começávamos a aprender que outras questões se faziam presentes. A problemática da representação no âmbito dos discursos e das narrativas da mídia, desse modo, também faz parte desse jogo de reconfiguração do saber.

Vale salientar que o olhar proposto para os quadrinhos de Sacco, e que se estende para outros quadrinhos, documentários e *blogs* – desde que compreendidos como instâncias de enunciação midiática que, de uma perspectiva discursiva, apresentem um cunho jornalístico –, não pretende dar resposta ao que é jornalismo. No quadro histórico-cultural que ora se desenha e à luz das questões apontadas, outra pergunta – como fazer jornalismo? – se faz primordial. A menção que esta pergunta faz à forma em detrimento do conteúdo é, sim, fundamental, mas não implica uma reflexão que rejeite a perspectiva conteudística para trilhar um caminho puramente estético. Diante de uma cultura das mídias (Santaella, 2003), a complexidade própria da justaposição das formações culturais nos coloca, de forma crítica e não dual, atentos à necessidade de balizarmos lugares, modos e contextos.

Esta reflexão certamente acolhe uma dimensão discursiva ampliada, haja vista a demanda pelo reconhecimento do fato de que somos atravessados por um quadro histórico-cultural que traz em si uma dinâmica de significação engendrada na própria prática social e nos dispositivos através dos quais são produzidos os sentidos. Uma perspectiva oferecida por Stuart Hall (1997), que nos alerta para o papel que a cultura passa a exercer a partir dos anos 1980 tanto no processo de produção de conhecimento quanto em relação aos nossos modos de conceber as práticas. Segundo o autor, a demanda contemporânea é de que práticas discursivas sejam efetivamente reconhecidas como práticas culturais.

Um dos grandes méritos de pensar a problemática da linguagem é poder trabalhar com o feito, com o dado produzido, e, a partir dele, lançar hipóteses e proceder às análises, de modo a indagar-se acerca dos valores e conceitos que ali circulam. Deste modo, o olhar para as práticas discursivas, é um olhar às avessas (Resende, 2002) que visa ao rastreamento dos sentidos, ou seja, a conhecer as formas que o cultural encontra para se manifestar. Sob essa perspectiva, ao tentar conhecer o problema de dentro para fora, e à luz de uma dimensão discursiva ampliada, fazemos da intertextualidade, por exemplo, um instrumento a mais, como sugerem Stam e Shoat

(2006), redimensionando valores e apresentando desafios que possam, quem sabe, ser pertinentes à experiência do presente.

É interessante, por exemplo, o fato de a guerra a que temos acesso através dos gibis ser a mesma que conhecemos nos jornais. Ao conhecermos os intertextos que perpassam tais narrativas geradas em diferentes lugares, à luz do quadro que acolhe e viabiliza a coexistência de narrares, o que vem à tona são os modos de encenar a guerra (Castro-Gómez, [s. d.]), as marcas simbólicas que em lugares específicos e de formas distintas se revelam. Antes os livros-reportagem – ainda que objetos próprios de uma formação cultural distinta – e agora, de modo marcante, os quadrinhos, os documentários e os *blogs*, somente para citar alguns desses lugares, também cumprem a função de serem portadores de informação e realizam, em certa medida, um dos prognósticos de Flusser: o de que as máquinas nos ofereceriam condições de "brincar com dados disponíveis de informação" (2008, p. 93), para então jogarmos com ela de modo produtivo.

Em relação à questão da objetividade jornalística, à luz de uma dimensão discursiva assim ampliada, torna-se inevitável problematizar modos jornalísticos de "re-presentar" – tornar de novo presente – os fatos. Sob essa perspectiva, o objeto da representação sofre distensões no seu conteúdo quando reconhecemos que a história da invasão do Iraque, por exemplo, não é somente aquela contada nos jornais. Quando outras instâncias colocam em cena as suas verdades, problematizamos, no jornalismo, os modos de re-presentar, e não só redimensionamos os espaços por meio dos quais seus conteúdos são reconstruídos como também nos predispomos a ler este mesmo fato a partir dos distintos modos de representação. Assim, contribuímos para o desenvolvimento da ideia de que a objetividade deve ser reconsiderada à luz dos espaços e dos modos narrativos, trabalhando, também, num plano de ressignificação das formas narrativas.[6]

O ato de poder ver delicadeza, precisão e objetividade em um relato no qual o jornalista-quadrinista se faz presente na cena através da figura de um repórter que vê, experimenta e narra a guerra – como é o caso da narrativa de Sacco – pode ser compreendido como resposta ao momento que vivemos ou, minimamente, como uma provocação para que reavaliemos nossos modos de refletir sobre os processos de produção dos discursos que devem primar pelo objetivo. A "sociedade dialogante" a que se refere Flusser é aquela que *cria* imagens. Um conceito caro para este filósofo que aponta o gesto lúdico, em oposição ao mecânico, como provocador de um engajamento político cujo propósito deve ser o de "fazer com que as imagens sirvam a diálogos, mais que a discursos" (2008, p. 70).

Para não correr o risco de ser parcial, o jornalismo que fala para as massas preteriu a forma e deixou de aventar os possíveis da fala, apostando no conteúdo como lugar

6 Em Resende (2008b), é feita, nesses termos, uma análise da coluna "O diário de Bagdá", que o jornal *Folha de S. Paulo* publicou durante o mês de abril de 2003. A análise nos permite conhecer relatos marcados, por exemplo, por aspectos intertextuais e metanarrativos bastante significativos no que se refere ao propósito deste ensaio.

no qual a verdade, ou o sentido, estaria evidente. A narrativa jornalística, ao atender aos preceitos de um discurso que quer ser objetivo e não deixar escapar os fatos do presente, muitas vezes perde o presente dos fatos. A dúvida é se, desse modo, na ânsia de respeitar o dever da verdade, deixamos de lado, muitas vezes, o dever da imprensa que, no quadro atual, mais do que nunca, talvez seja o de apresentar as várias versões do que se pretende que seja verdade.

Na narrativa de Sacco, o que vale também para aquelas produzidas pela coluna "O Diário de Bagdá" (Resende, 2008b), o implacável da objetividade não está no número de mortos ou nas manchas de sangue que evidenciam e comprovam a guerra. Ela está na forma de enunciar; nos espaços abertos que a narrativa *cria* de modo a fazer com que ali surjam sujeitos; nas condições que o repórter *cria* para que o leitor minimamente compreenda os mistérios que se escondem por detrás do fato aparente; no esforço, vale assim dizer, de construir diálogos e promover possíveis encontros com o Outro. Assim, a ideia de pensar e problematizar o valor de ser objetivo – e não a objetividade como valor – quer nos fazer compreender que o gesto de produzir e reconhecer narrativas que visem à dialogia (Bakhtin, 1992), no campo do jornalismo, é da ordem do necessário, se quisermos considerar o atual estado de crise em que esta prática se encontra.

Dos riscos

Michel de Certeau, que em suas reflexões tem o problema da alteridade como questão central, faz uma leitura da modernidade que se mostra relevante para o propósito desta reflexão, pois, em termos conceituais, ela amplia nossa compreensão acerca do quadro no qual se instalaram as condições de um falar para as massas. Segundo o autor, por ser marcada pela perda do Primeiro Locutor, a "virada da modernidade" deixa uma ferida aberta que então se torna o problema da comunicação, o de se haver com "uma linguagem que se deve *fazer* e não mais somente *ouvir*" (Certeau, 2000, p. 229 – grifos do autor).

A importância da consideração feita por Certeau está na questão que ele próprio anuncia: o problema da comunicação é, também, no exercício da *linguagem por fazer*, uma questão própria da enunciação. Com ele, perguntamos: como deixar o lugar da escuta e ocupar o lugar de quem fala sem que a mudança implique o afastamento do Outro? Ao dar prosseguimento às suas indagações acerca da alteridade na escrita, o próprio Certeau nos indica uma pista. O Outro, ele diz, será "o dejeto do pensamento construtor, sua recaída e seu recalcamento" (Certeau, 2002, p. 227). Desse modo, atento à problemática da linguagem, este autor nos faz entender, teoricamente, que a alteridade não consiste em falar do outro no texto, mas naquilo que vimos a saber sobre o outro através do que a escrita diz sem querer dizer.

Se efetivamente entendermos a ideia de falar com o Outro como um problema a ser considerado no âmbito das narrativas jornalísticas, ampliar a dimensão discursiva pode ser fundamental para que se possa abarcar o problema de forma mais abrangente.

Este ensaio, tomado por evidências discursivas e culturais que têm ocupado os narrares do contemporâneo, arrisca a pensar que, sim, o processo de ressignificação de alguns valores à luz das problemáticas da linguagem pode ser um caminho instigante. Se assim o for, buscar conhecer formas de promover encontros com o Outro – também um risco, pois é sempre um enfrentar-se consigo mesmo (Ricoeur, 1991) – pode se dar, no jornalismo, a partir da problematização do valor de ser objetivo.

Reavaliar os instrumentos que temos para compreender as formas jornalísticas é uma maneira de evitarmos a insistência em ver "balbúrdia informativa" onde hoje se realiza um "jogo produtivo de informação". Nas condições atuais, o desdobramento dos acontecimentos em modos, contextos e materialidades distintos é um exercício potencial de perlaboração do informativo, efetiva possibilidade, do ponto de vista do avanço tecnológico e das práticas culturais renovadas, de termos informação sobre o mundo, um desafio que Eagleton (2005) aponta para as sociedades atuais.

Trata-se de mais um desafio, no entanto, reconhecer que acolher a ideia de jogo não implica abolir valores. Eagleton (2005), ao defender a relevância de evitarmos o risco de aderirmos aos relativismos – também uma das marcas do quadro histórico-cultural que atravessamos –, se nega a apostar em uma sociedade destituída de fundamentos e valores. Ele aponta 3 (três) aspectos que podem ser úteis a esta reflexão: ter fundamento não significa ser fundamentalista; verdade absoluta não significa atemporalidade; objetividade não significa colocar-se alheio ao outro.

Sabemos que este caminho implica repensar as relações entre os campos com os quais o jornalismo dialoga – estes também são os seus Outros –, o que certamente gera riscos políticos e econômicos. Porém, sugere-se, ressignificar valores e conceitos não implica desfigurar o campo, mas, sim, ampliar as condições de conhecimento sobre a atuação das narrativas no jornalismo e rever, ao mesmo tempo, as próprias condições de reflexão e atuação do campo.[7] O reconhecimento de outros modos de enunciação faz com que se perceba o compartilhamento do espaço, contribuindo para que limites sejam alargados sem que necessariamente se percam referenciais determinantes.

No âmbito do quadro histórico-cultural em que vivemos, a reflexão em torno da crise precisa se fazer valer de práticas narrativas dialogantes, caso o intuito seja enfrentar os desafios apresentados pelas experiências do presente. Neste quadro, a inscrição dos valores no jornalismo, e particularmente no impresso, deve correr o risco de abraçar perspectivas distintas. Aqui, a tentativa foi sugerir que dar formas ao

[7] Nesse sentido, é fundamental o artigo de Silva (2009, p. 201). Ao discutir, criticar e problematizar a reflexão que tem sido feita em torno do que se concebe como "campo do jornalismo", a autora sugere que, ao pensarmos "a produção do conhecimento [neste campo], deveríamos nos voltar mais criteriosamente para os conceitos de campo científico-acadêmico até chegar ao campo epistêmico". Suas considerações não só referendam a necessidade de nos voltarmos para uma perspectiva ampliada em torno da compreensão do "fenômeno jornalístico" como também conferem legitimidade à ideia que perpassa este ensaio: para além de uma busca pela especificidade do jornalismo, há um caminho a se fazer que deve primar pelo esforço de conhecer e empreender críticas acerca do conhecimento que se tem tecido em torno do jornalismo.

conteúdo é uma maneira de compreender que imprimir é atribuir sentido. Este talvez seja, pelo menos para os discursos devedores de uma realidade como referência, o maior desafio a ser enfrentado nos dias atuais.

Referências

BAKHTIN, M. *Estética da criação verbal.* São Paulo: Martins Fontes, 1992.

BENETTI, M. Análise do discurso em jornalismo: estudos de vozes e sentidos. In: LAGO, C.; BENETTI, M. (Org.). *Metodologia de pesquisa em jornalismo.* Petrópolis: Vozes, 2007.

BENJAMIN, W. *Magia e Técnica, Arte e Política. Ensaios sobre literatura e história da* cultura. São Paulo: Brasiliense, 1985. (Obras Escolhidas, vol. 1).

BOURDIEU, P. *A economia das trocas simbólicas.* São Paulo: Perspectiva, 1974.

CASTRO-GÓMEZ, S. *Althusser, los estúdios culturales y el concepto de ideologia.* 2005. Disponível em: http://www.insumisos.com/lecturasinsumisas/ALTHUSSER_los%20estudios%20 culturales%20y%20concepto%20de%20ideologia.pdf. Acesso em: 05 jul. 2008.

CERTEAU, M. *A invenção do cotidiano.* Petrópolis: Vozes, 2000.

CERTEAU, M. *A escrita da história.* Rio de Janeiro: Forense Universitária, 2002.

CORREIA, J. Elementos para uma teoria da comunicação: Schutz e Luckmann e a construção social da realidade. *Revista BOCC,* [s. d.]. Disponível em: http://www.bocc.ubi.pt/pag/correia-joao-carlos-elementos-para-teoria-da-comunicacao.pdf. Acesso em: 05 maio 2009.

EAGLETON, T. *Depois da teoria: um olhar sobre os Estudos Culturais e o pós-modernismo.* Rio de Janeiro: Civilização Brasileira, 2005.

FRANÇA, V. Sujeito da comunicação, sujeitos em comunicação. In: FRANÇA, V.; GUIMARÃES, C. (Org.). *Na mídia, na rua: narrativas do cotidiano.* Belo Horizonte: Autêntica, 2006.

FLUSSER, V. *O universo das imagens técnicas: elogio da superficialidade.* São Paulo: Annablume, 2008.

GEERTZ, C. *Obras e vidas: o antropólogo como autor.* Rio de Janeiro: UFRJ, 2002.

HALL, S. A centralidade da cultura: notas sobre as revoluções culturais do nosso tempo. In: THOMPSON, K. (Org.). *Media and cultural regulation.* London: Sage Publications, 1997.

LIPMANN, W. [1922]. *Opinião pública.* Petrópolis: Vozes, 2008.

MORIN, E. *O paradigma perdido: a natureza humana.* Tradução de Hermano Neves. 4. ed. Lisboa: Europa-America, 1973.

RESENDE, F. (Des)caminhos: o jornalismo e seus desafios metodológicos. *Revista Galáxia,* São Paulo: PUC-SP, n. 15, jul. 2008a.

RESENDE, F. Espaços parciais, espaços de resistência: relatos e conflito no cenário contemporâneo. In: GOMES, R.; MARGATO, I. (Org.). *Espécies de espaço: territorialidades, literatura, mídia.* Belo Horizonte: Editora UFMG, 2008b.

RESENDE, F. Ausências na Comunicação Social e no Jornalismo: a *lógica da rua. Oficina do CES,* Coimbra, n. 197, 2003.

RESENDE, F. *O olhar às avessas: a lógica do texto jornalístico*. São Paulo: USP, 2002. Tese (Doutorado em Comunicação Social) - Escola de Comunicação e Artes, Universidade de São Paulo, São Paulo, 2002.

RICOEUR, P. *O único e o singular*. São Paulo: Unesp; Uepa, 2002.

RICOEUR, P. *O si-mesmo como um outro*. São Paulo: Papirus, 1991.

RICOEUR, P. *Tempo e narrativa*. Tomo I. São Paulo: Papirus, 1994.

SACCO, J. *Palestina - na Faixa de Gaza*. São Paulo: Conrad, 2005.

SANTAELLA, L. Da cultura das mídias à cibercultura: o advento do pós-humano. *Revista FAMECOS*, Porto Alegre, n. 22, dez. 2003.

SANTOS, B. Para uma sociologia das ausências e uma sociologia das emergências. *Revista Crítica de Ciências Sociais*, Coimbra, n. 63, out. 2002.

SCHUTZ, A.; LUCKMANN, T. *The Structures of life-world*. Evanston: Northwestern University Press, 1973.

SILVA, G. De que campo do jornalismo estamos falando?. *Matrizes*, v. 3, n. 1, 2009.

STAM R.; SHOAT, E. *Crítica da imagem eurocêntrica*. São Paulo: Cosac Naify, 2006.

TUCHMAN, G. A objectividade como ritual estratégico: uma análise das noções de objectividade dos jornalistas. In: TRAQUINA, N. (Org.). *Jornalismo: questões, teorias e "estórias"*. Lisboa: Vega, 1999.

Padronização do jornalismo e memória coletiva

Ronaldo Henn

O jornalismo, desde o século XIX, transformou-se em uma das principais instâncias articuladoras da semiosfera que, através das operações de agendamento e enquadramento, delimitam a própria percepção do que seja realidade. Ato contínuo, o jornalismo passa também à condição de potente configurador da memória coletiva, com o poder de excluir para espaços extrassistêmicos extratos inteiros da cultura. Padrões de textos e de diagramação, enfoques estereotipados e a mesma tipologia de fontes replicam-se no tempo, fenômeno que institui formas redundantes de percepção do mundo e da história. Segmentos marginalizados são submetidos a uma série de silenciamentos. Postula-se que populações historicamente discriminadas tenham direito à memória que lhes foi negada no que se produz sobre elas pelo sistema jornalístico vigente.

O jornalismo, entre outras dinâmicas, atua como configurador de memórias coletivas de cujas forças hegemônicas se sobressaem tendências de manutenção de padrões repetitivos em vários níveis que reforçam determinados enquadramentos destas memórias. Concebe-se esse desenho a partir da lógica de duas fundamentações: as dinâmicas da semiosfera proposta pelo semioticista Yuri Lotman e os meandros da semiose em torno da qual está construída a Teoria Geral dos Signos de Charles Sanders Peirce.

Trabalham-se essas ideias tendo como ponto de partida os pressupostos de que falarei a seguir. O jornalismo constitui espaço semiótico em que se articulam confluências de várias semioses. Através delas, realidades sociais são construídas por conta de agenciamentos, tais como critérios de noticiabilidade, hierarquização, seleção e exclusão de fatos, agendamento e, principalmente, enquadramentos. Estes dispositivos, além de dar forma ao noticiário no seu consumo imediato, também constroem memória coletiva midiatizada em pelo menos dois níveis: no registro mental de determinados acontecimentos que atravessam o tempo, mesmo que sua divulgação se esgote na temporalidade da difusão; e pelos arquivos que geram nos vários suportes, que podem ser acionados em novas semioses. Por conta disso, defende-se que a memória coletiva midiatizada precisa ser pensada nos termos dos enquadramentos promovidos pela produção jornalística.

Começarei a tratar deste tema na lógica da semiosfera. A primeira questão que se coloca é sobre a constituição deste espaço. Para tanto, faz-se necessária uma rápida revisão do pensamento de Lotman, professor de literatura russa da Universidade de Tártu, Estônia, que, no final da década de 1950, organizou ali encontros com diversos semioticistas e passou a publicar os trabalhos que originariam a vertente conhecida como Semiótica da Cultura. O principal postulado desta escola estava na ideia de que a cultura se organiza por meio de textos com dinamicidades variadas, o que permite pensar o jornalismo como texto da cultura.

A semiosfera compreende o espaço produzido por todos os processos de semiose e traz, para o plano da cultura, dinâmicas isomorficamente próximas ao que acontece no plano da vida, cujos processos constroem a biosfera. Próximas porque, em ambos os casos, temos, estruturalmente, sistemas dinâmicos, abertos e fora do equilíbrio, o que significa que se trata de sistemas não lineares, sujeitos a flutuações de diversas intensidades e que estão em contínuos processos de mudanças que podem culminar em transformações radicais. Como a semiosfera engloba o conjunto das dinâmicas culturais, é neste espaço conflitante e ruidoso que se dá a produção de sentido e de memória coletiva.

Antes de chegar à conceituação específica de semiosfera, Lotman e seus colaboradores de Tártu desenvolveram formas de compreensão dos fenômenos culturais a partir da semiótica. Desta perspectiva, afirmavam que toda a cultura determinada historicamente gera um modelo cultural próprio que funciona como matriz modelizadora. Inspirados na linguística de Roman Jakobson (1975), percebiam a cultura como constituída de traços distintivos e, desta forma, ela nunca representaria um conjunto universal, mas apenas um subconjunto com determinada organização; nunca engloba o todo porque só se concebe como parte, como uma área fechada sobre um fundo de não cultura.

Isso quer dizer que se reconhece a cultura em oposição àquilo que ela não é. Ao mesmo tempo, para atingir determinada organização, pressupõe-se até mesmo o expurgo de certos extratos, que formariam este fundo de não cultura que mais tarde Lotman designaria como espaço extrassemiótico.

O caráter da contraposição é variável: a não cultura pode parecer uma coisa estranha a uma determinada religião, a um determinado saber, a um determinado tipo de vida e de comportamento. Mas a cultura precisará sempre de uma contraposição semelhante. Será precisamente a cultura o que intervirá como membro assinalado da oposição. Nota-se que o jornalismo, como definidor do que entende por "realidade relevante", nos seus processos de seleção e exclusão do que é noticiável, produz operação com essa estatura: delimita as fronteiras da cultura.

A cultura constitui-se nessa intervenção sobre o fundo de não cultura, ganhando materialidade como um sistema de signos no qual está pressuposta a configuração de linguagens e textos. Nesta processualidade, o suceder da cultura (especialmente em épocas de mudanças sociais) vai geralmente acompanhado de uma clara elevação da semioticidade do comportamento.

Para Lotman (1999), a adoção de novas formas de comportamento e o reforço do que elas significam determinam mudanças no tipo de cultura. Por outro lado, não seria possível a existência de uma língua que não estivesse imersa num contexto cultural, nem de uma cultura que não possuísse no seu próprio centro uma estrutura do tipo da de uma língua natural. De um ponto de vista sistêmico, isso quer dizer que existe um modelo organizacional que tende a uma eficiência no sentido de uma reprodução e permanência ao longo do tempo, tendo em vista justamente as oscilações e o caráter ruidosamente explosivo do espaço extrassistêmico. O jornalismo, como se verá adiante, institui rigorosa codificação para fazer frente a um meio ambiente intensamente caótico, desenvolvendo, por conta disso, semiotização potente.

Ensinavam Lotman e Upenski (1981) que, a título de abstração científica, poder-se-ia figurar a linguagem como um fenômeno em si mesmo. No seu funcionamento real, entretanto, ela encontra-se incorporada num sistema mais geral: o da cultura e, juntamente com ele, constitui uma totalidade complexa. "O trabalho fundamental da cultura consiste em organizar estruturalmente o mundo que rodeia o homem" (Lotman; Upenski, 1981, p. 39). E é deste processo que o primeiro esboço da noção de semiosfera aparece, nesta luminar proposição do autor: a cultura é um gerador de estruturalidade, criando à volta do homem uma sociosfera que, da mesma maneira que a biosfera, torna possível a vida.

Em artigo de 1984, intitulado "A Semiosfera", Lotman deu mais corpo a este conceito. Sua fonte de inspiração foi o biogeoquímico russo-ucraniano Vladimir Vernadski, que na década de 1920 havia lançado o livro *A Biosfera*, cujas ideias reaparecem trabalhadas em outro texto chamado "Pensamento filosófico de um naturalista". Em síntese, ele propunha que tudo o que é vivo, inclusive a espécie humana, não constitui um objeto em si mesmo, independentemente do meio em que está inserido. Ao contrário, existe uma conectividade operativa que gera a biosfera, zona do globo terrestre formado por toda a matéria viva e cuja estrutura orienta tudo o que acontece em seu interior (Lozano, 1999).

No funcionamento da biosfera, mais do que adaptação, o que aparece é um conceito de construção no plano biológico. Ou seja, nenhum organismo poderia existir sem um ambiente no qual atua e age, assim como o que dá sentido a este ambiente são as relações desencadeadas pelos sistemas vivos. Desta forma, os organismos processam, com base na sua própria organização interna, os elementos do ambiente necessários para sua constituição e, neste procedimento, constituem também o ambiente.

Jorge Lozano (1999) destaca que este modelo é mais complexo do que o proposto pela Teoria da Informação que muito influenciou Lotman nas concepções estruturais anteriores, tais como a ideia de que cultura é a conservação e transmissão de informação não hereditária. O que se vê neste desenho de biosfera são contínuos processos de transformação que, no plano da cultura, serão entendidos como de tradução.

Vernadski também imaginou a possibilidade de um terceiro estágio da evolução do planeta (considerando-se a geosfera como primeiro, e a biosfera como segundo), conhecido como noosfera: o mundo formado pelo pensamento ou pelas ideias humanas. Este conceito também foi desenvolvido na primeira metade do século XX pelo filósofo jesuíta francês Teilhard de Chardin (1981), que já inseria, na constituição da noosfera, os processos tecnológicos.

Diversas apropriações da concepção de noosfera estabeleceram-se ao longo da segunda metade do século passado. Lotman, especificamente, propôs um novo nome para este ambiente, no qual a cultura se institui: a semiosfera, cujo funcionamento tem similitude com a biosfera. E mais: o termo dota o ambiente de materialidade, de concretude, na medida em que a cultura se manifesta em textos ou sistemas de signos cujo processamento só é possível neste espaço semiótico específico. A semiosfera, portanto, é o espaço das semioses e de todas as dinâmicas inclusas, até mesmo as de tensionamento.

Mas esse espaço tem fronteiras cujos pontos pertencem simultaneamente ao interior e ao exterior. Sendo a função de toda fronteira a de limitar e filtrar as migrações ou invasões do exterior, essa operação converte-se em processos de tradução que consistem na semiotização do que vem de fora e sua conversão em informação.

Na sua obra derradeira, *Cultura e Explosão*, Lotman (1999) detecta que a questão fundamental de todo sistema semiótico encontra-se na sua relação com o extrassistema, com o mundo que existe para além dos seus limites. No seu interior, desencadeia-se outra relação sistêmica fundamental: a relação entre estática e dinâmica. De que maneira, então, o sistema pode se desenvolver permanecendo o mesmo? Há diferentes velocidades nesses processos. Alguns se pautam por microtransformações lentas, graduais, e apontam para uma previsibilidade. Outros são intensos, imprevisíveis, de caráter explosivo e apontam para a possibilidade de transformações dinâmicas. Entretanto, o parâmetro da permanência pode reacomodar as novas configurações sígnicas através da diluição de sua carga crítica. Nestas operações, tanto os processos explosivos como os graduais assumem importantes funções em uma estrutura em funcionamento sincrônico: uns asseguram a inovação e outros a continuidade.

A referência à crise aqui merece especificação. Ela deve ser pensada à luz da teoria das estruturas dissipativas de Ilya Prigogine (1984, 1996). Quanto mais complexo o sistema, mais vulnerável será às flutuações e crises, e mais intensa será sua força auto-organizacional, com grande carga informativa. Há sistemas que se auto-organizam de tal forma que atingem graus de complexidade informativa extraordinários, nem que para isso consumam muita energia.

Prigogine (Prigogine; Stengers, 1984) chama as estruturas que assim se desenham como dissipativas, porque o sistema só garante sua permanência, via auto-organização, se se dissipar, como se ficasse em um estado contínuo de metaestabilidade. Portanto, trata-se de um sistema aberto que interage intensamente com o meio ambiente. Ao converter energia em entropia neste jogo fronteiriço, consegue organização localizada, bancada pela alta dissipação da energia como um todo. Parâmetros críticos ultrapassados amplificam flutuações, gerando crises que obrigam o sistema a evoluir. Ao vencer uma crise, o sistema ressurge reorganizado, reestruturado, e, talvez, com sua identidade modificada.

É nesse sentido que Lotman (1999, p. 159-161) entenderá a heterogeneidade como um dos fundamentos da semiosfera. Sobre o eixo do tempo coexistem subsistemas cujos movimentos cíclicos possuem diferentes velocidades. Muitos sistemas se chocam uns com os outros e mudam de repente seu aspecto e sua órbita. Sendo assim, o espaço semiótico se encontra tomado de fragmentos de variadas estruturas que conservam estavelmente em si a memória do sistema inteiro e, caindo em espaços estranhos, podem, de improviso, reconstituir-se impetuosamente. Com essas considerações, Lotman reforça a exuberante força auto-organizacional da cultura, que, por conta disso, configura-se como estrutura dissipativa, transmutando-se na irreversibilidade do tempo.

E o que são as semioses que produzem e se produzem neste espaço no sentido proposto por C. S. Peirce (2002)? O signo só existe no contexto de uma semiose, o que significa sua própria ação: há um objeto, fora dele, que determina a sua existência enquanto signo que, por outro lado, só se efetiva na produção do interpretante, outro signo gerado na mente afetada pelo signo e que mantém a relação primordial com o objeto. O interpretante, assim que gerado, e sendo signo, terá condição de produzir outro interpretante, e este, mais outro, e assim sucessivamente. Estes novos signos gerados podem ser mais desenvolvidos em relação aos iniciais, propiciando, por isso, outros desvendamentos do objeto dinâmico. Dessa forma, a semiose constitui-se em processo animado por uma meta, uma tendência: esgotar representacionalmente e interpretativamente o objeto que desencadeou o movimento a partir de determinado signo ou conjunto de signos. Vale frisar que esse processo traz embutido um desgaste temporal.

Desta perspectiva, a função do signo não se restringe à tradicional questão da representação, aspecto que, acentua Fabri (2000), constituiria um dos maiores obstáculos para a semiótica. Na medida em que o signo só se efetiva na determinação de outro signo, por esta teoria ele só pode ser descrito na própria semiose, como um processo. Isso significa que o signo não existe como entidade isolada, mas como um sistema de representação mediada a ser compreendido dentro de um sistema mais amplo de representação (Salles, 1992).

Se o signo tem a capacidade de gerar outro signo e só existe em função dessa capacidade, há nele uma dinâmica autopoiética própria dos chamados sistemas abertos dinâmicos fora do equilíbrio, que fervilham nos sistemas vivos. E não se trata apenas de replicar: os interpretantes vão crescendo e ganhando outras desenvolturas. Exibem uma competência auto-organizacional própria deste tipo de sistema e com versatilidade impressionante exatamente nos sistemas culturais que, de outra perspectiva, formam os ambientes produzidos pelas semioses.

Quando se descreve a semiose como processo que envolve signos que geram outros sucessivamente, pode-se imaginar uma linearidade que em nada corresponde à sua efetiva dinâmica. O que temos são processos multifacetados, que sugerem desdobramentos sincrônicos imprevisíveis e altamente conflitantes. Um megassigno como a cobertura noticiosa de determinado acontecimento afetará uma quantidade considerável de mentes que não processarão, necessariamente, o mesmo interpretante. De acordo com o repertório, competências interpretativas ou observação colateral, como preferia Peirce, mesmo que haja enquadramentos prévios nas próprias configurações das notícias, os interpretantes por elas gerados podem conter percepções até mesmo conflitantes dos objetos noticiados. Pode-se falar, inclusive, em guerra de sentidos.

Essa imprevisibilidade termina se circunscrevendo a determinados contextos que as próprias operações auto-organizacionais instituem. Códigos vão se estabelecendo gerando formatos e linguagens específicos que impõem certos limites à semiose. Esses limites não são definitivos graças à dimensão icônica dos sistemas, cujo patamar de caoticidade pode originar transgressões e novidades. A semiose, portanto, é um processo multidirecional e simultâneo de geração de signos, que, dependendo do fundamento e do suporte em que o signo se constitui, corresponderá a um complexo sígnico com infinitas possibilidades de interpretantes que oscilam entre a conservação e a inovação. Trata-se de um fenômeno que se dá no fluxo do tempo, inclusive como probabilidade. Na medida em que a semiose avança, vai *gerando memória*, concentrando presente, passado e futuro.

Por outro lado, conforme proposição de Michael Pollak (1989), memórias subterrâneas que dormitam no esquecimento, diante de determinadas circunstâncias, podem aflorar. Basta, para isso, que um conjunto de signos seja acionado no desencadeamento de novas semioses, possibilitando, inclusive, outras versões da história: os objetos dinâmicos, fora que estão dos signos, mas, ao mesmo tempo, determinantes na sua existência, mantêm o motor semiótico em potencial movimento.

Os processos midiáticos concentram a produção das semioses que envolvem os textos da cultura, e entende-se que o jornalismo está à frente destes processos como principal palco em que se negocia esta trama de disputas. As mídias configuram novas estruturas de percepção, estruturas processadoras de semioses que, ao mesmo tempo que imprimem regras diferentes, já estão, de alguma maneira, associadas aos fundamentos auto-organizacionais que dinamizam a cultura como um todo.

Essa preocupação aparece vivamente no trabalho de Mônica Rebeca Nunes (2001), que, entre outras coisas, assinala as condições necessárias para a cultura ser considerada memória, da perspectiva de Lotman, e o modo de funcionamento da cadeia evolutiva biotecnocultural, prevista pelo neodarwinista Richard Dawkins, "o que não deixa de significar a construção da memória da espécie e da cultura, lugar em que se inscreve a memória midiática" (Nunes, 2001, p. 65). Através de um engenhoso *software* que permitia que imagens sintéticas se replicassem nos mesmos padrões da seleção natural, o biólogo aponta para mapeamentos isomórficos entre processos que se dão nos sistemas vivos e nos sistemas artificiais com algum grau de complexidade. Mônica Nunes transfere estas constatações para o território da mídia, chegando à seguinte proposição: os dispositivos midiáticos, constituindo-se como sistemas auto-organizacionais, tendem a replicar sua estruturalidade com vistas à permanência. Ao mesmo tempo, são dispositivos de organização e construção da memória cujas lógicas desafiam as regras que animam o sistema cultural como um todo. Trata-se, portanto, de um território de hegemonias e disputas no qual produção e memória aparecem entrelaçadas.

Na sociedade midiatizada, o jornalismo atua como o grande construtor do espaço semiosférico e, portanto, da sua memória. Ao atribuir-se a competência de definir o que é realidade relevante, o jornalismo produz enquadramentos em vários níveis. Um deles situa-se na própria estipulação das fronteiras semiosféricas. Outro, não menos importante, dá-se na construção dos acontecimentos noticiosos com todas as operações de produção nela implícitas. A mera escolha de uma fonte em detrimento de outras, que na cobertura policial produz enviesamento problemático, já é uma forma avassaladora de enquadramento neste nível.

A hipótese do *agenda-setting*, na revisão promovida por seus próprios proponentes (MCCOMBS; SHAW, 1993) conhecida como a do seu segundo nível, também adota o termo "enquadramento". Isso significa que os mídias noticiosos fornecem mais do que um certo número de notícias; eles também estipulam as categorias através das quais os consumidores podem tematizá-las. Nessa perspectiva, as pessoas elaboram seus conhecimentos sobre o mundo a partir daquilo que a mídia inclui ou exclui do seu próprio conteúdo. Segundo os autores, os meios são extremamente exitosos em nos dizer sobre o que pensar. Uma atenção maior sobre o segundo nível revela que os meios nos dizem como pensar sobre determinadas coisas. É nesse processo que *agenda-setting* e *framing* compartilham de um mesmo campo (SÁBADA, 2007).

Há pelo menos dois segmentos de memória nesse processo. Um deles refere-se aos sentidos que determinados temas ganham na construção de opinião pública, cuja semiose, conforme exposto, replica no tempo. O outro é constituído pelos próprios acontecimentos noticiados transformados em fonte historiográfica ou mesmo do jornalismo no trabalho de reconstrução de fatos passados.

A escolha dos fatos noticiáveis, sua hierarquização e enquadramento desencadeiam semioses que não se esgotam no consumo imediato das notícias, mas apontam para possibilidades de apropriações futuras através das quais toda essa codificação replicante pode sedimentar determinados sentidos. Segmentos sociais historicamente silenciados, condenados a uma memória subterrânea e, via de regra, confinados a editoriais policiais, ocupam espaços extrassistêmicos nesta memória midiatizada. Entretanto, conforme o movimento da semiosfera, estes segmentos conseguiriam realizar operações fronteiriças e provocar transformações de códigos.

Como os sistemas midiáticos são complexos empresariais de grande monta, a construção e organização dessa memória alinham-se à tradicional perspectiva dos *vencedores*. Os segmentos sociais historicamente marginalizados e excluídos aparecem nos produtos de mídia sob determinados enquadramentos que raramente correspondem à sua real organização semiótica. Por mais bem-intencionados que sejam os produtores de mídia, há um inevitável ruído por conta das regras sedimentadas nos sistemas socioculturais a que pertencem e que perpetuam enquadramentos.

Há, portanto, uma série de silenciamentos a que segmentos marginalizados são submetidos. A semiosfera na qual se constitui a memória midiatizada, comportando-se como um sistema aberto, dinâmico, fora do equilíbrio, não é estável e, por conta disso, está sujeita a periódicas convulsões, algumas delas com poder transformador intenso. Nesse sentido, tais apagamentos, que Pollak (1989) chama de memórias subterrâneas, podem emergir através de operações de traduções nas fronteiras sistêmicas, desencadeando novos enquadramentos.

As práticas jornalísticas estão inseridas em contextos de ferrenha organização e planificação. As pesquisas no âmbito do *newsmaking* acentuaram esta dinâmica do jornalismo, que precisa de estratégias para enfrentar a imprevisibilidade do meio, de natureza caótica e ruidosa. Os critérios de noticiabilidade e valores-notícia constituem-se nos artifícios dos quais o jornalismo se vale para o enfrentamento dessa problemática, todos eles redundando em padrões de repetição na seleção do que pode ser noticiável.

Gaye Tuchman (1978) considera que, como qualquer organização complexa, um meio de informação não pode trabalhar sobre fenômenos idiossincráticos, devendo reduzir todos os fenômenos a classificações elaboradas propositadamente. Estas exigências, que são dividas à superabundância de acontecimentos, indicam que os órgãos de informação, para produzirem notícias, devem cumprir três obrigações: tornar possível o reconhecimento de um fato desconhecido (inclusive os excepcionais) como acontecimento notável; elaborar formas de relatar os acontecimentos que não levem em conta a pretensão de cada fato ocorrido a um tratamento idiossincrático; e organizar temporal e espacialmente o trabalho, de modo que os acontecimentos noticiáveis possam afluir e ser trabalhados de uma forma planificada.

Na produção de notícias, lidamos com pelo menos dois condicionantes. Um deles é a cultura profissional entendida como "um inextricável emaranhado de retóricas de fachada e astúcias de táticas, de códigos, estereótipos, símbolos, tipificações latentes, representações de papéis, rituais e convenções relativos às funções dos *mass media* e dos jornalistas na sociedade, à concepção do produto notícia e às modalidades que superintendem à sua confecção" (Wolf, 1987, p. 168). A outra refere-se às restrições ligadas à organização do trabalho, "sobre as quais se criam convenções profissionais que determinam a definição de notícia, legitimam o processo produtivo, desde a utilização de fontes até a seleção dos acontecimentos e às modalidades de confecção, e contribuem para se precaver contra as críticas dos públicos" (Wolf, 1987, p. 168). É deste cenário que emerge um conjunto de critérios de relevância que definem a noticiabilidade e que tendem a se disseminar pelas redações de forma globalizada e repetitiva.

Essa codificação estabelece memória no interior do próprio sistema, que funciona como programa: tende a se reproduzir com o mesmo comportamento. A memória intrassistêmica imprime seus códigos na configuração das memórias coletivas que o jornalismo institui.

Todos esses fatores em conjunto (critérios de noticiabilidade, valores-notícia, agendamento, enquadramento, cultura profissional e restrições organizativas) tendem a promover uma padronização das práticas jornalísticas, com consequências diretas na organização do espaço semiosférico tratado anteriormente. Defendo que novas possibilidades na produção desta linguagem deveriam ser incrementadas na perspectiva de que, de fato, o jornalismo seja um espaço polifônico com alternância e equivalência das vozes de todos os setores da sociedade. Novas semioses produzem outros sentidos e alastram os nichos da memória coletiva.

Referências

FABRI, P. *El Giro Semiótico*. Barcelona: Gedisa Editorial, 2000.

JAKOBSON, R. *Lingüística e Comunicação*. São Paulo: Cultrix, 1975.

LOTMAN, Y. *Cultura y explosión: lo previsible en los processos de cambio social*. Barcelona: Gedisa Editorial, 1999.

LOTMAN, Y. Sobre o problema da tipologia da cultura. In: SCHNAIDERMAN, B. *Semiótica Russa*. São Paulo: Perspectiva, 1979. p. 31-41.

LOTMAN, Y. *A estrutura do texto artístico*. Lisboa: Editorial Estampa, 1978.

LOTMAN, Y.; USPENSKI, B. *Ensaios de semiótica soviética*. Lisboa: Horizonte Universitário, 1981.

LOZANO, J. Prólogo. In: LOTMAN, Y. *Cultura y Explosión*. Barcelona: Gedisa, 1999.

McCOMBS, D. The evolution of agenda-setting research: twenty-five years in the marketplace of ideas. *The Journal of Communication*, v. 43, 1993.

NUNES, M. *A memória na mídia*. São Paulo: Annablume, 2001.

PRIGOGINE, I. *O fim das certezas: tempo, caos e as leis da natureza*. São Paulo: UNESP, 1996.

PRIGOGINE, I.; STENGERS, I. *Entre o tempo e a eternidade*. Lisboa: Gradiva, 1990.

PRIGOGINE, I.; STENGERS, I. *A nova aliança*: metamorfose da ciência. Brasília: Editora da UNB, 1984.

PEIRCE, C. *The collected papers of Charles Sanders Peirce*. Past Masters, CD-ROM. EUA: InteLex Corporation, 2002.

POLLAK, M. Memória, esquecimento, silêncio. *Estudos Históricos*, Rio de Janeiro, v. 2, n. 3, p. 3-15, 1989.

SÁBADA, T. *Framing: el encuadre de las noticias*. Buenos Aires: La Crujía, 2007.

SALLES, C. *Crítica genética*. São Paulo: Educ, 2002.

TEILHARD, C. *Fenômeno humano*. São Paulo: Cultrix, 1981.

TUCHMAN, G. *Making news: a study in the construction of reality*. New York: Free Press, 1978.

WOLF, M. *Teorias da Comunicação*. Lisboa: Presença, 1987.

Páginas: eterna página

Paulo Bernardo Vaz

Domingo, 21 junho de 2009. Meio da manhã. Em uma qualquer capital brasileira imaginamos uma cena numa pequena família de classe média: pai e mãe folheiam o jornal do dia enquanto o filho de 11 anos corre à caixa de correio para buscar a nova edição revista de informação semanal ali deixada mais cedo pelo distribuidor. Com a revista em mãos, volta o menino atento para a capa povoada de fotos de pessoas escolhidas para representar o povo brasileiro. A chamada no alto, sobre tarja preta, "Chega de impunidade!", desperta ainda mais sua atenção, pois recentemente debateram na escola sobre escândalos políticos no Brasil. O pequeno leitor se interessa pela matéria de capa e entrega a contragosto a revista ao pai. Como este não a cede de imediato, o menino liga o *notebook* ali mesmo na sala. Conectado à internet, com três ou quatro *clics* entra no *site* da mesma revista. Pronto: pai e filho veem simultaneamente a nova edição de *Veja*, enquanto a mãe continua lendo o jornal, mas não desatenta aos movimentos de leituras dos dois.

Ao tecerem comentários sobre a capa de *Veja*, a mãe palpita que aquela montagem fotográfica lembra o importante quadro *Operários* da Tarsila do Amaral, marco do modernismo brasileiro. O pai diz "ahn ahn", abre logo a revista, salta os anúncios das primeiras páginas, passa os olhos nas páginas amarelas, faz breve escala no sumário e segue folheando. Ouvida a observação da mãe, o garoto lhe pergunta qual é mesmo o nome da pintora. Mais alguns *clics* e o menino exibe um *site* sobre Tarsila do Amaral. E o nome do quadro? Mais dois *clics* e ele mostra na tela do computador a reprodução de *Operários*, ampliada, sem alardear a proeza de tão rapidamente buscar, encontrar e exibir a reprodução de uma obra de arte. Observa bem o quadro, pede ao pai que lhe mostre novamente a capa e diz discordar da mãe. Todos fazem o cotejamento de uma tela (a capa) com a outra (*Operários*), e concordam que não é bem uma releitura da obra de arte, apesar de a montagem fotográfica conseguir uma variação etnográfica como a da pintura. Porém, não apresentam os mesmos cortes, e *Veja* mistura algumas celebridades em seus mais de 50 figurantes; tentam e desistem logo de fazer o jogo de identificação dos retratados e se voltam para os seus respectivos objetos de leitura.

Veja, edição 2.118, de 24/06/2009

Mão no *mouse*, o menino maximiza o *site* de *Veja* e, com novos *clics* amplia a capa da edição 2.118, datada de 24/06/2009, lançada ao público naquele final de semana. "Ô mãe, o que quer dizer 'senhores feudais'?" Para incomodar menos o pai já absorto em sua leitura, a mãe se aproxima da tela para saber quem *Veja* está tratando por senhores feudais. Lê e explica para o filho a razão por que os políticos brasileiros estão sendo assim chamados e remete o tema para estudos de História que logo ele virá a fazer na escola. O menino se volta, enfim, para a navegação na tela de abertura da edição da revista, para ali mergulhar seu olhar. Enquanto o pai se concentra na matéria de capa, o menino já notou o *banner* de abertura de Veja Online: "Orlando é só alegria" (só pode ser, pensa). A tela de abertura da edição *online* destaca três fotos: uma sobre o Senado, outra sobre o Meio Ambiente e a terceira sobre protestos no Irã. Pula. Faz rolar a tela e agilmente perscruta as demais fotos e legendas. Percorre o sumário e, na editoria Geral, observa uma matéria intitulada "Garoto de 10 anos ensina como se aproximar das meninas". *Clic*. Detém sua atenção e aprofunda sua busca pelo D. Juan infante. O garoto de 11 anos lê na tela o texto que fala das conquistas amorosas de um garoto de dez. Por sua vez, o pai, recostado no sofá, volta ao repassar de páginas, em solta *flânerie* visual. Ouve o farfalhar da folhas em seu manuseio, sente também o leve cheiro de tinta no papel recém-impresso. Continua saltando os sucessivos anúncios publicitários e, em cada dupla de páginas de reportagens, olha de relance fotos, legendas e títulos, até parar em matérias de seu imediato interesse. Ali pousa seu olhar. Ali se concentra no texto. Repouso no papel.

Em busca do leitor pensante

Nessa imaginada cena em manhã dominical junto a uma qualquer família brasileira, observamos exemplos de novos e antigos valores de impressos fruídos no dia a dia; valores que, com a maior naturalidade, vêm se transformando ao longo de séculos na história das mídias em todo o mundo. Perguntamos, de início, se podemos ou se devemos mesmo falar de "novos" valores do impresso, *intrínsecos às páginas manuscritas*. Quais seriam esses valores que dizem respeito à materialidade do impresso e das mídias digitais? Segundo Roger Chartier (2002), a materialidade do texto está em suas divisões, em sua ortografia, em sua pontuação e *em seu layout* (grifo nosso). Os elementos materiais componentes do *layout* da página nos interessam e devem ser estudados, tais como a qualidade gráfica resultante da impressão e do acabamento, ou a definição da imagem na tela de maior ou menor dimensão.

Questões referentes às formas encontradas nas páginas, às características das fontes tipográficas, às ilustrações e às suas inter-relações com os textos, tudo isso interessa de perto nessa discussão. Ao serem acionados pelo leitor – e mesmo por espectadores que podem não avançar no processo de leitura do texto, restringindo-se à leitura das imagens –, esses mecanismos disponíveis na página acionam o imaginário do sujeito que lê. Imaginário: "uma construção mental que se mantém ambígua, perceptível, mas não quantificável" (Maffesoli, 2001, p. 75). O que é mostrado na capa de *Veja* sugere uma certa obra de arte brasileira. O quadro de Tarsila, a fotomontagem e a manchete de capa de *Veja* tanto provocam a curiosidade do filho, quanto ajudam o pai a refletir sobre o artigo 5º da Constituição Brasileira destacado em vermelho, caixa alta, no interior de um grande círculo vazado em branco como um sol nascente em meio à aglomeração de brasileiros: "Todos são iguais perante a lei, sem distinção de qualquer natureza."

O vastíssimo imaginário despertado por tais produtos midiáticos são quantificáveis, qualificáveis e citáveis em um núcleo familiar tão pequeno como este aqui imaginado. Difícil já se tornaria quantificar e qualificar o imaginário em um grupo maior de pessoas, desafio a ser empreendido em uma benfeita pesquisa de recepção. Ao lembrar, contudo, que esta mesma revista impressa é distribuída semanalmente para 1,2 milhões de compradores, cujo número de leitores pode ser multiplicado por dois, três ou mais, com a circulação doméstica; ao lembrar também que centenas de milhares de usuários da internet consultam a publicação *online*, vemos a amplitude incomensurável do imaginário coletivo despertado por tais elementos impressos ou emitidos na capa de uma edição de revista de informação semanal.

Desta forma, o imaginário é algo que perpassa uma sociedade, uma espécie de aura responsável tanto por ser um reservatório como por ser matriz para a criação de novas imagens. Ainda segundo Juremir M. da Silva, "o imaginário é um rio cujas águas passam muitas vezes no mesmo lugar, sempre iguais e sempre diferentes" (Silva, 2003, p. 2). O mesmo autor compara-o, ainda, a um reservatório/motor que "agrega imagens, sentimentos, lembranças, experiências, visões do real que realizam o imaginado [...] e sedimenta um modo de ver, de ser, de agir, de sentir e de aspirar ao estar no mundo" (p. 2). Enfim, o imaginário pode ser concebido como "uma rede etérea e movediça de valores e de sensações partilhadas concreta ou virtualmente" (p. 2).

Chamamos a atenção para o imaginário desse leitor que se depara com os elementos dispostos em uma página, elementos que se combinam em busca de seu olhar, de sua atenção, e tanto o convidam para um sobrevoo quanto para um pouso, senão para um mergulho em profundidade. Tinta no papel ou luz na tela materializam textos e/ou imagens com os quais o leitor constrói sentidos resultantes dos gestos de pegar, abrir, folhear, observar; ou do sujeito que clica, busca, olha, observa. O exercício da leitura é uma operação visual realizada sobre textos e imagens cujo sentido é dado pelo sujeito da ação. Ação única e exclusiva do leitor. Despertado seu imaginário, o sujeito interage não apenas com a peça de comunicação em questão, a revista impressa ou *online*, mas com o vasto mundo de produtores e com o vastíssimo mundo de leitores.

Tais gestos por si mesmos são repletos de significação, posto que resultam da atração exercida pelos elementos tipográficos, iconográficos e gráficos dispostos na página. Tais elementos funcionam como isca para que o visado leitor fixe seu olhar em qualquer ponto, linha, foto, palavra, ou no todo da página para leitura gestáltica. Tudo é visualmente planejado para a captura do olhar de quem pega a revista ou fixa o olhar na tela do computador. A página será lida se for captada a atenção do sujeito através desses elementos visuais aos quais se associam os interesses dos próprios leitores: enquanto o menino busca a matéria do D. Juan mirim, o pai procura os escândalos políticos. A atração por essas matérias se encontra aquém e além de sua redação. O chamariz tanto está na sua ex/posição, isto é, na maneira como se posicionam na capa ou no miolo, quanto na dis/posição de seus vários elementos. Está, portanto, implícito na materialidade dos textos e imagens que configuram as matérias. Na figuração desses textos e imagens, vamos encontrar alguns valores que qualificam o processo de leitura. Tanto na página impressa, que sucedeu à página manuscrita no século XV, quanto na digital, que seguiu os passos da página impressa no final do século XX, observamos uma *suite* de readaptações às novas tecnologias de produção, ganhando variações nas suas formas "que permitem sua leitura, sua audição ou sua visão (e) participam profundamente da construção de seus significados" (Chartier, 2002, p. 62).

Spectator: leitor especulador

Na página, o leitor busca valores como originalidade, ineditismo, qualidade do conteúdo, apuro estético, etc. Esses valores se configuram na inter-relação entre textos e ilustrações - componentes de seu *layout* - que despertam o interesse pela leitura no sujeito que passa os olhos pelo jornal e pela revista. A esse sujeito chamamos *spectator*[1]: aquele que espia e especula. Da prática deste exercício em uma página oferecida ao olhar

[1] *Spectator*, sujeito que vê, espectador de um *spetaculum* (festa pública); sujeito que, além de ver o espetáculo, é capaz de se voltar para o *speculandus*, aquilo que deve ser especulado, investigado, examinado, vigiado, espiado, que, afinal, deveria ser tudo que se publica em uma página impressa. Cf. Chauí, Marilena. *Janela da alma, espelho do mundo,* 1988, p. 31-63.

do *spectator*, resulta a aplicação de um inestimável valor ambicionado pela sociedade: o valor de leitura crítica. Valor de mover o leitor a ações especulativas. Trata-se de um valor maior a ser atribuído à página pela sua natureza, por permitir alavancar tais ações no sujeito que vê e lê. O conjunto de elementos plásticos dispostos no espaço da página, e que dão sua unidade, oferece e requer a visada especuladora do sujeito. A leitura se tornará uma análise em profundidade tanto maior quanto maior for o nível de interesse e envolvimento do *spectator* nesse processo. O menino que clica o *mouse*, cujos olhos saltitam pela tela, ou o pai que lê linha sobre linha, coluna ao lado de coluna, página pós página, ambos dispõem desse material a seu bel-prazer. Envolver-se-ão em suas próprias leituras, cada um na medida de seu despertar. Mas podem também se fazerem ouvir um ao outro, e despertar o interesse mútuo pelas matérias lidas. Enquanto o pai se interessa pela precocidade da vida sexual das crianças, o filho pode se informar sobre política brasileira, para incrementar novas discussões na escola.

Enfim, o que parece óbvio, mas deve sempre ser lembrado: textos e imagens só fazem sentido se forem visíveis, legíveis e inteligíveis. E visibilidade, legibilidade e inteligibilidade são propriedades da página. Só podem ser obtidas através da tinta no papel em boa impressão reticulada ou chapada; ou da emissão de luz na tela em pontos pixelados, em boa definição. Por esta razão, a qualidade material dos elementos gráficos na página, cujo conteúdo expressa os seus reais valores, nunca pode deixar de ser levada em conta. Em páginas impressas e digitais, abrem-se as possibilidades para que o *spectator* – leitor e internauta – se posicione frente àquele pedaço de mundo limitado em sua forma quadrangular, área reservada à mancha tipográfica e ao branco de suas margens. Uma única edição se desdobra em sucessivas páginas ou em vários cadernos; na rolagem da tela, oferecem-se outros *links* para que o usuário possa ir e vir na apreensão da edição seriada. Os pequenos espaços dessa unidade – a página – relacionam-se com um universo bem maior. Indiretamente, o leitor em trânsito se relaciona com outros leitores no convívio daquele universo midiático. Assim, esse número incalculável de leitores vai se ampliando progressivamente, povoando um mundo midiatizado cada vez maior. Uma página – ou capa – que se preste a uma vera leitura, despertando o imaginário do leitor, aciona um importante e dinâmico motor social.

Se, na sua função de mostrar textos e ilustrações, a página conseguir pungir, atingirá o leitor de forma a cada vez mais poder se abrir a maiores interpretações e especulações. Amplia-se a gama de sentidos possíveis de serem encontrados em qualquer peça de comunicação bem elaborada. Dentre as mais altas valorações do ato de leitura de textos e imagens, estão as da leitura crítica resultantes do *speculatio*, o "pensar vendo".[2] Acreditamos que, através de uma atitude especulativa do olhar, poder-se-ia ambicionar uma transformação do valor da página (impressa e digital) para um universo espacial bem mais abrangente. Enfim, perguntamos: tais características "transformadoras" poderiam fazer da página uma instituição?

[2] *Speculatio* é sentinela, vigia, aquele que se posiciona para observar, explora, espreita, *pensa vendo* (Chauí, 1988, p. 36 – grifo da autora).

Toda atividade humana está sujeita ao hábito: qualquer ação frequentemente repetida (como a leitura do impresso) molda-se em um padrão, fornecendo ao indivíduo a direção e a especialização de sua atividade. O hábito, assim, fornece um fundamento estável no qual a atividade humana pode prosseguir, livrando os sujeitos de ter que definir cada situação e ação novamente: no caso aqui discutido, podemos pensar no conhecimento necessário para o *spectator* "decifrar" a ordem de leitura em colunas, por exemplo. Segundo Berger e Luckmann, os processos de formação de hábitos precedem toda institucionalização.

A institucionalização ocorre sempre que há uma tipificação recíproca de ações habituais por tipos de atores. Essas tipificações devem ser sempre partilhadas, acessíveis a todos os membros. Elas são construídas no curso de uma história compartilhada, não podendo, assim, uma instituição ser criada instantaneamente, sendo sempre necessário que haja uma historicidade nela implicada. Por esse raciocínio, Berger e Luckmann afirmam que a institucionalização será incipiente em toda situação social que prossegue no tempo, sendo este essencial para que um segmento passe a ser submetido ao controle social, e seja, assim, institucionalizado.

Tem sido entendido consensualmente que o jornal, a revista e o livro são instituições. Propõe-se pensar agora nesta menor e muito importante unidade de todas estas mídias também como instituição: a página. A valoração da página impressa ou digital cresce proporcionalmente ao crescimento das possibilidades de brechas abertas para sua interpretação pelo leitor visado. Se tais ações interpretativas, por um lado, dão oportunidades de reconhecimento social a este leitor especulador que, individualmente, soube se aproveitar das brechas abertas pela própria página, por outro lado, elas repercutem no coletivo, permitindo a formação de novas e atuantes comunidades de leitores.

A página em quatro tempos: valores mantidos, valores transformados

Para falar de novos valores do impresso, não podemos perder de vista seus velhos valores. Valores ancestrais que remontam à história da escrita, existentes antes mesmo do aparecimento do impresso. Valores observados, detectados e reconhecidos tanto em sua materialidade quanto nas impressões causadas na mente do leitor. De folhas de papel impressas com tinta, dobradas, refiladas, apresentadas intercaladas, seriadas, encadernadas ou em folhas avulsas, ao final desse processo gráfico-produtivo, o leitor manipula, sopesa, reconhece e valoriza toda essa materialidade para selecionar aquilo que se lhe apresenta como adequado para ver, ler e especular. Sua atenção se prende a formato, textura, brilho, coloração do papel, ao contraste da tinta, preto e branco ou policromia. No impresso nota-se a imposição da verticalidade da página em jornais e revistas, que desafia projetistas gráficos e editores na transposição para telas de computadores em seus formatos mais ou menos horizontalizados. Proceder-se-á a rolagem vertical de textos e imagens na tela, ou se fará a virada do monitor, para leitura vertical? Com o aparecimento e a difusão do *tablet*,[3] a que posição está fadada as novas páginas? A profecia de Walter Benjamin se confirma ou será doravante contrariada?[4]

O reconhecimento da materialidade das peças gráficas remete às questões concernentes à portabilidade e ao manuseio do impresso. Deveriam ser também considerados relevantes aspectos inerentes aos produtos gráfico-visuais, que, mesmo perceptíveis, não têm sido objeto de reflexões: as percepções táteis, auditivas e olfativas sentidas pelo leitor. É sabido que, na construção histórica da imprensa e nos estudos de comunicação gráfico-visual, as questões referentes à visualidade têm monopolizado a atenção de pesquisadores, negligenciando-se os demais sentidos mobilizados junto aos leitores, à sua revelia.[5] No processo de leitura dos produtos gráficos, a percepção visual é predominante, mas não o único recurso. Mesmo que tais percepções aconteçam sutil e inconscientemente, como não perceber o cheiro da tinta no papel em revistas e jornais? Como não sentir que a revista ganhou ou perdeu volume e peso com um maior ou menor número de páginas? Como não distinguir a nobreza de uma publicação com a lombada quadrada, em detrimento das revistas grampeadas? Quem não faz escolha de manipulação do impresso começando pela primeira ou pela última página? Como não escutar o farfalhar das páginas folheadas? Todas essas dimensões encarnam valores a serem considerados, uma vez que, consciente ou inconscientemente, são levados em conta pelos usuários dos impressos. A evolução tecnológica de novos meios de comunicação tem trazido grandes aportes para se pensar nesses novos valores com a intensidade de percepções visuais e auditivas, com a profusão de cores, sons e movimentos possíveis de serem produzidos e reproduzidos em aparelhos facilmente acessáveis pelos usuários, do que resultam produtos complementares ao impresso. Não se deve esquecer que pesquisas têm sido intensa e continuamente desenvolvidas pela indústria editorial, visando a fabricação e distribuição de produtos *high tech* de comunicação cada vez mais acessíveis a um número de usuários cada vez maior.

A lembrança dessas experiências sensoriais permite destacar alguns valores instituídos ao longo desses últimos 550 anos, desde o aparecimento do primeiro impresso no ocidente. Tais valores tanto podem remontar à pré-história do impresso, ao passado mais remoto, como podem avançar no tempo e projetar-se em um futuro próximo ou distante. Uma questão paira nessas extensões temporais: os valores da cultura do impresso são mantidos por novas comunidades de espectadores e internautas ou

---

[3] Aparelho eletrônico portátil com inumeráveis aplicativos que permitem, entre outras propriedades, a leitura em *touch screen* de páginas de jornais, revistas e livros, tal como suas páginas aparecem na mídia impressa.

[4] Em "Guarda-livros juramentado" Benjamin chama a atenção para a evolução histórica do impresso, desde o aparecimento da escrita, resultando na ditadura da verticalidade midiática observada no espaço urbano nas primeiras décadas do século XX. Cf. Benjamin, 1987, p. 27-29.

[5] O mesmo fenômeno pode ser observado ainda com mais intensidade no processo de leitura e escrita nos meios digitais, onde além dos olhos muito se requer o uso dos dedos, com a manipulação de mouse e do teclado nos controles de tela; além da audição, com a invasão de sinais sonoros abundantes em computadores, telefones celulares, *tablets*, etc.

estariam em processo de mutação, adaptando-se a novos produtos e a novos meios? Pode-se falar de um processo de reinstituição de valores do impresso, novos valores ou de manutenção de velhos valores readaptados por novos produtos para novos leitores?

Tal debate leva a indagações e reflexões sobre os tradicionais modos de produção do impresso de forma a abordar os novos modos de produção digitais. O objetivo é chegar a bom termo em um único quadro, representado na página impressa ou digital. Quanto mais reduzido for esse enquadramento, maior precisão resultará da análise. Assim, o foco será dirigido para a página, como unidade representativa de toda a produção impressa ou eletrônica.[6] Para sintetizar os modos de produção gráfica, serão aqui lembrados os processos em sua evolução histórica para mais nos aproximarmos dos novos processos e melhor compreendê-los. Muitas vezes parecendo revolucionários, os moderníssimos processos produtivos podem não estar sendo senão reformadores e mantenedores de antigos valores instituídos. Tais processos podem ser assim resumidos: em primeiro lugar, aos modos de criação e preparação de textos e ilustrações, isolados ou em seu conjunto (manuais, fotomecânicos e informatizados/eletrônicos); em segundo lugar, aos modos de impressão (tipografia, *offset* e heliogravura); em terceiro lugar, aos modos de acabamento (corte, intercalação de folhas, grampeamento, cola ou costura e embalagem); em quarto e último lugar, aos modos de distribuição e/ou disponibilização em rede.

Uma breve retrospectiva histórica demonstra que o desenvolvimento dos produtos de meios impressos e digitais pode ser condensado em quatro grandes fases, aqui retomadas para melhor acompanharmos sua evolução e para melhor entendermos os valores ali instituídos.

Página no berço: monotonia

A primeira fase, iniciada com Aldus Manutius em Veneza (c.1500)[7] – embora muitos considerem Johann Gutenberg em Mogúncia (c.1450) como o iniciador deste período – durou cerca de quatro séculos. Sua característica é o caráter manual de seus modos de produção. As tiragens dos livros e folhetos variavam entre 200 e mil exemplares, endereçados a clientelas igualmente limitadas. Como os impressos apareceram como "usurpadores" dos manuscritos medievais – considerados os originais e autênticos –, os incunábulos sofreram resistência de aceitação por parte das comunidades de leitores, até então habituados a uma relativa exclusividade. Os produtos em série perdiam este valor atribuído aos códices, que limitavam estreitamente o acesso à cultura escrita. As novas impressões permitiam a redução dos preços das peças gráficas de forma que os leitores sentissem a perda de um valor (manuscrito) em detrimento de outro (impresso). Com

[6] Deve-se lembrar a manutenção da terminologia da mídia impressa, na mídia eletrônica: *page*, *home page*, etc., embora nessas novas mídias possam ser encontradas mudanças nesses 'quadros' em relação aos anteriores.

[7] Os livros nesta primeira fase eram produzidos no interior de organizações modestas que reuniam, num mesmo lugar, sob uma autoridade comum, a oficina gráfica, a editora e a livraria; seus mais ilustres representantes foram Aldus Manutius, Estienne, Plantin, Elzevir e Didot.

as novas possibilidades de feitura de livros, cresceu extraordinariamente a produção editorial, sobretudo a partir do ano 1500, quando as oficinas de impressão já estavam bastante difundidas na Europa. Passados três séculos, entre 1800 e 1850, um *best-seller* chegava a 20 mil exemplares. Na página padrão daquele período, predominavam grandes blocos de textos e poucas gravuras, estas últimas, então, associadas à produção artística. Tamanha monotonia não era motivo de espanto para os leitores renascentistas, barrocos e revolucionários industriais. Muito pelo contrário: a monótona homogeneidade da página era valor atribuído ao texto correspondente a uma voz densa, uniforme, que se fazia ouvir em baixa tonalidade.

Página mecanizada: heterogeneidade

A segunda fase começou por volta de 1850 com a exploração da energia a vapor, mais tarde substituída pela eletricidade. O desenvolvimento de maquinários, assim como a fabricação do papel com pasta química, alteraram substantivamente a produção de periódicos e livros, que multiplicaram sua tiragem por 20. Esta fase durou cerca de cem anos. Dentre os valores desta fase aponta-se a maior reprodutibilidade e difusão. Maior velocidade na produção, grande aumento na tiragem e agilidade dos novos meios de transporte propiciaram uma maior e eficaz circulação dos livros, jornais e revistas em redes de distribuição locais, regionais, nacionais e internacionais. A fabricação industrial de papéis em grandes formatos e bobinas, para uso em impressoras rotativas, permitiu a ampliação do formato do jornal, sua divisão em várias colunas e o aumento gradativo do número de páginas e cadernos, alterando substancialmente o espaço da folha impressa. Os textos compostos mecanicamente receberam novos valores em diferentes pesos, forças e desenhos dos caracteres tipográficos, hierarquizando as informações, e o emprego da similigravura permitiu uma inclusão cada vez maior de ilustrações nas páginas dos impressos. Os valores plásticos das páginas se adaptaram a uma cada vez mais prolífica e extravagante tipografia, com destaques para manchetes e diferentes títulos de uma página de jornal. Essas variações marcaram a heterogeneidade da página, que, após a primeira grande guerra mereceu a atenção e a intervenção de estudiosos da escola Bauhaus, que apontaram para a urgência de novos planejamentos que incorporassem novas e simplificadas formas à página em sintonia com o *modus vivendi* e com o olhar do homem do século XX. Mesmo conhecidas as recomendações da Bauhaus, tais valores foram se incorporando paulatinamente à página, confirmando a atualidade daqueles estudos empreendidos há quase um século passado, mantidos como referências de estudiosos e produtores contemporâneos.

Página tensionada: caos

A terceira fase ocorreu a partir dos anos 1950, quando os equipamentos pesados passaram a ser progressivamente substituídos por equipamentos leves, silenciosos e não poluentes. Grandes mudanças na indústria gráfica ocorreram nas oficinas e também nas salas de redação, composição e preparação de imagens. No final do século XX, a informática se impôs de forma definitiva em toda a indústria editorial e jornalística, mudando os processos de produção e alterando até mesmo a distribuição com a possibilidade de disponibilizar matrizes impressoras em rede, para impressão a distância. Dentre os valores desta terceira fase encontra-se o fator multiplicador, com o aumento gradativo das tiragens de jornais e revistas. Este fenômeno já fora prenunciado na imprensa francesa no início do século XIX por Emile de Girardin, ao produzir jornais a baixo custo atingindo enormes tiragens em atendimento à demanda de uma comunidade cada vez maior de leitores à época. Também na segunda metade do século XX, a difusão e a penetração cada vez maiores da mídia impressa favoreceram sua popularização. A "democratização da informação" passou a ser política apregoada por organismos internacionais, nacionais e regionais de política cultural e educacional. A impressão *offset* possibilitou a produção cada vez mais variada de textos e ilustrações com alta qualidade de reprodução, incorporando à página novos valores reconhecidos e solicitados por seus leitores em seu *design*, no uso de cores, no emprego de papéis mais sofisticados. O desenho da página passou por grandes experimentações, incorporando à produção gráfica as tensões e movimentos da sociedade pós-segunda guerra mundial. Tais experimentações chegam ao clímax na década de 1990, com proposições caóticas (como as do *designer* David Carson) no uso de ruídos gráficos que levaram a página à quase total ilegibilidade. Valor efêmero, este, logo desbancado, posto que no princípio do século XXI já se pôde assistir à reacomodação dos elementos tipográficos e iconográficos na página como resposta a uma demanda de valores adormecidos desde décadas anteriores: um mais baixo tom de voz exigido pelo leitor para seu melhor acesso à informação.

Páginas múltiplas: reacomodação

A quarta e última fase resultou das grandes mudanças ocorridas na fase anterior, marcadas pela página digital, com os recursos a *softwares* nos mais recentes modos de produção; a luminosidade substituiu a opacidade; em vez do exclusivo deslocamento de produtos no espaço, as páginas puderam ser também disponibilizadas em rede, com acesso possível pela internet. Esta é a fase da página na rede em convívio com seu tradicional suporte em papel. Caem os custos deste novo produto disponibilizado ao consumidor para acesso em rede, para leitura e registro para consulta posterior (*download* opcional, como opcional pode ser sua impressão). Além de tiragens e circulação do impresso, afere-se o número de acessos que darão a valoração ao produto disponível, prerrogativa do leitor. Dentre os valores destacados nesta quarta fase encontram-se a acessibilidade aos documentos – impressos e/ou digitais – e a nova (e revolucionária) possibilidade de intervenção do sujeito leitor na criação e produção. A página impressa parece manter-se como padrão de leitura nas novas adaptações exigidas para os meios digitais. A manutenção da verticalidade, a disposição dos vários elementos em clara hierarquia (mesmo com a incorporação das muitas possibilidades de *links* na página eletrônica), a obediência a padrões de distribuição de textos, imagens e brancos nos espaços de margens, entrelinhas, entre palavras e letras, tudo isso tem sido incorporado e obedecido rigorosamente pelos *designers* gráficos. A página impressa não só permanece como padrão, mas os *designers* têm se voltado para as expressões gráficas cada vez mais remotas, indo buscar na idade média, na antiguidade e na pré-história aquilo que julgam recuperável e aplicável em suas "novas" propostas. A página em tela do melhor *site*, hoje, pode surpreender o leitor contemporâneo com uma proximidade muito maior com as proposições de Aldus Manutius (século XV), da coluna Trajano (século I) ou de lápides egípcias milenares do que podem supor os futuristas. Um outro muito importante valor deve ser ressaltado nesta última fase: o consumidor tornado produtor. O sujeito, que nas três fases anteriores se restringia à leitura do que lhe era apresentado no impresso, passa a ter a possibilidade de entrar na linha de co/produção. André Lemos define esta fase como a de "liberação do polo emissor", no qual o receptor – *spectator* e leitor – passa a ser redator, fotógrafo, gráfico, blogueiro. O receptor pode também ser editor, produtor e difusor. Esses valores da página nesta quarta fase correspondem a uma espécie de *work in progress*. Da página impressa ou eletrônica parece ser demandada uma oferta de leitura cada vez mais facilitada, devido à alta seletividade feita pelos usuários frente à crescente oferta de produtos de comunicação e informação disponíveis no mercado. Este manancial cada vez mais abundante de variadas páginas exigirá do *spectator* um posicionamento e uma mirada cada vez mais seletiva para aquilo que, dentre as muitíssimas possibilidades de acesso, vai merecer o seu olhar. E merecendo seu olhar, mereça a sua leitura.

Valores inextinguíveis

O menino que, naquela idealizada manhã de domingo em 2009, navegava no *site* da Editora Abril lia não só a matéria selecionada em Veja Online. Podia também ler material publicitário e jornalístico em exorbitante quantidade. Assim como fazia consultas em *sites* que disponibilizavam reproduções artísticas. Ressaltamos que, das quatro fases anteriormente descritas, nenhuma anula a anterior, e tampouco impede a inclusão da fase seguinte. Dessa forma, o pai que folheava a revista impressa, podia trocar de lugar com o filho, sentando-se à frente do *notebook*, passando-lhe o exemplar de *Veja*. O menino deitado no sofá talvez estranhasse, mas também poderia se acostumar com o cheiro de tinta no papel, pegar gosto pelo farfalhar das páginas da edição impressa, habituar-se com uma leitura continuada em vez de prosseguir sua operação clic-clicante em impaciente rolagem de tela. Fosse-nos dado acesso à biblioteca daquela mesma exemplificada família, certamente ali encontraríamos livros impressos em meados do século XX, passíveis de interessar o menino, ávido consultor de muitos *links* no Google. Curiosamente, naquele mesmo imaginado ambiente de leitores modernos, se pedíssemos ao pai que nos fornecesse o seu cartão de visitas, não nos espantaria se dele recebêssemos um pedaço de papel artesanal impresso com cuidado e bom gosto em tipografia, com composição manual montada em matriz impressora tal como vem sido feito há 550 anos, desde a primeira fase mencionada.

Deve aqui ser lembrado que, entre muitos valores mantidos na passagem de uma para outra fase citada, há uma preocupação recorrente com o simulacro do impresso mais arcaico, mesmo em sua última fase, a de mais acelerada evolução tecnológica. Quais são as distinções encontradas nesta "nova" página? O que as caracterizam como "novas" ou modernas? Elas remetem a uma transformação ou transmutação, mas ali não se pode detectar nenhuma mudança radical em sua forma, nenhuma revolução, como podem julgar grandes entusiastas das novas tecnologias da comunicação. Com que objetivos, então, têm sido empregadas tais características? Pode-se falar de novos modelos de página que permitam a oferta e a exploração de novas modalidades de leituras? Ou muda-se alguma coisa no processo produtivo para que permaneça tudo do mesmo jeito no processo de leitura e de interpretação?

Tais mudanças certamente são afeitas a certos modos de produção, sem alterar as propostas de origem. Transformações que não se localizam necessariamente nas três primeiras fases mencionadas, mas remontam às priscas eras da invenção da escrita. Por quê? Devido a arraigados hábitos de leitura da página impressa? Por que a página eletrônica conserva tanta coisa que identificamos como valores instituídos durante vários séculos de suas anteriores fases? A quarta fase do desenvolvimento da página poderia ser efetivamente considerada como uma nova fase, ou ela se configuraria apenas como um passo evolutivo da terceira, passando do analógico para o digital, mantendo os valores já de longe instituídos? Ou a história da comunicação estaria rumando para novas e ousadas propostas, prontas para absorver e assimilar inovações que surgirão quando julgarem que o mercado consumidor está pronto para absorvê-las e utilizá-las? São questões cujas respostas modificam-se após a incorporação de cada novo produto e de novos serviços no universo midiático, no que tange à página impressa, com a aparição e a ampliação de novas comunidades de leitores. Esses valores do impresso até agora parecem inextinguíveis. E nunca se acabam.

Referências

BERGER, P.; BERGER, B. O que é uma instituição social?. In: ORACCHI, M. M.; MARTINS, J. S. (Org.). *Sociologia e sociedade.* Rio de Janeiro: Livros Técnicos e Científicos, 1977.

BERGER, P.; LUCKMANN, T. *A construção social da realidade: tratado de sociologia do conhecimento.* Petrópolis: Vozes, 1985.

CANCLINI, N. *Leitores, espectadores e internautas.* São Paulo: Iluminuras, 2008.

CASTORIADIS, C. *A instituição imaginária da sociedade.* 2. ed. Rio de Janeiro: Paz e Terra, 1986.

CHARTIER, R. *A aventura do livro: do leitor ao navegador.* São Paulo: Ed. Unesp, 1998.

CHARTIER, R. *Os desafios da escrita.* São Paulo: Ed. Unesp, 2002.

DEBRAY, R. *Curso de Midiologia Geral.* Petrópolis: Vozes, 1993.

GUIMARÃES, L. *Cor: a cor como Informação.* 3. ed. São Paulo: Annablume, 2004.

LEMOS, A. *Ciber-cultura remix*. Este artigo foi escrito para apresentação no seminário "Sentidos e Processos" dentro da mostra "Cinético Digital", no Centro Itaú Cultural. São Paulo: Itaú Cultural, ago. 2005. Disponível em: http://www.facom.ufba.br/ciberpesquisa/andrelemos/remix.pdf.

MAFFESOLI, M. Mediações simbólicas: a imagem como vínculo social. In: MARTINS, F. M.; SILVA, J. M. *Para navegar no século XXI: tecnologias do imaginário e cibercultura*. 3. ed. Porto Alegre: Edipucrs/Sulina, 2003.

MAFFESOLI, M. O imaginário é uma realidade. *Revista Famecos*, Porto Alegre, n. 15, ago. 2001.

MARTIN, G. *L'impression d'aujourd'hui*. Paris: Éditions du Cercle de la Librairie, 1992.

MOUILLAUD, M. *O jornal da forma ao sentido*. Brasília: Paralelo 15, 1997.

NOVAES, A. (Org.). *O olhar*. São Paulo: Companhia das Letras, 1988.

SILVA, J. *Tecnologias do imaginário: esboços para um conceito*. In: Compós, 12, 2003.

Passado reimpresso: instituição e memória nos 40 anos da revista *Veja*

Renné Oliveira França

Apresentação

Setembro de 1968. Em um dos anos mais conturbados da história recente, chegava às bancas a primeira edição de *Veja*, uma aposta da Editora Abril em fazer uma revista de informação brasileira nos moldes da americana *Time*. Setembro de 2008. Quatro décadas depois e com cerca de 1.200.000 exemplares vendidos por semana, *Veja* é a revista mais vendida do Brasil. Trata-se da única revista semanal de informação no planeta a desfrutar de tal situação. Em outros países, revistas de informação têm grandes tiragens, mas nenhuma é a mais vendida do país: no mundo todo, *Veja* só perde em vendas para *Time*, *Newsweek* e *US News*. Com um discurso claramente institucional e preocupada em se manter como fonte de produção de sentidos coletivamente partilhados, a revista está voltada para a defesa de determinados valores que surgem impressos em suas páginas semanais.

A proposta deste trabalho é perceber como a instituição faz uso da memória a partir da recuperação de alguns conceitos definidores sobre lembrança pessoal e coletiva. Para isso, o trabalho partirá da edição especial de setembro de 2008, comemorativa dos 40 anos da revista. Enquanto instituição, *Veja* produziu para si mesma uma memória para tornar pública, e essa memória, por sua vez, atua ativamente em seu estabelecimento como instituição.

A memória como instituição

Em *História e Memória*, Jacques Le Goff aponta o papel importante da memória coletiva na evolução das sociedades. A memória apareceria como um dos principais locais de luta pela sobrevivência e pelo poder nas sociedades desenvolvidas e em desenvolvimento. "A memória coletiva foi posta em jogo de forma importante na luta das forças sociais pelo poder. Tornar-se senhores da memória e do esquecimento é uma das grandes preocupações das classes, dos grupos, dos indivíduos que dominaram as sociedades históricas" (Le Goff, 1998, p. 422).

A memória coletiva como instrumento e objeto de poder é uma pista para pensar a memória como parte inerente ao simbolismo das instituições. Segundo Berger e Luckmann, as instituições são formadas a partir de tipificações recíprocas das ações construídas no curso de uma história compartilhada. Sendo assim, "é impossível compreender adequadamente uma instituição sem entender o processo histórico em que foi produzida" (Berger; Luckmann, 1985, p. 80). Apesar de a instituição contar com a "falta de memória" para sua manutenção (uma vez que parece já dada, sem origem definida), a investigação de suas origens passa pela comunhão de significados que se dá em um processo comunicacional ao longo do tempo. Esse processo se refere a um mundo social em construção, que só consegue se constituir graças a uma comunicação comum. O surgimento de uma nova geração obriga uma nova instância de comunicação, que modifica a reciprocidade das tipificações, pois essas, antes abertas a mudanças, tornam-se verdade objetiva, institucionalizando-se historicamente. As instituições aparecem como se tivessem realidade própria: e é dessa maneira, como mundo objetivo, que passam a ser transmitidas e experimentadas como realidade coletiva.

Nessa concepção de Berger e Luckmann da instituição como atividade humana objetivada, o partilhamento de sentido simbólico é central para a percepção do mundo institucional compreendido como o homem (pensado como coletividade) em relação dialética com o mundo social produzido por ele próprio. Estando ligada ao simbólico e ao imaginário, a instituição, como modo de partilhamento de natureza não individual, liga-se à noção de memória coletiva. Afinal, como afirma Le Goff, a memória comum é criada na inter-relação social, sendo conformada e perpetuada pelo Estado e pelos meios sociais e políticos.

> Fenômeno individual e psicológico, a memória liga-se também à vida social. Esta varia em função da presença ou da ausência da escrita e é objeto da atenção do Estado que, para conservar os traços de qualquer acontecimento do passado, produz diversos tipos de documento/monumento, faz escrever a história, acumular objetos. A apreensão da memória depende deste modo do ambiente social e político: trata-se da aquisição de regras de retórica e também da posse de imagens e textos que falam do passado, em suma, de um certo modo de apropriação do tempo. As direções atuais da memória estão, pois, profundamente ligadas às novas técnicas de cálculo, de manipulação da informação, do uso de máquinas e instrumentos, cada vez mais complexos (Le Goff, 1998, p. 419).

O partilhamento de normas institucionais se dá por meio de diversas interações: pensando as instituições como modos de partilhamento de natureza não individual, chega-se a uma concepção de relações em uma dinâmica coletiva. A troca de informações coloca relações em articulação, conformando não apenas um *habitus* específico, mas partilhando memórias.

> A informação é um conjunto de elementos selecionados pelos indivíduos, dentre uma imensa variedade de itens existentes no mundo exterior. Como um embrião, a informação forma e contém (informação). A repetição dessas impressões [conservadas], ao longo do tempo, encarrega-se de transformar itens selecionados de

> informações em marcas, traços que constituem o que, convencionalmente, chamamos de memória. A memória então conserva as informações que vão sendo retidas num processo de seleção. [...] Nesse sentido, as informações retidas, que passaram pelo filtro individual (que é também social), são organizadas e recriadas no presente, dentro de um processo dinâmico (COSTA, 1997, p. 124).

Nesse processo de reconstrução do que Maurice Halbwachs denominou de memória coletiva – elemento de coesão dos grupos –, pressupõe-se a existência de uma "comunidade afetiva" (HALBWACHS, 1990). A memória individual não prescinde dos quadros sociais, ou seja, de grupos e instituições, como a família, a escola, a igreja, os sindicatos e, por que não, a mídia – é também através dos produtos midiáticos que as informações partilhadas dão origem ao simbólico que configura a instituição e sua memória que precisa se perpetuar.

"Uma memória institucional é produzida e reproduzida nos registros que integram diferentes arquivos. São informações fragmentadas que podem, a qualquer tempo, de acordo com o seu grau de organicidade e de recuperabilidade, ser utilizadas como elemento identificatório" (COSTA, 1997, p. 128).

A instituição e sua memória

Com 40 anos de existência, a revista *Veja* se firmou como a principal do país, servindo de referência para outras. Sua institucionalização dá-se pelo longo processo temporal de reciprocidade de tipificações entre *Veja* e seus leitores, criando, com o tempo, um terreno de rotina (para usar um termo de Berger e Luckmann) que permitiu a formação de um hábito: todas as semanas a revista está nas bancas, oferecendo ao leitor os principais acontecimentos. A ação social duradoura permite o entrelaçamento de novas ações que perpetuaram o hábito de se olhar a revista para novas gerações, permitindo um processo de construção contendo as raízes de uma ordem institucional em expansão.

Olha-se hoje para *Veja* como a maior revista de informação do país: trata-se de uma verdade institucionalizada através do tempo que se perpetua pela relação dada entre a revista e a coletividade social. É nessa comunicação recíproca que a instituição *Veja* se solidifica. Seus valores são partilhados e ganham significados que ultrapassam seu dispositivo, estabelecendo-a como poderoso bem simbólico. Suas páginas apresentam semanalmente acontecimentos de diferentes graus de importância, mas com poder suficiente para instituir uma ideia de mundo que passa a ser compartilhada por diferentes pessoas, originando, inclusive, uma espécie de memória coletivamente estruturada.

Mas nos colocamos a seguinte questão: a memória coletiva é o que origina uma instituição ou a memória coletiva é institucional (produzida pelas instituições)? Pela segunda opção, a revista como instituição é anterior à memória que ela pode produzir – e seu poder de oferecer uma memória estaria diretamente ligado ao seu poder como algo já instituído. Mas, por outro lado, uma instituição não poderia ser anterior à sua memória. No caso de *Veja*, seu estabelecimento como instituição está ligado ao seu estabelecimento como conformadora de uma memória partilhada por aqueles que tiveram contato com a revista ao longo dos anos. Assim, memória e instituição encontram-se interligadas: uma depende da outra, ambas partilhando significados que se pretendem coletivos.

Maurice Mouillaud (1997) chama atenção para anuários que sintetizam os principais acontecimentos de um ano em "títulos-tipo", através dos quais os jornais apagam as edições individuais, oferecendo uma memória própria que comprime os acontecimentos em uma síntese. No trabalho aqui apresentado, pretende-se esboçar essa relação entre memória e instituição a partir da edição especial de 40 anos da revista *Veja*. Lançada em setembro de 2008, essa edição demonstra as escolhas de *Veja* daquilo que foi importante para sua consolidação enquanto instituição durante esses 40 anos de história e quais suas principais características discursivas na efetuação dessa história. A "memória institucional" na forma de uma edição comemorativa pode dar pistas de que memória é essa que está por trás da instituição e, ainda melhor, que instituição é essa que constrói uma memória para si mesma.

Memória comemorativa

Segundo Paul Ricoeur (2007), a representação do passado é sempre associada a uma imagem: representamos um acontecimento passado. Essa noção de representação sempre colocou uma dificuldade de dissociação entre memória e imaginação. A transformação da lembrança em imagem não passaria por um processo ligado ao imaginário?

A lembrança vem do agente da impressão, a estimulação externa. Mas o movimento de recordação como uma busca ativa tem início em nós mesmos: os atos de recordação se dão por uma sucessão que varia conforme a necessidade ou o hábito. O ponto de partida para a recordação é escolhido, e Ricoeur insiste no "privilégio concedido espontaneamente aos acontecimentos, dentre todas as 'coisas' que nos lembramos" (Ricoeur, 2007, p. 41). A coisa lembrada é sempre identificada a um acontecimento singular.

> O acontecimento é aquilo que simplesmente ocorre. Ele tem lugar. Passa e se passa. Advém, sobrevém. [...] ou resulta de algo anterior conforme a causalidade necessária ou procede da liberdade, conforme a causalidade espontânea. No plano fenomenológico, no qual nos situamos aqui, dizemos que nos lembramos daquilo que fizemos, experimentamos ou aprendemos em determinada circunstância particular (Ricoeur, 2007, p. 42).

Edward Casey, na tentativa de compreender a memória para além da dimensão reflexiva (que relaciona a lembrança essencialmente ao espírito), propôs três modelos mnemônicos situados entre a reflexividade e o mundo exterior. *Reminding* apoia-se em pontos exteriores que provocam a recordação; *Reminiscing* é a revivência do passado de maneira coletiva, através da evocação do outro para relembrar em conjunto; e *Recognizing* é o reconhecimento da coisa como ao mesmo tempo ausente (não presente) e anterior (no passado): lembrança é "re-apresentação", faz referência ao atrás e ao novo. Nessa tentativa de localizar a lembrança na interseção entre a mente interior e o mundo exterior, surge a comemoração como representante dessa memória pública em sua luta contra o esquecimento.

> Não há efetuação ritual sem a evocação de um mito que orienta a lembrança para o que é digno de ser comemorado. As comemorações são, assim, espécies de evocações, no sentido de reatualização, eventos fundadores apoiados pelo 'chamado' a lembrar-se que soleniza a cerimônia – comemorar, observa Casey, é solenizar tomando seriamente o passado e celebrando-o em cerimônias apropriadas (Ricoeur, 2007, p. 60).

A comemoração é mais uma tentativa de representação da memória, e, no caso de *Veja*, aqui apresentado, essa representação é dada pelas imagens de acontecimentos. A imagem (como representação), quando se refere à memória, é mais próxima do imaginário do que da mimese, o que permite que Ricoeur afirme que a ressurreição do passado seja concretizada em público de forma quase alucinatória. "A escrita da história partilha dessa forma das aventuras da composição em imagens da lembrança sob a égide da função ostensiva da imaginação" (Ricoeur, 2007, p. 70).

A memória representada na comemoração aparece, assim, ligada à imaginação, voltada para escolhas da instituição que não dizem da mimese, mas do imaginário em que a instituição se baseia e pretende confirmar. A edição de comemoração dos 40 anos da revista *Veja* revela, então, traços de sua instituição e a forma como pretende ser lembrada e reconhecida.

40 anos em memória

A edição de 40 anos abre com um editorial apresentando os motivos da comemoração:

> Esta Edição Especial de VEJA comemora os primeiros quarenta anos de história da revista com uma retrospectiva dos principais acontecimentos no Brasil e no mundo, com destaque para 1968, o ano da criação da revista, e 2008, quando os brasileiros finalmente começam a desfrutar da maturidade econômica, política e social conquistada no decorrer das quatro últimas décadas.

Os valores que se pretendiam reconhecer como da instituição já surgem de maneira clara:

> É fundamental, para isso, que a revista seja independente, isenta, inteligente e responsável. Que não admita pressões de governos e governantes, amigos e inimigos, acionistas e anunciantes. Que busque a objetividade. E que esteja comprometida – sempre – com a liberdade e a verdade. Nada mais oportuno, neste momento de celebração, que reiterar o compromisso permanente de VEJA com a transformação do importante em interessante, com a isenção e a responsabilidade jornalística, e com a defesa intransigente dos interesses do Brasil. Como escreveu o nosso

fundador, meu pai, Victor Civita, nos dez anos da revista: "*O leitor sabe de que lado lutamos ao longo desses agitados, controvertidos mas certamente estimulantes anos de vida. E sabe, também, onde nos encontrará amanhã*" (grifos da revista).

O editorial é importante para a compreensão do que virá a seguir. A hipótese seguida aqui será a de que a revista busca recuperar seu passado para reconstruí-lo de forma homogênea, sem transparecer qualquer tipo de "mudança de lugar". *Veja* constrói um passado atual, fazendo uso do *Reminding, Reminiscing* e *Recognizing*: a lembrança é uma re-apresentação dos acontecimentos exteriores, que são localizados em referência ao tempo presente para serem lembrados de maneira coletiva e, dessa maneira, serem reconstruídos para os leitores de acordo com o olhar de *Veja*. Essa rememoração comemorativa/coletiva reforça os valores institucionais pretendidos, utilizando o passado para apresentar uma "identidade" única e imutável da revista ao longo de seus 40 anos.

Imagens de 40 anos

A escolha das imagens e o texto utilizado demonstram essa tentativa da instituição de um passado para o público, revelando valores em uma tentativa de construção de um sentido coletivamente distribuído. A revista apresenta, como início das comemorações, uma série de imagens ocupando duas páginas, que representaria esses 40 anos de história. Essa seção é denominada "Imagens de 40 Anos" e abre com uma foto do líder estudantil do maio de 68, Daniel Cohn, cercado de policiais e fitando um deles com uma expressão jocosa.

Entre várias fotos representativas do maio de 1968 (ano de criação de *Veja*), a revista escolheu uma de seu líder cercado pela polícia e com uma expressão descompromissada. O movimento estudantil representado na imagem é irreverente como se não devesse ser levado a sério. A "revolução" está cercada pela polícia e sorri em total falta de seriedade, em clara crítica da revista aos movimentos de esquerda. O texto, que aparece na parte inferior esquerda da imagem, reforça o sentido do movimento como "brincadeira" estudantil de tentar dar fim ao capitalismo. Com o título "Vermelho e Irreverente", conta que "em maio de 1968, estudantes tomaram conta das ruas de Paris, para atacar o poder político, as instituições e o capitalismo, num movimento que se espraiaria por outras capitais européias e marcaria o imaginário juvenil. Seu líder: um cidadão alemão ruivo e rechonchudo, chamado Daniel Cohn-Bendit". Cohn é apresentado com ironia, é o líder que "enfrenta policiais armado apenas de seu sorriso gaiato".

Com essa imagem, a revista já abre suas comemorações dando o tom de toda a edição: a crítica à esquerda e aos movimentos anticapitalistas, construindo uma memória voltada para seus interesses atuais, reconstruindo os acontecimentos a partir de seu imaginário próprio. A crítica ao esquerdismo continua no final do texto: "Durante a década de 70, flanou pela Europa aproveitando a *dolce vita* que a aura de líder revolucionário lhe proporcionava [...] Trocou o vermelho pelo verde da ecologia e elegeu-se deputado do Parlamento Europeu – o emprego que todo revolucionário pediu a Deus". Transformando a utopia revolucionária de 1968 em mero passatempo juvenil, *Veja* re-apresenta o passado a partir de seus valores atuais e dá um novo significado para a revolta dos estudantes naquele momento histórico.

Com o título "Os inventores do pop", o texto que fala sobre o grupo inglês The Beatles apresenta-o a partir de uma imagem que traz Paul, Ringo, George e John em uma foto não posada, com os quatro músicos sentados casualmente em uma cerca, olhando para direções diferentes.

O texto associa os Beatles às drogas e ao misticismo e os coloca como representantes da nostalgia de uma época: é claro aqui, não apenas pelo texto, mas também na imagem nada glamorosa do quarteto, a escolha por uma lembrança de um passado nada idealizado, como se os anos 1960 não fossem em nada melhores que o presente – pelo contrário, para *Veja* manter seu discurso institucional de influência na luta por melhorias da sociedade, o mundo em que ela foi criada precisa ser pior do que o mundo em que ela completa seus 40 anos.

A década de 1960 continua a aparecer, então, como uma época de utopias felizmente substituídas por valores mais práticos e objetivos: "Hoje, a beatlemania só sobrevive como nostalgia. Não parece casual que a banda tenha se desfeito em 1970: a dissolução dos Beatles foi o fim espiritual dos anos 60. 'O sonho acabou', decretou Lennon, assassinado por um maluco em 1980".

Com os anos 1960 finalizados, a edição comemorativa passa a tratar dos anos 1970, agora não como uma época que teve um fim, mas como local de surgimento de acontecimentos que reverberam ainda hoje. A revista apresenta a ascensão do aiatolá Khomeini e a repressão islâmica para justificar o radicalismo do Irã atual, e o apoio dos Estados Unidos aos combatentes afegãos contra a União Soviética como semente da Al Qaeda que viria a ser responsável pelos atentados de 11 de setembro contra os próprios EUA. Um outro acontecimento em especial é tratado por *Veja* como algo que repercute ainda hoje.

Uma foto em preto e branco do então líder sindical Luiz Inácio da Silva falando a uma multidão é completa por um texto intitulado "Nasce uma Estrela". Lula aparece aí de maneira quase idealizada, ocupando todo o lado esquerdo da imagem, surgindo maior que o restante das pessoas, um mar de rostos que fixam o olhar naquele homem com os braços abertos e as palmas das mãos viradas para cima.

"O estádio de Vila Euclides, em São Bernardo do Campo, no ABC paulista, nunca recebeu uma partida de futebol digna de nota. Mas foi naquele campo que um homem começou a entortar a lógica da política brasileira. O pobre, nordestino e iletrado Luiz Inácio da Silva, o Lula, emergiu como líder dos metalúrgicos do ABC no fim dos anos 70". Em seguida, a imagem, que a princípio poderia significar admiração, ganha outras conotações pelo texto, que associa Lula a um tipo de ator que atrai multidões, mas que está apenas representando um papel.

> O líder desse movimento mostrou, desde o início, a capacidade de mesmerizar a massa, de cativar a esquerda universitária – e de apresentar-se aos patrões como um sindicalista responsável, apesar dos discursos raivosos diante das platéias operárias. Na foto destas páginas, feita em 1979, em Vila Euclides, Lula discursa para um estádio lotado de grevistas. Ninguém mais fala, ninguém se move. Todos estão magnetizados pelo barbudo.

Lula é re-apresentado como alguém que lida de uma maneira com seu público e de outra com seus "patrões" (e suas boas "atuações" são as responsáveis pela sua imensa popularidade).

A revista aproveita ainda para mostrar como a trajetória de Lula foi mudando com o tempo, e a luta pelos direitos dos trabalhadores acabou se transformando em luta pelo poder:

> Em pouco tempo, a reivindicação sindical se transformaria em luta político-institucional. Lula fundou o Partido dos Trabalhadores e decidiu que, em vez de enfrentar o governo, queria ser o governo. Candidato à Presidência da República, perdeu três disputas antes de ser eleito, em 2002. Hoje, está à frente de uma das administrações mais bem avaliadas da história, apesar dos escândalos de corrupção.

O elogio ao presidente vem acompanhado da lembrança dos escândalos de corrupção (sem procurar explicá-los), e o texto termina com o tema da reeleição: "Nos próximos meses, Lula enfrentará sua última tentação: sairá do cargo no fim de 2010, obedecendo à Constituição, ou, hipnotizado também pela própria imagem, embarcará na aventura de um terceiro mandato? Ele continua a jurar que a segunda hipótese não existe." A imagem que ilustra o acontecimento ganha mais uma vez um significado diferente: Lula possui uma "atuação" magnetizante para seu público e até para ele mesmo, em uma sugestão de que sua vaidade pode levá-lo a não mais querer sair do poder (como foi comum aos ditadores históricos e ao atual Hugo Chávez).

Lula vai reaparecer ainda em uma imagem de 1984, tratando das Diretas Já. O título "No mesmo palanque" se refere ao movimento a favor da democracia que uniu diversos políticos por uma mesma causa.

> A foto destas páginas mostra o palanque onde foram feitos os discursos naquele dia. Três dos que aparecem na imagem viriam a ser eleitos para a Presidência da República: Lula (à esquerda, ainda na versão "sapo barbudo"), Tancredo Neves (com um braço erguido, ao lado do microfone) e Fernando Henrique Cardoso (do lado direito, batendo palmas). Entre eles, da esquerda para a direita, aparecem Ulysses Guimarães, Orestes Quércia, Leonel Brizola e Franco Montoro, além do locutor esportivo Osmar Santos, mestre-de-cerimônias do evento.

Mais uma vez, a imagem é tão ou mais reveladora do que o texto. Entre todos os políticos, Lula aparece claramente destacado. Com a barba malfeita, o cigarro na boca, os olhos cerrados, e a camisa amassada e manchada, ele surge desleixado com relação à importância do momento político do país. O corte da fotografia coloca, ainda, Lula em uma ponta (esquerda) em oposição a Fernando Henrique Cardoso (à direita). FHC também aparece destacado do restante dos políticos, mas nesse caso ele está separado espacialmente deles, como alguém diferente, que não se deve misturar com o restante do grupo. Enquanto todos erguem os braços em conjunto, Fernando Henrique apenas olha e aplaude, em uma posição claramente superior. O texto encerra afirmando que "depois que o Brasil finalmente retomou as eleições diretas para a Presidência, em 1989, os personagens da foto nunca mais voltariam a dividir o mesmo palanque". Aqui a memória da revista faz a escolha de separar Fernando Henrique do restante dos políticos do país e colocar Lula em uma posição desprivilegiada.

Os anos 1980 são encerrados pela revista com a queda do Muro de Berlim. O título "Derrubado pela História" já revela as intenções de mostrar o acontecimento como resultado de uma política fadada ao fracasso.

A imagem traz as pessoas à volta e sobre o muro, em um movimento pacifista que, segundo a revista, tornou-se o marco simbólico do fim do comunismo.

> Com seu histórico de milhões de mortos, a União Soviética desmanchou-se no ar dois anos depois. Imaginava-se que o pesadelo comunista estaria definitivamente encerrado, mas ele resiste em grotões como Coréia do Norte e Cuba, além de contar com uma sobrevida exclusivamente política no autoritarismo chinês. Como não poderia deixar de ser, o velho monstro ainda mostra sua renitência no cemitério de idéias chamado América Latina, em especial no "socialismo bolivariano" que Hugo Chávez quer implantar na Venezuela. Parafraseando o pai da besta, Karl Marx, é a história repetindo-se como farsa.

O texto revela uma série de valores da revista que são essenciais para seu fortalecimento enquanto instituição. Ligada ao seu presente, a memória busca o passado para fazer referência aos acontecimentos atuais, comparando o governo de Hugo Chávez com os "milhões de mortos" da URSS. Além disso, a América Latina é chamada de "cemitério de ideias", o que agrega valor ao fato de que a *Veja* (uma revista latino-americana) "esteja comprometida – sempre – com a liberdade e a verdade" (conforme escrito em seu editorial).

A democracia e o capitalismo aparecem como resultado de uma evolução natural da história. Os anos 2000 surgem como uma década melhor por ter deixado o comunismo para trás. Com o título "o Muro e a mala", Mikhail Gorbachev aparece em um carro olhando pela janela os restos do muro de Berlim, tendo ao seu lado uma mala Louis Vuitton. "Na foto destas páginas, datada de 2007, Gorbachev aparece em campanha publicitária da grife de luxo Louis Vuitton, símbolo do capitalismo globalizado, olhando o que restou do muro berlinense que ajudou a derrubar. A história, quando não se repete como farsa, se desenrola como ironia."

A série de imagens apresentadas pela revista faz referência a mudanças do mundo a que a revista teria assistido e ajudado a acontecer. Para apresentar-se como instituição isenta e com valores voltados para a liberdade e a justiça, *Veja* precisa, em sua memória tornada pública, apresentar esses valores através das escolhas na construção de sua lembrança. Aqui percebemos os anos 1960 como uma época de ingenuidade ultrapassada pelo progresso das ideias – e não por acaso *Veja* surge no final dessa década, como uma das forças de mudança que contribuíram para a quebra da ingenuidade no mundo – os anos 1970 (década da consolidação da revista), aparecem como época do surgimento de acontecimentos que ainda não terminaram, tendo importância até hoje (como a própria *Veja*). Assim como os anos 1980, que tratam de acontecimentos também ligados ao presente, como sínteses representativas do que ainda se vê hoje em dia. Os anos 1990 e 2000 aparecem como final de uma jornada vitoriosa contra mentalidades ultrapassadas e regimes violentos. A memória de 40 anos da revista *Veja* é representada em imagens cuidadosamente escolhidas para construir um passado público que se atrela aos seus objetivos enquanto instituição.

O que disse *Veja*

Em um segundo momento, essa "liga" entre o atual e o passado é escancarada na seção "1968", quando a revista re-apresenta acontecimentos para dar um sentido único aos valores institucionais: traz trechos de matérias publicadas na época dos acontecimentos originais, mas fora do contexto, como se partilhassem do mesmo sentido atual. O passado é aí re-apresentado em forma de atualidade, em claro objetivo da instituição de demonstrar um passado único, ligado aos valores atuais. As frases entre aspas são colocadas em relação ao presente da revista, e não ao contexto do passado em que foram escritas. As escolhas dos trechos são reveladoras dessa tentativa de uma memória institucional conservadora, mesmo que a revista anteriormente tenha tido opiniões diversas a respeito de um mesmo acontecimento.

A abertura da seção reafirma a ausência de nostalgia com relação aos anos 1960. A nostalgia que reveste o ano de 1968 ultrapassa a geração que nele viveu parte da juventude. Transmitiu-se, como um vírus, a quem ainda era criança ou nem mesmo tinha nascido há quarenta anos. A explicação para esse fenômeno está na propaganda da visão de esquerda segundo a qual, em 1968, parecia possível "transformar o mundo". Abaixo de uma imagem produzida a partir de fotografia em preto e branco formando os números 1968 em um fundo vermelho, o texto busca desfazer essa nostalgia e apontar que o futuro é melhor do que o passado.

> Não, não é preciso ter saudade do Brasil de 1968, como se verá nas próximas páginas. O que houve de bom naquele ano é o que há de bom em todos os anos: o trabalho de milhões de cidadãos, que, a despeito de todas as dificuldades, querem entregar um presente – e um futuro – mais luminoso a seus filhos. São esses cidadãos que constroem um país e que, verdadeiramente, transformam o mundo.

Dentro da seção, a matéria "O Movimento Estudantil" é exemplar na reescritura dos acontecimentos pela memória institucional. "Além do esquerdismo, outro problema dos estudantes em 1968 era que eles se deixavam guiar por líderes como Vladimir Palmeira, Luís Travassos e José Dirceu, imersos em projetos personalistas. Para essa turma, o essencial era consolidar e ampliar a própria influência." O acontecimento passado surge mais uma vez atual: a revista aproveita-se dos escândalos recentes envolvendo o ex-presidente do PT, José Dirceu, com relação ao "mensalão" para criticá-lo a partir de ações cometidas pelo movimento estudantil 40 anos antes.

Dirceu aparece em foto preto e branca sorrindo, barba por fazer e com olhar despreocupado (lembrando, inclusive, a expressão de Daniel Cohn apresentada anteriormente, reafirmando o "rosto" da liderança de esquerda dos anos 1960). Com o título "A Escola de Dirceu", é apresentado um breve perfil a partir de informações retiradas de edições passadas e fora de seu contexto.

> José Dirceu é um homem de múltiplos talentos. Já foi deputado federal, presidente do PT, ministro da Casa Civil e chefe dos mensaleiros. Hoje, é um consultor empresarial quentíssimo, embora não diga quais clientes costuma atender. Sua "vida profissional" – por assim dizer – começou no movimento estudantil. Ele foi um dos personagens mais citados por VEJA em 1968. Seu grande feito foi liderar os esquerdistas na estúpida batalha da Rua Maria Antônia, em São Paulo, que opôs estudantes do Mackenzie aos da Filosofia da USP e terminou com um rapaz morto. O líder, é claro, não sofreu nenhum arranhão.

O movimento estudantil que lutou contra o regime militar é resumido à figura de Dirceu em uma narrativa de lembrança organizada a partir de fatos passados reapresentados para modificar a representação atual do então líder de esquerda. A matéria faz uso de um artifício presente em toda essa seção: a utilização de um texto de apoio chamado "O que disse *Veja* em 1968". Nesse texto, um trecho de uma reportagem da época é republicado entre aspas e fora de seu contexto. Além da utilização de frases escolhidas para reafirmar os valores da revista (mesmo que na época em que foram publicadas essas mesmas frases pudessem fazer referência a valores diferentes), o fato de a própria revista fazer uma citação de si mesma demonstra sua autopercepção como instituição, com poder histórico para se apresentar como fonte documental.

"**O que disse *Veja* em 1968:** 'O presidente da ex-UEE, José Dirceu, dorme cada noite numa casa diferente, passa o dia todo entre seus colegas, na Faculdade de Filosofia de São Paulo, e quando sai está sempre armado e protegido por dois guarda-costas. [...] Seu nome é o primeiro da lista de estudantes que o Dops quer prender'". Fora de seu contexto, um trecho de uma matéria que pudesse ser entendido em seu contexto como elogiosa (afinal, a revista se apresentava contra a ditadura, e dizer que alguém é o mais procurado pela o regime militar podia ser entendido como fonte de admiração) é transformado em crítica a José Dirceu.

As escolhas institucionais de memória ficam mais claras quando, na página 123 (20 páginas após a matéria sobre Dirceu), na seção "Gente", Fernando Gabeira, também envolvido na luta de esquerda contra a ditadura e um dos responsáveis pelo sequestro do embaixador americano Charles Burke Elbrick, é apresentado de maneira positiva:

> Preso e exilado, voltou ao Brasil em 1979, como um apóstolo da liberação de modos e costumes, período do qual faz parte a inesquecível tanga de crochê. No mesmo ano, lançou o livro *O que É Isso, Companheiro?*, um relato delicioso de sua participação no seqüestro de Elbrick e que sagrou sua ruptura com a esquerda careta. Fundador do Partido Verde, Gabeira é um dos deputados mais atuantes (no bom sentido) do Congresso, um exemplo de conduta impecável. Agora, aos 67 anos, ele quer ser prefeito do Rio.

Nos dois exemplos aqui apresentados, fica claro que a memória institucional produz sentido a partir de escolhas baseadas em seus valores atuais.

Apontamentos finais

Nos exemplos aqui coletados, a revista *Veja* utiliza uma memória pública para reforçar seus valores enquanto instituição. Tal qual foi caracterizada por Berger e Luckmann, a instituição, apesar de estar sempre se atualizando, surge para nós como algo imutável, concreto em seus valores historicamente dados. Apesar de ter passado por mudanças editoriais ao longo de seus 40 anos, *Veja* precisa se apresentar com uma unidade para que seus valores sejam compreendidos como histórica e coletivamente compartilhados. O acontecimento é apresentado como único: não são vários acontecimentos que se apresentam ao longo dos anos, mas um único acontecimento vai reverberando pela revista, que o re-apresenta como homogêneo, organizado pela sua memória.

O cuidado para não ser nostálgica com os anos 1960 é revelador de sua tentativa de se colocar, enquanto instituição, como revista que participou das mudanças necessárias para que o mundo em que ela se encontra hoje seja melhor do que era 40 anos antes. Como instituição, *Veja* produz uma história para si própria na qual reafirma seus valores do presente como se fizessem parte de suas características desde seu surgimento. Através do *Reminding* (apoia-se em acontecimentos), *Reminiscing* (passado compartilhado) e *Recognizing* (re-apresentação), a memória surge como aliada essencial para a permanência e fortalecimento de uma instituição, pois permite que, além de coletivamente compartilhados, seus valores sejam apresentados como naturalmente pertencentes à revista.

Referências

BERGER, P.; LUCKMANN, T. *A construção social da realidade*. Petrópolis: Vozes, 1985.

CHAURAUDEAU, P. *El discurso de la informacion*. Barcelona: Gedisa, 2003.

COSTA, I. T. M. *Memória institucional: a construção conceitual numa abordagem teórico-metodológica*. Rio de Janeiro: UFRJ/ECO, 1997. Tese (Doutorado em Ciência da Informação) – Programa de Pós-Graduação em Ciência da Informação, Universidade Federal do Rio de Janeiro, Rio de Janeiro, 1997.

LE GOFF, J. *História e memória*. Petrópolis: Vozes, 1998.

MOUILLAUD, M. *O jornal da forma ao sentido*. Brasília: Paralelo 15, 1997.

RICOEUR, P. *A memória, a história e o esquecimento*. Campinas: Unicamp, 2007.

VEJA. Edição Especial. São Paulo: Editora Abril, edição 2077, ano 41, set. 2008.

A construção simbólica de *Veja*: um país imaginado

Paulo Bernardo Vaz
Ronei Sampaio

Indispensável para o país que queremos ser

O olhar da menina é certeiro. Ela fita o leitor, que não tem outra escapatória senão retribuir esse olhar. A criança traja uma blusa branca e, de braços abertos, ostenta duas fotografias, uma em cada mão. À esquerda, mostra uma situação problemática e, na mão direita, a foto que apresentaria a solução para o problema. As duas imagens se alinham na altura dos olhos da menina, colocada no centro da relação contraditória. No painel esquerdo, pacotes de cédulas de cinquenta e de cinco reais. Do lado direito, um flagrante foto-jornalístico em que um sujeito de terno, algemado, esconde seu rosto sob uma folha de jornal. No canto superior direito da página, *Veja* estampa o seu nome em vermelho contrastante com o fundo amarelo. Abaixo do nome da revista, o *slogan*: "Indispensável para o país que queremos ser".

Disponível em http://veja.abril.com.br/campanhas-publicitarias/index.html

Este anúncio integra a campanha publicitária lançada no dia 17 de outubro de 2007 para a comemorar dos 40 anos de *Veja*, composta de dez anúncios veiculados em revistas do grupo Abril, um comercial para a televisão e um *jingle* para rádio. A campanha, segundo a própria revista, diz do seu esforço "na luta por um Brasil mais desenvolvido e civilizado", já que "nunca é demais relembrar que VEJA só tem um lado: o da defesa intransigente do Brasil".[1]

Este anúncio escolhido é tomado como mote para a discussão das formas de mediação permitidas no dispositivo impresso a partir da problemática da instituição midiática. Olhamos *Veja* em seu entrelaçamento num tecido simbólico complexo, como agente construtor de sua própria rede de significados. *Veja*, como instituição, é considerada no interior das interações midiáticas como agente que confere significados a práticas, objetos e sujeitos, deslocando e reforçando sentidos.

Veja e instituição: uma primeira aproximação

Analisar a mídia sob o viés da instituição pressupõe considerar esta última a partir de sua existência no simbólico. A própria instituição constrói sua rede simbólica e só pode existir como um complexo de significados socialmente sancionado (Castoriadis, 2000). Desta forma, o trabalho institucional consiste em ligar significados (representações, ordens, injunções ou incitações) a símbolos, e é a própria instituição que torna essa ligação mais ou menos estável. Esta é uma das formas através das quais as instituições fornecem modelos para o nosso "estar no mundo", fundando nossa maneira de agir e propondo esquemas de pensamento (Douglas, 2004). Desta maneira, pensar a mídia tomando como princípio sua dimensão institucional é considerar uma certa organização da vida social a partir de valores, normas, papéis e representações.

Ao se tratar da institucionalização, é possível encontrar em Berger e Luckmann (2000) uma descrição desse processo que se vale da consideração do hábito como um de seus elementos precedentes. Para os autores, a ação frequentemente repetida torna-se um padrão, um dado estável que fornece aos sujeitos esquemas para a orientação de suas condutas. Desta forma, não se torna necessário definir um modelo novo de ação a cada nova situação. O processo de institucionalização ocorre quando há uma tipificação recíproca das ações habituais dos atores, ou seja, quando o entendimento dessas ações passa a ser compartilhado. A partir dessa constatação, os autores avançam rumo a outro dado fundamental para o processo de institucionalização: a historicidade. Qualquer situação que perdure no tempo trará em gérmen o processo de institucionalização, já que as tipificações recíprocas são construídas ao longo de uma história vivenciada no âmbito da coletividade. As instituições não nascem de súbito, mas têm o tempo como um elemento essencial para a submissão de qualquer elemento ao controle social. Para Berger e Luckmann, o processo de objetivação do mundo se dá a partir do momento em que os indivíduos passam a compreender a existência das instituições como algo exterior, além deles próprios. Além disso, a

[1] Carta ao leitor. *Veja*. São Paulo, 17/10/2007.

instituição, por ser experimentada como realidade coletiva e anterior ao indivíduo, pode se apresentar como dotada do *status* de fato inegável.

Veja se dá aos seus leitores como instituição na medida em que tem apresentado, ao longo de seus 40 anos, uma rede simbólica própria, extensa, composta de elementos das mais variadas naturezas. A publicação parece reivindicar uma chancela social sobre sua teia de significados, ou seja, *Veja* efetivamente fala e parece quase nunca questionar o seu modo de dizer, uma vez que este último constitui algo que tem caracterizado a revista ao longo do tempo: seu estilo e linha editorial. Segundo a carta ao leitor da edição de 17 de outubro de 2007, "VEJA se orgulha de contribuir para o progresso, por meio do cumprimento da missão que se atribuiu desde o começo da sua história – a de ser uma publicação que mantém seus leitores bem informados, fiscaliza o poder e não se furta a dizer o que julga correto". A revista, dessa forma, diz o que considera correto e, ao fazê-lo, propõe certos modos de concepção da realidade, o que fica evidenciado no anúncio. Ademais, ao se afirmar "Indispensável para o país que queremos ser", *Veja* se coloca à frente de um desejo coletivo.

Na comemoração de quatro décadas de existência, a publicação enfatiza sua ação duradoura na história: "Desde a sua primeira edição, em setembro de 1968, VEJA está empenhada em apresentar semanalmente não apenas um grande leque de informações confiáveis, mas também o contexto e a análise que permitem colocar os fatos em perspectivas e entendê-los melhor".[2] A revista se enxerga como um agente social que se baseia na força de sua expressão e de sua voz. Convencidos ou não da função cívica da publicação, os leitores de *Veja* têm entrado em contato com os esquemas de entendimento de mundo propostos pela revista. Em alguma medida, eles reconhecem a publicação, sua identidade.[3] Dessa forma, o reconhecimento mútuo das ações ao longo de sua história e a constituição de um tecido simbólico que visa à legitimação social fazem de *Veja* um agente que, se não já se encontra institucionalizado, investe energia para a efetivação desse processo.

Ao olhar a instituição *Veja* e sua relação com os leitores, vemos esses agentes envolvidos na interação, em um lugar comum fundado em sua ação comunicativa. Abordar a instituição mídia é olhar para a comunicação como lugar mesmo da constituição da sociedade, como um momento fundador da vida coletiva. Fica claro o mundo que cada um constrói na interação entre *Veja* e seus leitores. Por meio da interação comunicativa, esses dois mundos se tocam e se mesclam num espaço comum, e, com construção desse mundo comum, passa a existir uma relação de troca e partilhamento simbólico entre diferentes sujeitos (França, 2002). Se no interior dessas trocas simbólicas as instituições propõem modelos de pensamento e de relacionamento com o mundo, a instituição mídia figura como apenas mais uma com a qual o indivíduo se envolve.

---

[2] Civita, Roberto. Os primeiros quarenta anos. *Veja*. Ed. Especial 2077. São Paulo, set. 2008. Carta ao leitor, p. 14.

[3] A condição de identidade é apresentada por Charaudeau como um dos dados externos que permitem a existência do contrato de informação midiático. Para o autor, esses dados dizem da regularidade comportamental dos atores da troca social (Charaudeau, 2006, p. 68).

Veja e a mobilização de elementos imaginais

Ao aproximar a instituição das discussões sobre o imaginário adotamos uma abordagem teórica específica dentre tantas outras existentes. Autores como Castoriadis (2000) veem o imaginário em oposição ao real, visão classificada por Juremir Machado da Silva (2003) como clássica. Há linhas de pensamento que consideram imaginário e realidade em sua mútua inscrição, ou seja, o imaginário passa a ser visto como um modo de ser coletivo.

Como define Maffesoli, "o imaginário é uma força social de ordem espiritual, uma construção mental que se mantém ambígua, perceptível, mas não quantificável" (Maffesoli, 2001, p. 75). Nessa perspectiva, o imaginário é algo que perpassa uma sociedade, uma espécie de aura responsável tanto por ser um reservatório como por ser matriz para a criação de novas imagens. Juremir Machado da Silva, por sua vez, lembra que o imaginário é como um processo, um hipertexto construído coletiva e anonimamente, e o compara a uma língua. O indivíduo entra no imaginário aceitando suas regras, modifica-o pelas falas imaginais e o altera por meio da ação comunicativa, concebendo o imaginário não apenas como um conjunto de imagens, mas como "uma rede etérea e movediça de valores e de sensações partilhadas concreta ou virtualmente" (Silva, 2003, p. 2).

> O imaginário é um reservatório/motor. Reservatório, agrega imagens, sentimentos, lembranças, experiências, visões do real que realizam o imaginado, leituras da vida e, através de um mecanismo individual/grupal, sedimenta um modo de ver, de ser, de agir, de sentir e de aspirar ao estar no mundo. [...] Diferente do imaginado – projeção irreal que poderá se tornar real –, o imaginário emana do real, estrutura-se como ideal e retorna ao real como elemento propulsor (Silva, 2003. p. 2).

Tratar o modo de ser da instituição *Veja* tomando como referência a noção de imaginário diz da investigação de um dos modos operatórios expressivos da publicação: a construção de imagens. As múltiplas imagens construídas pela revista tanto abastecem quando bebem desse reservatório/motor que funciona como "catalisador, estimulador e estruturador dos limites das práticas" (Silva, 2003, p. 3).

Segundo Edmond Couchot, a imagem é uma atividade que coloca em relação um leque de técnicas e um operador (um artesão, um operador de máquinas de imagens) possuidor de um saber-fazer (Couchot, 2003).[4] Inserindo-se no *continuum* imaginário que é tanto reservatório como matriz, as imagens atuam na construção de um repertório imagético no interior das culturas, um conjunto de signos que auxiliam no entendimento da proposta de cada nova imagem produzida. A esse repertório, Peirce dá o nome de "experiência colateral", ou seja, a "intimidade prévia com aquilo que o signo denota" (Santaella, 2000, p. 35). A informação contida na imagem deve

[4] Por evidenciar o aspecto técnico de construção de imagens, essa conceituação fornecida por Couchot se mostra bastante elucidativa para se tratar a manipulação de imagens digitais, bastante utilizada na publicidade e mesmo no jornalismo.

estar ligada, portanto, a alguma informação anterior e independente desse signo. Essa informação, não advinda da imagem primeira, "foi adquirida colateralmente, de algum outro modo, provavelmente por meio de diferentes signos anteriores" (Savan, 1996, p. 16 *apud* Santaella, 2000, p. 56).

Verifica-se que a imagem se relaciona com a instituição *Veja* de duas maneiras: como ente dinâmico da constituição do imaginário e como signo mobilizado na construção de redes simbólicas que objetivam a legitimação social. Para Durkheim, as próprias representações coletivas são "imagens", já que imaginário é o modo como o social é instituído, isto é, a forma como a sociedade imagina, projeta e objetiva, denominando e classificando (Durkheim, 1994, p. 87). A instituição imaginária da sociedade é o seu modo constitutivo, "pois a sociedade é, antes de tudo, um conjunto de idéias, de crenças, de sentimentos de toda a espécie, num amálgama realizado pelo próprio indivíduo" (Durkheim, 1994, p. 90). Nesse sentido, falar em imagem é considerar significados construídos, modos de apreensão da realidade que nunca é semanticamente pura. O ser humano apreende e produz imagens, e o faz coletivamente porque participa da construção do imaginário social, disseminando-o, enriquecendo-o. Nesse sentido, Maffesoli classifica a sociedade pós-moderna como cenário para o renascimento de um "mundo imaginal", ou seja, "de uma maneira de ser e de pensar perpassada pela imagem, pelo imaginário, pelo simbólico, pelo imaterial" (Maffesoli, 2003, p. 47). A imagem é vista, então, como um elemento imprescindível do vínculo social.

Na campanha de seus 40 anos, *Veja* articula imagens, mobiliza sentidos, formas, cores e valores do imaginário social brasileiro e posiciona esta construção sígnica no interior de sua rede simbólica, afirmando-se como instituição "indispensável para o país que queremos ser". Além disso, através de suas alegorias sígnicas, a revista constrói a grande imagem do Brasil, entendendo-se o país numa perspectiva simbólica, ou seja, como um conjunto de representações que transcendem o caráter geográfico.

Tratar de *Veja* é sempre interessante pela maneira como a revista se posiciona em relação ao cenário nacional e pela forma como expressa essa postura. Além disso, um meio de comunicação que se afirma como "a maior, a mais influente e a mais prestigiada revista brasileira"[5] instiga tanto a imaginação quanto o olhar analítico do leitor brasileiro. Os anúncios da campanha dos 40 anos da revista pareceram bastante elucidativos ao tratarem da natureza da existência de *Veja*, uma vez que a campanha "captura a essência do que a revista, seus anunciantes e milhões de leitores têm sido para o Brasil nos últimos 39 anos [...]"[6]

Fundada em 1968, a revista se lançou no mercado brasileiro sob a direção de Roberto Civita aos moldes das revistas norte-americanas *Time* e *Newsweek* (Hernandes, 2004, p. 30). Durante toda a sua história, *Veja* comentou e opinou sobre

---

[5] Civita, Roberto. Os primeiros quarenta anos. *Veja*. Ed. Especial 2077. São Paulo, set. 2008. Carta ao leitor, p. 14.

[6] Carta ao leitor. *Veja*. São Paulo, 17 out. 2007.

assuntos variados e, por vezes, aprofundou-se em alguns temas, dedicando-se a algumas importantes edições especiais (Sodré, 1977).

O anúncio recortado é representativo da campanha como um todo. Também os nove outros anúncios apresentam crianças de variadas etnias, todas elas trajadas de branco, todas exibindo duas fotografias, uma de cada lado do seu corpo, sempre em painéis contrastantes: à esquerda, o problema e, à direita, a solução proposta.

Irresistível olhar entre o justo e o injusto

Ao problematizar a análise de imagens por meio de sua consideração como signo verbal, Souza (2001) afirma que esse procedimento acaba por reduzir a própria concepção que se tem acerca da linguagem, e propõe o conceito de policromia na busca por um tratamento mais adequado ao signo imagético.

> O conceito de policromia recobre o jogo de imagens e cores, no caso, elementos constitutivos da linguagem não-verbal, permitindo, assim, caminhar na análise do discurso do não-verbal. [...] A policromia revela também a imagem em sua natureza heterogênea, ou melhor, como conjunto de heterogeneidades que, ao possuírem uma co-relação entre si, emprestam à imagem a sua identidade. Essa co-relação se faz através de operadores discursivos não-verbais: a cor, o detalhe, o ângulo da câmara, um elemento da paisagem, luz e sombra, etc., os quais não só trabalham a textualidade da imagem, como instauram a produção de outros textos, todos não-verbais (Souza, 2001).

A análise das imagens apresentadas nos anúncios tornar-se-á tanto mais promissora, quanto mais sejam levados em conta os elementos expressivos característicos das fotografias expostas: cores, linhas, formas; além dos signos mobilizados na sua construção: criança, dinheiro, etc. Segundo Souza, as imagens não se dão a conhecer de maneira isolada, mas de modo heterogêneo, articuladas a outras imagens, o que torna possível, por exemplo, a compreensão de uma campanha publicitária, um filme, etc. As imagens de *Veja* parecem obedecer a um triplo caminho de associação: como parte de uma mesma campanha, formando uma série coesa; com as imagens produzidas por *Veja* ao longo de seus 40 anos; e com o conjunto de imagens existentes no imaginário social brasileiro.

No anúncio destacado, há um percurso de leitura que se mostra dominante. Sua porta de entrada é o irresistível olhar da criança, que faz com que o leitor interpelado acabe por não ter outra escolha a não ser aceder, deitando ao anúncio o seu próprio olhar. "O olhar é carregado de todas as paixões da alma e dotado de um poder mágico, que lhe confere uma terrível eficácia. O olhar é o instrumento das ordens interiores: ele mata, fascina, fulmina, seduz, assim como exprime" (Chevalier, 2003, p. 653). Juntado ao gesto de segurar e mostrar os dois painéis laterais, o olhar infantil direto para a câmera constitui uma espécie de captura: trata-se da revelação recíproca de quem olha e de quem é olhado. Disso não há como escapar (Chevalier, 2003). Nessa perspectiva, há no anúncio uma espécie de espelhamento: o leitor olha a menina e por ela é olhado. Esse movimento tanto cativa quanto demanda uma postura frente ao que é exibido. Além disso, a fotografia se aproveita da relação luz/sombra que propicia uma certa dramaticidade à cena mostrada.

A criança parada propõe um diálogo. Como afirma Milano Castelo, "o rosto de um homem pode ser, como é costume dizer-se, o espelho de sua alma. No rosto de um homem podem ler-se suas tensões interiores e, por isso, a coragem, o sofrimento, o medo" (Castelo, 1980, p. 129). A força do retrato da menina parece advir justamente desse seu caráter fisiológico: o leitor mergulha na expressão da criança, admira sua candura e pode até ser instado a rememorar a sua própria infância.

Esta precisa imagem da criança aparece em um contexto no qual a inocência infantil não se mostra nada ingênua, mas racional, madura, de tomada de consciência e de responsabilidade. O calmo semblante da criança é neutro, e seu olhar, bastante expressivo. Não é arbitrária a escolha de crianças como suporte dos painéis em toda a campanha de *Veja*. Segundo Chevalier (2003), a infância diz da inocência, de um estado anterior ao pecado. Além disso, representa simplicidade natural, espontaneidade e não se funda em qualquer má intencionalidade ou dissimulação. Essa acepção de infância se revela, inclusive, nas ornamentações das tradições cristãs que atribuem aos anjos a forma infantil. As figuras angelicais de *Veja* parecem ser testemunhas de uma situação apocalíptica da qual só será possível uma libertação pela ação redentora da própria publicação.

A menina do anúncio veste-se de branco, como os demais modelos infantis dos outros nove anúncios. Esta composição cromática acentua a aura de pureza das protagonistas da campanha. De acordo com Pastoureau (1997), os significados da cor branca na cultura ocidental passam pela ideia de castidade, paz e inocência. Além disso, ao se tratar o branco, sempre se faz alusão à cor que se encontra no extremo oposto: o preto. Como afirma Luciano Guimarães, "O pólo negativo está presente, por exemplo, quando dizemos que 'a situação está preta', ou que tivemos 'um dia negro', assim como o pólo positivo está presente quando dizemos que alguém tem 'ideias claras' ou que é uma 'pessoa iluminada'" (Guimarães, 2004, p. 92). Como união de todas as cores-luz, não há luminosidade maior do que a da cor branca e, por isso, ela representa a própria luz e é revestida, em muitas culturas, de um caráter divino: na Bíblia, Deus viu que a luz era boa e fez a separação entre a luz e as trevas. Inocente, a criança de *Veja* não se contamina nem pelo cenário problemático que traz, nem pelo cenário da solução, já que este último é só uma possibilidade.[7] Assim, a figura da menina parece ainda remeter à ideia de futuro, de vir a ser e de espera por "dias melhores". O anúncio procura aproximar a ideia de país à ideia da criança a partir da afirmação implícita de que há possibilidade de desenvolvimento e amadurecimento. Nesse processo, *Veja* assume o papel de tutora.

Outro elemento cromático que sustenta e confere unidade a toda a campanha, é o amarelo chapado que faz fundo às duas páginas, atrás da criança fotografada.

[7] Essa consideração advém, principalmente, do uso do verbo "queremos" como expressão de um desejo.

Amarelo é a cor de alerta, de melhor assimilação mnemônica. No entanto, o amarelo possui tanto valor positivo quanto negativo. Luciano Guimarães lembra que o amarelo também se relaciona à loucura, à mentira e à traição. Um exemplo disso era a obrigatoriedade do uso de um hábito amarelo pelos condenados da Inquisição. "[...] a cor dos traidores, dos cavaleiros desleais, dos falsos moedeiros (no século XIV as suas casas eram pintadas de amarelo), cor dos fura-greves, dos trabalhadores que atraiçoaram em favor do patronato, cor dos maridos enganados (já atestada no século XVII)" (Pastoureau, 1997, p. 20).

Sobre isso, o autor faz um questionamento que nos parece importante: é possível dizer que num país recente como o Brasil o amarelo tem essas concepções típicas de países de história mais antiga que abrigaram efetivamente esses movimentos? No Brasil, o amarelo parece estar relacionado a algo como a tropicalidade, o ouro e o calor. Além disso, pode-se fazer uma aproximação do uso da cor a uma ideia de identidade nacional: apesar de nossa bandeira também conter verde, azul e branco, o amarelo do uniforme da Seleção Brasileira de Futebol é que lhe dá a alcunha de "Seleção Canarinho".

Veja recorre ao amarelo, portanto, para chamar a atenção do leitor pelo grito, já que o amarelo é "intenso, violento, agudo até a estridência, ou amplo e cegante como um fluxo de metal em fusão [...]" (Chevalier, 2003, p. 40). No entanto, *Veja* não grita sozinha: ela procura suscitar "de um povo heroico um brado retumbante"[8] a partir da mobilização de uma cor que há muito habita o imaginário social brasileiro.

Os painéis de *Veja*: a imagem dentro da imagem

A campanha de *Veja* foi apenas uma de suas ações para a comemoração de seus 40 anos. A revista realizou, no dia 2 de setembro de 2008, um seminário para discutir os principais problemas de diversos setores do país e possíveis soluções para eles. Como publicado no *site* da revista, "os mais destacados nomes da política e de diversas áreas do conhecimento se reuniram nesta terça-feira no seminário 'O Brasil que queremos ser', organizado em comemoração aos 40 anos de VEJA".[9] Os grandes temas discutidos (educação, meio ambiente, economia, imprensa, democracia) são os mesmos dos anúncios impressos da campanha, e tanto no seminário quanto nas peças gráficas eles são organizados em painéis. Além disso, foi publicada uma edição especial intitulada "*Veja* 40 anos".

No anúncio selecionado, a menina carrega dois painéis que contrapõem montes de dinheiro da corrupção à punição do corrupto, respectivamente dos lados esquerdo e direito. Há, na constituição das imagens dos painéis, elementos que fornecem indícios

[8] Hino Nacional Brasileiro. Letra de Joaquim Osório Duque Estrada. Oficializado no dia primeiro de setembro de 1971, através da lei nº 5700.

[9] Disponível em: http://veja.abril.com.br/veja_40anos/40anos.html. Publicado em 2 de setembro de 2008 e acessado no dia 29 de outubro de 2008.

para que essas considerações possam ser feitas. Reduzidas às formas geométricas mais simples, as cédulas de dinheiro compõem paralelepípedos mal-arranjados. Se as linhas desses desenhos esquemáticos forem prolongadas, formarão um emaranhado de diagonais se cruzando. Ao falar sobre o poder expressivo da linha, Fayga Ostrower (1991) explica que as linhas horizontais e verticais são mais estáveis, calmas por se associarem, inclusive, a posições humanas de estabilidade (de pé e deitado). Já as linhas diagonais são mais enérgicas, dão vida ao movimento e, ao contrário das horizontais e verticais, não provocam a sensação de estabilidade. Pensemos na disposição das notas pelo que elas não são: se estivessem empilhadas de maneira organizada, predominariam as linhas horizontais, dando uma ideia de estabilidade. Entretanto, o dinheiro mostrado encontra-se empilhado desorganizadamente, de forma a denotar instabilidade. Nota-se também que a cédula de R$ 5,00 mostrada em primeiro plano no canto inferior esquerdo da foto aparece amarfanhada e manchada: maculada.

Na fotografia exposta à direita pela menina, vê-se um homem com o rosto coberto por uma página de jornal. O sujeito veste terno preto, gravata vermelha, encontra-se algemado e porta anéis que parecem representar vaidade ou abastamento, já que "os aristocratas eram autorizados a usar um anel de ouro" (Chevalier, 2003, p. 55). O homem usa uma aliança no dedo anelar da mão esquerda, indicando vínculo matrimonial. Já o anel da mão direita, no dedo mindinho, traz à tona a ideia de vaidade, de ostentação, assim como a pulseira do pulso direito, próxima à algema. Ao lado da pureza da criança, o homem que aparece na fotografia por ela exibida aponta pecado e vergonha. O rosto encoberto pelo jornal reforça a infração cometida pelo retratado. Ao fazer referência ao nosso imaginário nutrido pelos escândalos nacionais, o terno e a gravata dão mostras de que o criminoso é mais um corrupto de colarinho branco.

A página de jornal que encobre o rosto do sujeito algemado retira-lhe a identidade, inserindo-o no campo das incertezas: este é um corrupto qualquer. Apesar de não haver nada na imagem que expresse diretamente sua relação com o mundo político, o terno e a gravata nos fornecem elementos para conjecturar essa possível relação. Dentre as palavras que podem ser lidas na manchete do jornal amassado, tem-se "Romaria"; "Demonstração de fé". Novamente, o anúncio parece fazer alusão à esperança e a construção do futuro: para *Veja* o futuro desejado é um processo para o qual a revista não é nada menos que "indispensável".

Entre o só falar e o se justificar: a tomada da palavra

Ao abordar o contrato de comunicação, Charaudeau (2007) separa os dados externos, como os mencionados na descrição do anúncio, dos dados internos, propriamente discursivos. Esses últimos se repartem em três espaços de comportamento: locução, relação e tematização. O de locução diz da justificativa para a tomada da palavra; o segundo diz do estabelecimento da relação entre os interlocutores; e o terceiro é o tema mesmo da troca.

Veja realiza esses movimentos: a publicação alega que há algo maior por trás da sua tomada de palavra ao longo de seus 40 anos: "a construção de um futuro melhor para todos os brasileiros".[10] Além disso, *Veja* fala aos brasileiros e tem como tema o próprio país. Charaudeau afirma que o sujeito falante "deve conquistar seu direito de poder falar" (Charaudeau, 2007, p. 71), e é exatamente isso o que a revista procura ao se afirmar como instituição, ao procurar a chancela social para o seu complexo simbólico. Dessa forma, *Veja* cria, recria, reinventa, apropria-se de imagens do imaginário social, atualiza antigas e propõe novas representações através do uso expressivo de linhas, cores e formas na cena montada com a criança e seus painéis.

A instituição *Veja* acaba por propor um relacionamento com as demais instituições sociais. No caso da Justiça (instituição abordada no anúncio), *Veja* transforma em imagens elementos abstratos, como moral, ética, honestidade, legislação, des/cumprimento da lei e mecanismos para a sua aplicação. *Veja* oferece esses elementos aos sentidos do leitor de seus anúncios e, assim, delineia e define de maneira categórica a cara que realmente tem o crime brasileiro. *Veja* traça os esquemas de relacionamento entre os muitos elementos das instituições que aborda e coloca um ponto final na sua assertiva propagandeada Brasil afora: este é "o país que queremos ser".

Referências

BERGER, P. L.; LUCKMANN, T. *A construção social da realidade: tratado de sociologia do conhecimento*. 19. ed. Petrópolis: Vozes, 2000.

CASTELO, M. *La fotografia: le forme, gli oggetti, l'uomo*. Tradução de J. J. Soares da Costa. Lisboa: Edições 70, 1980.

CASTORIADIS, C. *A instituição imaginária da sociedade*. 2. ed. Rio de Janeiro: Paz e Terra, 1986.

CHARAUDEAU, P. *Discurso das mídias*. São Paulo: Contexto, 2006.

CHEVALIER, J. *et al. Dicionário de símbolos: mitos, sonhos, costumes, gestos, formas, figuras, cores, números*. 18. ed. Rio de Janeiro: José Olympio, 2003.

COUCHOT, E. *A tecnologia na arte: da fotografia à realidade virtual*. Porto Alegre: Editora da UFRGS, 2003.

DOUGLAS, M. *Como as instituições pensam*. São Paulo: Editora da Universidade de São Paulo, 1998.

DURKHEIM, E. *Sociologia e filosofia*. 2. ed. São Paulo: Ícone, 1987.

FRANÇA, V. L. *QUÉRÉ: dos modelos da comunicação*. Belo Horizonte: Faculdade de Filosofia e Ciências Humanas da UFMG, 2002. Mimeo.

GUIMARÃES, L. *Cor: a cor como informação – a construção biofísica, lingüística e cultural da simbologia das cores*. 3. ed. São Paulo: Annablume, 2004.

HERNANDES, N. *A revista* Veja *e o discurso do emprego na globalização: uma análise semiótica*. Salvador: EDUFBA; Maceió: EDUFAL, 2004.

[10] Carta ao leitor. *Veja*. São Paulo, 17/10/2007.

MAFFESOLI, M. Mediações simbólicas: a imagem como vínculo social. In: MARTINS, F. M.; SILVA, J. M. *Para navegar no século XXI: tecnologias do imaginário e cibercultura.* 3. ed. Porto Alegre: Edipucrs/Sulina, 2003.

MAFFESOLI, M. *O imaginário é uma realidade. Revista Famecos*, Porto Alegre, n. 15, ago. 2001.

OSTROWER, F. *Universos da arte*. 9. ed. Rio de Janeiro: Campus, 1991.

PASTOUREAU, M. *Dicionário das cores do nosso tempo: simbólica e sociedade*. Lisboa: Editorial Estampa, 1997.

SANTAELLA, L. *A teoria geral dos signos: como as linguagens significam as coisas*. São Paulo: Pioneira, 2000.

SILVA, J. M. Tecnologias do Imaginário: esboços para um conceito. In: Associação Nacional de programas de Pós-graduação em Comunicação (Compós), 12, 2003.

SILVA, T. Discurso e imagem: perspectivas de análise do não-verbal. *Ciberlegenda*, Niterói, n. 6, 2001.

SODRÉ, M. *A comunicação do grotesco: introdução à cultura de massa brasileira*. 6. ed. Petrópolis: Vozes, 1977.

VEJA. Campanhas publicitárias. Disponível em: http://veja.abril.com.br/campanhas-publicitarias/index.html. Acesso em: 28 out. 2008.

VEJA. Carta ao leitor. São Paulo: Editora Abril, edição de 17 de outubro de 2007. Disponível em http://veja.abril.com.br/campanhas-publicitarias/index.html. Acesso em: 28 set. 2008.

VEJA. O Brasil que queremos ser. São Paulo: Editora Abril, 02 set. 2008. Disponível em: http://veja.abril.com.br/veja_40anos/40anos.html. Acesso em: 28 out. 2008.

VEJA. Edição Especial. São Paulo: Editora Abril, edição 2077, ano 41, set. 2008.

Sobre autores e autoras
(em ordem alfabética de sobrenomes)

Delfim AFONSO JUNIOR

Doutor em Ciência da Informação pela Universidade Federal de Minas Gerais (UFMG). Professor do Departamento de Comunicação Social da Faculdade de Filosofia e Ciências Humanas (FAFICH) da mesma instituição.

Roberto ALMEIDA

Mestre em Comunicação Social pela UFMG. Integrou o Grupo de Pesquisa em Imagem e Sociabilidade (GRIS) e desenvolveu pesquisa no Grupo de Pesquisa sobre Interações Midiáticas e Práticas Culturais Contemporâneas (GrisPop).

Elton ANTUNES

Doutor em Comunicação e Cultura Contemporânea pela Universidade Federal da Bahia (UFBA). Professor do Programa de Pós-Graduação em Comunicação da UFMG. Integrante do GRIS e coordenador do Grupo de Pesquisa sobre Cultura do Impresso (GrisPress).

Isabel BABO-LANÇA

Doutora em Sociologia pela Escola de Altos Estudos em Ciências Sociais (Paris-França). Professora nos programas de pós-graduação em Marketing e Publicidade e em Comunicação e Gestão Cultural da Universidade Lusófona do Porto. Leciona no curso de mestrado em Jornalismo, Política e História Contemporânea da Universidade Lusófona de Humanidades e Tecnologias, em Lisboa.

Maria Beatriz Almeida Sathler BRETAS

Doutora em Ciência da Informação pela UFMG. Professora aposentada do Programa de Pós-Graduação em Comunicação da mesma instituição, onde foi integrante do GRIS e coordenadora do Grupo de Pesquisa sobre Interações Telemáticas (PontoGris).

Janice CAIAFA

Doutora em Antropologia pela Universidade de Cornell, EUA. Professora Associada da Escola de Comunicação da Universidade Federal do Rio de Janeiro (ECO-UFRJ). É pesquisadora do CNPq, poeta e coordenadora do CIEC – Coordenação Interdisciplinar de Estudos Contemporâneos.

Mirian CHRYSTUS

Doutora em Estudos Literários pela UFMG. É Professora Adjunta no Departamento de Comunicação Social da mesma instituição. Integra o GRIS e o GrisPop.

Laura Guimarães CORRÊA

Doutora em Comunicação pela UFMG. Professora Adjunta no Departamento de Comunicação Social da mesma instituição. Integra o GRIS e o GrisPop.

Rafael Figueiredo CRUZ E SILVA

Mestre em Comunicação pela UFMG. Profissional de Comunicação do Centro de Pesquisas e Desenvolvimento da Petrobras. Desenvolveu pesquisa no GRIS como integrante do PontoGris.

Renné Oliveira FRANÇA

Doutor em Comunicação Social pela UFMG. Professor do Departamento de Comunicação Social das Faculdades Metropolitanas Unidas (FMU-SP). Desenvolveu pesquisa no GRIS como integrante do GrisPress.

Vera Regina Veiga FRANÇA

Doutora em Ciências Sociais na Université René Descartes – Paris V e pós-doutora pela Escola de Altos Estudos em Ciências Sociais (Paris-França).Professora Titular do Departamento de Comunicação Social da FAFICH-UFMG e pesquisadora do CNPq. Integra o Programa de Pós-Graduação em Comunicação da UFMG. Coordenadora do GRIS e do GrisPop.

João Batista de Macedo FREIRE FILHO

Doutor em Literatura Brasileira pela Pontifícia Universidade Católica do Rio de Janeiro (PUC-Rio). Professor da Universidade Federal do Rio de Janeiro (UFRJ), onde coordena, atualmente, o Programa de Pós-Graduação em Comunicação e Cultura da ECO-UFRJ.

Ronaldo HENN

Doutor em Comunicação e Semiótica pela PUC-SP. Professor pesquisador do Programa de Pós-Graduação em Ciências da Comunicação da Unisinos. Integra o grupo de pesquisa Estudos de Jornalismo e o Procad Tecer: Acontecimento e Jornalismo. Coordena o projeto As Transformações do Acontecimento no Webjornalismo.

Aline Gonçalves PINHEIRO

Graduada em Comunicação Social pela UFMG. Repórter da Sempre Editora desde 2010. Desenvolveu pesquisa no GRIS como integrante do PontoGris.

Fernando RESENDE

Doutor em Ciências da Comunicação pela Universidade de São Paulo (USP). Pesquisador do CNPq e professor do Programa de Pós-Graduação em Comunicação e do curso de Estudos de Mídia da Universidade Federal Fluminense (UFF). Coordena o Laboratório de Experimentação e Pesquisa de Narrativas da Mídia (LAN).

Ronei Silva SAMPAIO

Graduado em Comunicação Social pela UFMG e graduando em Artes Plásticas na Escola Guignard da Universidade Estadual de Minas Gerais (UEMG). Desenvolveu pesquisa no GRIS como integrante do GrisPress.

Ivan SATUF

Mestre em Comunicação Social pela UFMG. Professor dos cursos de graduação em Jornalismo e Publicidade e Propaganda do Centro Universitário Metodista Izabela Hendrix. Desenvolveu pesquisa no GRIS como integrante do PontoGris.

Paulo Bernardo Ferreira VAZ

Doutor em Comunicação e Educação pela Université de Paris XIII (Paris-Nord). Professor do Programa de Pós-Graduação em Comunicação da UFMG. Integra o GRIS e coordena o GrisPress.

Este livro foi composto com tipografia Minion Pro e impresso
em papel Off Set 75g na Gráfica Del Rey.